作者简介

刘建华

1953 年农历三月初三生于湖北沔阳。曾当过十年农民，十年大学老师。多年来，作为自由职业者，以文化咨询谋生，以思想探索求存，潜心研究先秦诸子文本，实地探寻人类不同文明的哲学踪迹，扪心叩问中国和人类未来的文化命运，忧心忡忡，希望如梦，一切答案，尽在孤灯无言的反思与写作之中。

刘建华 著

·逍遥 庄子 树下·

ZHUANGZI
TONGYI

NEIPIAN

通义【内篇】

当代中国出版社
Contemporary China Publishing House

图书在版编目(CIP)数据

逍遥树下 : 庄子通义 : 内篇 / 刘建华著 . -- 北京 :
当代中国出版社 , 2024. 8. -- ISBN 978-7-5154-1395-2

Ⅰ . B223.52

中国国家版本馆 CIP 数据核字第 2024W8M713 号

出 版 人　王　茵
责任编辑　邓颖君　李　昭
责任校对　贾云华　康　莹
印刷监制　刘艳平
封面设计　宋　涛　鲁　娟
出版发行　当代中国出版社
地　　址　北京市地安门西大街旌勇里 8 号
网　　址　http://www.ddzg.net
邮政编码　100009
编 辑 部　（010）66572156
市 场 部　（010）66572281　66572157
印　　刷　北京中科印刷有限公司
开　　本　880 毫米 × 1230 毫米　1/32
印　　张　11.125 印张　1 插页　328 千字
版　　次　2024 年 8 月第 1 版
印　　次　2024 年 8 月第 1 次印刷
定　　价　78.00 元

作者自白

人活着，是为了问学。人问学，是为了活得明白。

我将自己的问学身份，定位为"文化生态社会独立学者"。这个自封的头衔，不需要审批，当然也无法"招摇过市"，只不过在茫茫人海中有一个自己辨识自己的标签，不至于自己认不得自己，仅此而已。

我的全部问学经历告诉我：**人是文化的动物，更是道义性存在，但是归根结底是道义性存在。**

我不知道这算不算是活明白了，如果是，就应该与人分享，我将"分享"理解为"启蒙"。所谓启蒙，包括启发自己和相互启发。用柏拉图《美诺篇》中的苏格拉底的话说，人可以通过启发，回忆并发现自己的灵魂。

灵魂是至善至美的，所以灵魂不朽。我将这个意义上的启蒙，作为自己的"命"——命定的命、命运的命、生命的命、使命的命，在我而言，这几个命没有区别。

我必须告诫自己：在 21 世纪的今天，在人类命运共同体中的中国，我的问学之道，尽管基于中国文化基因，但我的求解语境却只能是且必须是"**人、人类、天下、世界**"。

我必须告诉自己，这样的"**全球天下语境**"，正是孔子和孟子、老子和庄子、苏格拉底和柏拉图、释迦牟尼和耶稣、伏尔泰和康德这些思想先贤们不约而同的"**智慧时空语境**"。我超越不了他们，所以心甘情愿地跟着他们的脚印前行或者倒下。

　　我喜欢苏格拉底的那句话：我去死，你们活着……

目　录

序言：百家之冠

一、何为"通义"

这本《庄子通义（内篇）》，本于先秦流传的《庄子》，原于西晋郭象的《庄子注》，基于唐初成玄英的《南华真经疏》（《庄子疏》），既是三种《庄子》文本的通览，也是三个庄子思想的通识，故名《通义》。

明代有朱得之的《庄子通义》（十卷），以阳明心学解《庄子》，其中对《庄子》外、杂篇真伪的辨析，在庄学史上具有一定的价值与地位。此外，当代也可见《庄子通义》之类新著①。本书与这些新旧"庄子通义"同名，纯属巧合，既不是明代《庄子通义》的新编，也不是现代庄子心学的发展；既不在乎《庄子》文献真伪的辨析，也不在意《庄子》的作者究竟是谁。

笔者认为，《庄子》三十三篇，作为一种经典传承现象，早已在千百年的流传过程中成为一个具有历史真实性的文本整体，以至于其中何为庄子原本、何为后学窜入，已经不再重要。

这一穿越时空而不失庄子的写作要旨，决定了本书行文的基本格式，大致由五个部分构成一个个相对独立的文本语意单元，其中包括：一段加黑字体的《庄子》原文，一段用破折号"——"开头的音义简释，一段与之对应的郭象的《庄子注》（标记为【郭注】），一段成玄英的《庄子疏》（标记为【成疏】）②，一段本书作者的解读和阐发。在不同的语意单元中，这五个部分的文字繁简和先后顺序适当变通，而不尽相同。

---

① 参见（明）朱得之著，蒋丽梅编校：《庄子通义》（《阳明学要籍选刊》），武汉大学出版社 2023 年版。参见陆钦：《庄子通义》，吉林人民出版社 1994 年版。

② 本书引述【郭注】和【成疏】，或者整段照录，或者从原文的多个段落中辑录，为了保持格式一致，均不使用引号（""）。引文之后标注的页码，为该引文在《庄子注疏》中的出处。

这种尽可能呈现被历史所接受的原文原语境的通义解读方法，是古人治学的基本功夫，是历代经学大家注解经典的不二法门，更是历来各种注疏庄子的版本一以贯之的庄学正宗传统，本书当然也不敢例外。

二、何为"庄子"

庄子是否真有其人，无法作确凿的历史考证，人们可以知道的，只是根据司马迁（前 145 或前 135—？）《史记·老子韩非列传》中只言片语的记载，总共大约 120 字：

> 庄子者，蒙人也，名周。周尝为蒙漆园吏，与梁惠王、齐宣王同时。其学无所不窥，然其要本归于老子之言。故其著书十余万言，大抵率寓言也。作《渔父》《盗跖》《胠箧》，以诋訿孔子之徒，以明老子之术。
>
> 畏累虚、亢桑子之属，皆空语无事实。然善属书离辞，指事类情，用剽剥儒、墨，虽当世宿学不能自解免也。其言洸洋自恣以适己，故自王公大人不能器之。
>
> 楚威王闻庄周贤，使使厚币迎之，许以为相。庄周笑谓楚使者曰："千金，重利；卿相，尊位也。子独不见郊祭之牺牛乎？养食之数岁，衣以文绣，以入大庙。当是之时，虽欲为孤豚，岂可得乎？子亟去，无污我。我宁游戏污渎之中自快，无为有国者所羁，终身不仕，以快吾志焉。"

按照司马迁这段话的说法，庄周在大彻大悟之前，做过漆园小吏。这个漆园，有人说是地名，有人说是园名，有人说是在现在的安徽蒙城，也有人说在现在的河南商丘或者河南民权。

与庄周同时代的梁惠王，即魏惠王，前 369—前 319 年在位；齐宣王，系齐威王之子，田齐第五位国君，前 319—前 300 年（一说前 320—前 301 年）在位。另一位与庄子同时代的楚威王，系楚宣王之子，前 340—前 329 年在位。由此推算，庄子大约生活在前 369—前 286 年，与孟子（约前 372—前 289 年）生活的年代最为接近。

司马迁文中提及的"畏累虚"和"亢桑子"，是《庄子》中虚构的地名和人名，语出《庄子·杂篇·庚桑楚》，"畏累虚"，原文为"畏垒之山"；

"亢桑子"，原文为"庚桑楚"：

> 老聃之役，有庚桑楚者，偏得老聃之道，以北居畏垒之山。

"楚威王许庄周为相"的故事，是司马迁根据《庄子·秋水》改写，原文如下：

> 庄子钓于濮水，楚王使大夫二人往先焉，曰："愿以境内累矣！"
>
> 庄子持竿不顾，曰："吾闻楚有神龟，死已三千岁矣，王巾笥（sì）而藏之庙堂之上。此龟者，宁其死为留骨而贵乎，宁其生而曳尾于涂中乎？"
>
> 二大夫曰："宁生而曳尾涂中。"
>
> 庄子曰："往矣！吾将曳尾于涂中。"

很难相信司马迁没有读过《庄子》，至少可以肯定，他见过他那个时代可以见到的《庄子》文本。既然如此，司马迁为什么不直接引用《庄子》的文本而要自己重新改写呢？

可以猜想的一个原因是：既然《庄子》"皆空语无事实"，这样的文本就不足以认定为历史记录，不适宜如实转载，而只能当作历史传闻，姑妄转述。司马迁对庄子文本的这种模糊处理方式，既符合他作为史家的严谨职守，又符合他对庄子的深切理解和同情——对于庄子，即便以讹传讹，也无损其"指事类情"的原意，且越是以讹传讹，越是能够体现庄子"其言洸洋自恣以适己"的难言苦衷。

这样一位"无污我。我宁游戏污渎之中自快，无为有国者所羁"的庄子，又何尝不是司马迁的自喻！

三、何为《庄子》

不拘泥于原文，而追随其精神，能够这样理解和阐释庄子及其《庄子》的，不只有司马迁。

如果说司马迁更多的是基于个人情怀给予庄子最贴切的赏识，对庄子"自王公大人不能器之"的命运发出了同病相怜的哀叹；那么，郭象则是用自己的思想，重新塑造了一个和他自己一样的庄子，郭象的《庄子注》，更像是"庄子注我"，而非"我注庄子"。

郭象（约252—312），西晋玄学家，字子玄，河南洛阳人。

我们现在所见到的庄子，都在《庄子》这本书中，不过，很少有人知道，这个《庄子》及其中的"庄子"，都是郭象的"庄子"。更为诡异的是，据说，郭象的这个"庄子"，是从向秀那里剽窃来的，郭象和向秀都是竹林七贤中的一贤。

剽窃也好，原创也罢，反正，我们现在看到的《庄子》文本，大都出自郭象的《庄子注》，而《庄子注》因成玄英的《庄子注疏》才得以传世至今。

成玄英（608—669），字子实，唐初道士，重玄学派最重要的代表人物，贞观五年（631），被唐太宗召至京师，加号"西华法师"。他基于郭象《庄子注》所作《庄子疏》（《南华真经疏》），会通玄佛，融通三教，兼具庄学家的学术性和正宗道家的权威性。

唐玄宗天宝元年（742），庄子被诏封为"南华真人"，其书《庄子》被列入正宗的道教经典，谓之《南华真经》，与老子的《道德真经》（《道德经》）和列子的《冲虚真经》（《列子》），并列为道家诸经之首。庄子的这一殊荣，很难说这与成玄英《庄子疏》在当世的学术影响没有关系，甚或可以说大有关系。①

四、何为百家之冠

按照常理，任何一本关于《庄子》的书，都要有一篇序言，交代这本书与《庄子》的关系。然而，郭象的《庄子注》却没有这样循规蹈矩。他

---

① 在评价庄子学说方面，郭象认为庄子一书尚不能与儒家经典相并列，而只能成为"百家之冠"；魏晋时道教学者对庄子的评价也不是很高，东晋葛洪著述虽每袭庄周之说，但当自己的思想与庄子的思想发生矛盾时，他就猛烈抨击庄子；成玄英则认为，《庄子》一书"钳键九流，括囊百氏，谅区中之至教"（《庄子疏序》），在三教九流诸子百家中，实在雄居领袖和关键的地位。在成玄英之后，庄子才真正在道教中获得了仅次于老子的崇高地位，《庄子》一书才真正被道教学者奉为必读的经典著作。

给自己的《庄子注》作的序，不是《庄子注·序》，而直接就是《庄子序》。可以想象，郭象写作此序的时候，一定相信他自己就是庄子，庄子就是他郭象的前世今生，所以，顺理成章——他注庄子，就是用庄子注自己；他写《庄子序》，就是为自己作序。

事实上，迄今为止，的确没有第二个人能够写出超过郭象的《庄子序》，本书序言更不敢望其项背。对本书作者而言，对读者最负责的办法，莫过于直接援引郭象的《庄子序》——就像郭象以庄子注郭象一样，这里姑且东施效颦，以郭象的《庄子序》为本书作注。

郭象在这篇简短的序文中，对庄子作出了两个评价，这两个评价，是中国思想史和中国学术史的最高荣誉，迄今为止，还没有第二人获得过如此殊荣：其一，庄子知本；其二，庄子是百家之冠。

郭象送给庄子的这顶"知本"桂冠，上面镶嵌的是郭象自己的两颗珠宝：一是，自然玄冥，万物独化；二是，造物无物，有物自造。

所谓"知本"，是说庄子的思想在于探索和求知人的终极价值和人生的终极意义。所谓"百家之冠"，是说庄子因为旨在知本，而超越一切为功利的世俗之学，颠覆一切为活着而活着的生活常识。

"知本"，所以成就"百家之冠"；然而，正因为知本，所以百家之冠的《庄子》不被世俗的官方学术认为是"经"，用郭象的话说，"不经，而为百家之冠"。"不经"，本义为不合乎常理。

"不经"与"知本""百家之冠"，三者具有内在的因果关系。因为不经，所以才有可能知本；因为知本，所以注定不经；因为知本而不经，所以才得以避免被世俗滥用为功利法术的厄运，所以才能卓尔不群而成为名副其实的百家之冠，孤独而高山仰止。

这也可以解释，为什么《庄子》尽管在后来被补入道教经典，庄子本人也被补封为道教真人，然而很难见到庄子在道教官观站在受祭的行列。

五、郭象《庄子序》

夫庄子者，可谓知本矣。

故未始藏其狂言（"狂言"：被世俗常识认为是狂妄无稽的至言），言虽无会（"无会"：无人理解），而独应者也。

——郭象开宗明义：庄子的思想，直达人的思想所能够达到的本原，这个本原，就是自然之道。直达自然本原的庄子，必然超凡脱俗。庄子毫不掩饰自己的思想狂放不羁，因此在偌大的天下，找不到知音，无奈只能自问自答，其思想的孤独，可想而知。

夫应而非会，则虽当无用（"当"：正确）；言非物事，则虽高不行。与夫寂然不动，不得已而后起者，固有间矣，斯可谓知无心者也。

——即便有惠子之类的辩论对手，但他们与庄子的对话，只是语言的应答，而非思想的会通；即便人们不得不承认庄子的说法有道理，却不采用。人们为此给出的理由令人哭笑不得：庄子的思想高远，不着边际，高不可攀，于事无补，于人无益。

庄子的思想，在无为，所以"寂然不动"；在无为而有为，所以"不得已而后起"。如此无心的庄子，其思想境界，与世俗之人的功利人生，的确存在几乎无法逾越的鸿沟和无法弥合的距离，"固有间矣"。

郭象的这段话，有人解释为：庄子的思想境界，与《庄子》书中那些"寂然不动""不得已而后起"的神人、至人、圣人、真人的忘己自在，还有一定的差距，充其量可以算得上"知道无心的人"，而不是"无心之人"。

夫心无为，则随感而应，应随其时，言惟谨尔。故与化为体，流万代而冥物（"冥物"：泯灭一切差别），岂曾设对独遘，而游谈乎方外哉（"设对"：设定论辩对象。"独遘"：独自遇见。"方"：世俗，礼法）！

——何为"无心者"？郭象这里以"夫心无为"作答。如此无心无为之人，或者说有心无为之人，可以认为是《庄子》书中的那些真人真情，也可以认为是郭象心目中的庄子，或者说，就是郭象自己。

在郭象心目中，真实的庄子，并非俗人所认为的那样，整天好高骛远，一生特立独行。恰恰相反，由于无心无为，庄子比任何世俗之人都甘于混迹尘埃，随波逐流，其待人接物的言语，甚至比任何人都更加谨小慎微。庄子用寓言、重言、卮言与世人说话，游戏人生，而不是用学术语言与人争辩，不是好为人师地教化愚民、游说君主。庄子的思想，从来没有游离于浑浊的天下而在空虚的方外自说自话。庄子在险恶的人间世之所以能够如此潇洒自如，是因为他将人的存在理解为"化"——与物俱化，与时俱化，所以人的生命没有所谓生死，人的精神与自然同化而同在，超越时空，无限无形，无己而永恒。

此其所以不经而为百家之冠也。

——这也就是为什么说庄子"知本"。"知本"的庄子，不是用"经"这样的末法所能规范的，不是用功利的常识所能理喻的，不是用学术的语言所能定义的。

这也就是为什么可以说庄子"不经而为百家之冠"——相对于庄子的"知本"，所谓百家经典，都不过是舍本逐末而"知末"的雕虫小技而已。

然庄生虽未体之，言则至矣。

——这句话似乎是说，庄子自己的人生，的确还没有达到《庄子》书中描绘的那些无心无为的真人状态，但作为无心真人的"知"者，作为自然知道的"知本"者，庄子以其精美绝伦的语言，猜透了人生的终极价值和生命的终极归宿，不在天外的虚无缥缈处，就在人间世的"内圣外王之道"。

通天地之统（"统"：合，会），序万物之性，达死生之变，而明内圣外王之道（内心修养达到圣人的境界，使命担当具有王者的风范），上知造物无物，下知有物之自造也。

——在郭象这里，庄子的确更像是"知"者，而非"行"者。能像庄子这样做到"知本"，就已经是非常难能可贵了，就郭象所知，能这样"知本"的思想家，天下无双，除了庄子，没有第二人。

那么，庄子"知本"，究竟知道了什么呢？郭象说，庄子知道了"没有造物主"，用郭象的话说："造物无物，有物自造。"

　　郭象这句话的意思是说，天下人间，万物自生，且不知为何自生、如何自生，一切自然而然。自然自生，自然自在，所以万物不感恩任何造物主，因为造物主不存在。总之，自然没有意志，万物没有目的；人类不比外物优秀，天下没有任何人有资格统治他人。

　　显然，庄子自己并没有这样声称，这只是郭象自己的"知本"。然而，郭象说，庄子尽管没有直接这样说，但他的所有话语都是在说如此之"知"、如此之"本"。

　　其言宏绰，其旨玄妙。至至之道，融微旨雅；泰然遣放，放而不敖（"敖"：游玩，散漫）。

　　故曰（因此庄子说）：不知义之所适，猖狂妄行，而蹈其大方（无论怎样都自然合乎大道）；含哺而熙乎澹泊，鼓腹而游乎混茫。

　　按：语出《庄子·山木》。"含哺"：口中含着饭菜。"熙"：游戏。"鼓腹"：吃饱喝足。

　　至仁极乎无亲，孝慈终于兼忘，礼乐复乎已能（语出《庄子·天运》），忠信发乎天光（语出《庄子·庚桑楚》）。

　　用其光，则其朴自成。

　　是以神器独化于玄冥之境，而源深流长也。

　　故其长波之所荡，高风之所扇，畅乎物宜，适乎民愿（语出《诗经·郑风·野有蔓草》）。弘其鄙，解其悬（参见《庄子·养生主》），洒落之功未加，而矜夸所以散。

　　——郭象用庄子的语言，呈现了一个没有造物主的理想天下："统治"这个万物自生而自在的天下的，是"玄冥"，也是"天光"。玄冥是无限的虚静，天光是无限的光明，二者不二，既是自然法则，也是人与生俱来的内在的自然天性。天光普照之下，万物无差别平等；玄冥虚静之中，万物"其朴自成"，无统一"独化"。

　　在这一个没有人统治人的"玄冥之境"，人们"不知义之所适"，如沐清风，如乘青云，心情舒畅，万物相安，无愿而无所不如所愿。在这样一个清朗宁静的"天光天下"，任何鄙俗的思绪都无地自容，任何作茧自缚的桎梏都自行消解，任何自以为是的学派法术都无用武之地而作鸟兽散。

　　郭象感慨万分地说，这个浑浊的人间世，在哪里还可以找到像庄子这样美轮美奂的不经之经呢！

　　故观其书，超然自以为已当，经昆仑，涉太虚，而游惚恍之庭矣。

　　虽复贪婪之人，进躁之士，暂而揽其馀芳，味其溢流，仿佛其音影，犹足旷然有忘形自得之怀，况探其远情而玩永年者乎！

　　遂绵邈清遐，去离尘埃，而返冥极者也。

　　——郭象说，这就是为什么任何人都不能不读庄子的原因。换言之，无论什么人，都能在庄子这里找见原来的自己，找到生命的归宿和人生的旨趣——贪婪于财富的人读庄子，可以忘怀；汲汲于成功的人读庄子，可以忘形；与庄子一样探问人生终极价值和生命终极意义的人，可以和庄子一样"知本"，可以与《庄子》中的真人一道，在险恶的人间世相濡以沫，且超然游于无穷宇宙而返璞归真。

六、成玄英《南华真经疏序》

　　唐代重玄道学家成玄英的这篇《南华真经疏序》，更多的是从《庄子》的篇章结构角度作总揽式介绍，这对于当今读者如何看待《庄子》三篇（编）的关系，如何把握贯穿《庄子》全书三十三篇的思想内容体系，具有十分重要的参考价值和指导意义。

　　夫庄子者，所以申道德之深根，述重玄之妙旨，畅无为之恬淡，明独化之窅冥；钳揵九流，括囊百氏，谅区中之至教，实象外之微言者也。

　　——"重玄"（chóng xuán），语出《老子》第一章："玄之又玄，众妙之门"。重玄是继魏晋玄学之后于隋唐之际兴起的道学思潮，结合了三玄（《老子》《庄子》和《周易》）与佛学般若的思辨方法，以"双重否定"为其思想标志，成玄英是该学派最重要的代表人物之一。成玄英这里是将庄子引以为同道，与郭象用庄子注郭象而注玄学一样，成玄英这里是用庄子注成玄英而注玄之又玄的重玄之学。

其人姓庄名周，字子休。生宋国睢阳蒙县，师长桑公子，受号"南华仙人"。当战国之初，降衰周之末，叹苍生之业薄，伤道德之陵夷。乃慷慨发愤，爰著斯论。其言大而博，其旨深而远，非下士之所闻，岂浅识之能究？

所言子者，是有德之嘉号。古人称师曰"子"，亦言"子"是书名，非但三篇之总名，亦是百家之通题。

——成玄英这里说，《庄子》实为"慷慨发愤"之作，而非故弄玄虚之文，绝非止于清谈，庄子与当时的诸子百家一样，都是心忧天下且博大精深的大师，而难为小人识。可见，成玄英的确是庄子难得的知音和伯乐。

所言《内篇》者，内以待外立名，篇以编简为义。古者杀青为简，以书为编。编简成篇，犹今连纸成卷也。故元恺云："大事书之于策，小事简牍而已。"内则谈于理本，外则语其事迹。事虽彰著，非理不通；理虽幽微，非事莫显。欲先明妙理，故前标《内篇》。《内篇》理深，故每于文外别立篇目。郭象仍于题下即注解之。《逍遥》《齐物》之类是也。

自《外篇》以去，则取篇首二字为其题目，《骈拇》《马蹄》之类是也。

——古代制书，以编为篇，而《庄子》一书独具匠心，内篇重理本，外篇显事迹，内外呼应，理事互证。成玄英的这一看法，间接说明《庄子》成书之初，其内篇与外篇就是一个整体，而非只有内篇才是《庄子》原本。这里没有涉及杂篇，可见成玄英对杂篇是否为《庄子》原本有所保留。

所言《逍遥游》者，古今解释不同。今泛举纮纲，略为三释。所言三者——第一，顾桐柏云："道者，销也；遥者，远也。销尽有为累，远见无为理，以斯而游，故曰'逍遥'。"

——顾桐柏，一说为顾欢，字景怡，南齐名士，老子学家，南朝释道之争的关键人物，其学问会通佛道，但其思想感情倾向于本土道教。桐柏为天台山别称，因顾欢隐居于天台山（浙江剡溪）开馆聚徒，故称其为顾桐柏。①

　　第二，支道林云："物物而不物于物，故逍然不我待；玄感不疾而速，故遥然靡所不为，以斯而游天下，故曰《逍遥游》。"

　　——支道林，本名支遁（约314—366），字道林，本姓关。东晋高僧、佛学家。成玄英在这里引用支道林注《庄子》的语录，再现了魏晋隋唐时期玄佛会通的思想气象，当时的高僧，大都深谙三玄（《老子》《庄子》《周易》），而清谈名士和道家学人，也大都精通西来性空本无般若。②

　　第三，穆夜云："逍遥者，盖是放狂自得之名也。至德内充，无时不适；忘怀应物，何往不通？以斯而游天下，故曰《逍遥游》。"

　　——穆夜，本名王叔之，字穆夜，晋宋之际学者，晋末曾任参军，入宋隐居（广东罗浮山）。根据唐代经学家陆德明（约550—630）《经典释文叙录》的说法，王叔之著有《庄子义疏》三卷。该书是迄今为止可知最早为《庄子》及郭象的《庄子注》作"疏"的著作，约在中晚唐时期亡佚，陆德明《庄子音义》略有摘引。

　　《内篇》明于理本，《外篇》语其事迹，《杂篇》杂明于理事。

　　《内篇》虽明理本，不无事迹。《外篇》虽明事迹，甚有妙理。但立教分篇，据多论耳。

　　所以逍遥建初者，言达道之士，智德明敏，所造皆适，遇物逍遥。故以"逍遥"命物。

　　夫无待圣人，照机若镜。既明权实之二智，故能大齐于万境，故以

────────

　①　参见《南齐书》卷54《列传第三十五·顾欢传》："佛道二家，立教既异，学者互相非毁。欢著《夷夏论》曰：'……圣匠无心，方圆有体，器既殊用，教亦异施。佛是破恶之方，道是兴善之术。兴善则自然为高，破恶则勇猛为贵。佛迹光大，宜以化物；道迹密微，利用为己。优劣之分，大略在兹。'"

　②　按：关于支遁注《庄子》的说法，参见大正藏第50册No.2059，梁会稽嘉祥寺沙门释慧皎撰《高僧传》卷4："遁尝在白马寺。与刘系之等。谈《庄子·逍遥篇》，云：'各适性以为逍遥。'遁曰：'不然，夫桀跖以残害为性，若适性为得者，彼亦逍遥矣。'于是退而注《逍遥》篇。群儒旧学，莫不叹服。"

"齐物"次之。

既指马（蹄）天地，混同庶物。心灵凝澹，可以摄卫养生，故以《养生主》次之。

既善恶两忘，境智俱妙，随变任化，可以处涉人间，故以《人间世》次之。内德圆满，故能支离其德，外以接物。既而随物升降，内外冥契，故以《德充符》次之。

止水流鉴，接物无心，忘德忘形，契外会内之极，可以匠成庶品，故以《大宗师》次之。

古之真圣，知天知人，与造化同功，即寂即应，既而驱驭群品，故以《应帝王》次之。

《骈拇》以下，皆以篇首二字为题，既无别义，今不复次篇也。

而自古高士，晋汉逸人，皆莫不耽玩，为之义训。虽注述无可间，然并有美辞，咸能索隐。

玄英不揆庸昧，少而习焉，研精覃思，三十（年）矣。依子玄（郭象字子玄）所注三十（三）篇，辄为疏解，总三十（三）卷。虽复词情疏拙，亦颇有心迹指归，不敢贻厥后人，聊自记其遗忘耳。

——成玄英的这篇序言，告诉我们应该如何理解他为《庄子》所作的"疏"，以及他的"疏"与郭象的"注"有何内在的联系，在玄学与道学方面，二者又有何思想及方法上的不同，正如方勇《〈庄子疏〉的历史地位和影响》所言，"成玄英作《庄子疏》，虽然较多地继承了郭象体现在《庄子注》中的学术思想，但他又按照自己对庄子学说的独特理解，以佛教中观派的否定思维方式和'诸法皆空'的基本理论，对《庄子》全书予以阐释，'称意而谈，清言曲畅'。为以佛解庄开拓了广阔的空间，达到了一种实为前人所未曾达到的新境界。另外，成玄英扬弃郭象'每寄言以出意'（《山木注》）的闲释方法，先从字词的训释入手，进而对语句章节进行梳理贯通，从而把庄子文章的意思明白、完整地呈现给读者。"[1]

① 方勇编著：《庄学史略》，巴蜀书社 2008 年版，第 152 页。

凡例（怎样读庄子）

《庄子》通行本全书 33 篇，分为三个部分，其中内篇 7 篇，外篇 15 篇，杂篇 11 篇。

本书《庄子通义（内篇）》，遵从《庄子》通行本的既定编排，选取内篇 7 篇，每一篇都相对独立为一辑，每一辑分为若干则，每一则分为若干节，层层解说，逐一串讲。

一、四读庄子

总揽一百多年来《庄子》一书的现代出版传播，大致可分为四类：

其一，简体集注《庄子》——对历代《庄子》注疏版本作现代整理，从繁体竖排转为简体横排，这使得古籍更容易被专业人士研读，但也更容易让当代学者重走前人的老路。

其二，白话全译《庄子》——将《庄子》文本翻译成白话文，配合原文，大众阅读起来更方便，更轻松，但也更容易断章取义，望文生义，为我所用。

其三，研究《庄子》的学术专著——更多地注重阐发学者自己的见解，较少阐释《庄子》的原文，也无视读者的存在。

其四，商业化《庄子》——借《庄子》之名，阐发商业之道、养生之道……，为了迎合读者的口味，不惜对《庄子》文本进行任意演绎，这已经不是《庄子》了。

这本《庄子通义（内篇）》，作为讲座课程读本，尝试为百年《庄子》的现代出版传播填补一项空白，主要呈现为以下四个特点：

其一，分篇、分则、分句群逐一串讲《庄子》原文。

其二，紧扣各篇主旨，总体解析并还原各篇文本语境。

其三，总揽《庄子》全书结构，梳理相关篇章的呼应关系。

其四，总揽庄子的思想脉络，为读者自己阅读《庄子》原文作思想迷宫导航。

这一尝试的主旨有四：

其一，让**大众**读者，更好地感知《庄子》的思想内涵，而不是将《庄子》作为谋取功利的实用工具。

其二，让**快读**读者，更好地走进《庄子》的原文及其语境，而不是只见译注不见庄子。

其三，为追求生活品质的**知性**读者，提供一种可以慢品经典、回味美文奇思的书香生活方式。

其四，为正在大学研修本科、硕士、博士的各专业**学子**，提供一部叩问灵魂、反思人生的跨学科思想经典通识读本。

二、四个庄子

"庄子"，在本书及讲座课程里，或指庄子这个"人"，或指《庄子》这本"书"。

庄子奇人奇书，至少在四个方面，开中国思想文化之先河——

第一，庄子是汉语最早，也是最丰富的语料库。迄今为止，还没有任何一部中文典籍，有比《庄子》更多的成语原创。在当代汉语中，数以百计的脍炙人口的成语典故，都可以在《庄子》中找到最初的出处。

第二，庄子是中国寓言乃至中国文学最早也是最优美的杰作。迄今为止，还没有任何一位汉语作家，写出过比《庄子》更为奇幻且更令人折服的寓言式篇章。

第三，庄子是中国古代最早、最自觉，也是最具思想体系的哲学家。中国哲学，从庄子这里，才蔚为大观，才开始了真正思辨意义上的哲学。

第四，庄子是中国最早的思想史家。《庄子》的字里行间，留下了中国古代许多历史人物的蛛丝马迹，尤其是保存了中国古代许多思想家唯一的思想信息。这在中国思想史上，无疑具有独一无二的"宝库"价值和"考古"意义。

三、四会庄子

一部《庄子》，四个庄子。与之相应，阅读庄子，无非四个境界：一是瑰丽之字，二是奇幻之文，三是玄妙之思，四是无稽之史。这四个境界，都关乎一个"会"字：

其一，解说庄子之字，需要会认、会音。

其二，赏析庄子之文，需要会形、会意。

其三，领悟庄子之思，需要会心、会神。

其四，若以庄子为史，需要会虚、会化，任何牵强附会，都大可不必。

下面这段话，出自《庄子·逍遥游》，内容涉及上述四个庄子的四种语境、四重境界，十分典型地体现了庄子哲思的玄妙特色，其阅读难度，在《庄子》全书中居于中等——

汤之问棘也，是已。

穷发之北，有冥海者，天池也。有鱼焉，其广数千里，未有知其修者，其名为鲲。

有鸟焉，其名为鹏，背若泰山，翼若垂天之云，抟扶摇羊角而上者九万里，绝云气，负青天，然后图南，且适南冥也。

斥鴳笑之曰："彼且奚适也？我腾跃而上，不过数仞而下，翱翔蓬蒿之间，此亦飞之至也。而彼且奚适也？"

此小大之辩也。

这段美文的绝大部分内容，对当今高中水平的读者，没有任何障碍，类似"绝云气""负青天""腾跃而上""翱翔蓬蒿之间"……，这样绘声绘色的优美语言，当代读者稍有想象力，都不会感到陌生，更不难领略其横生妙趣，因此根本不需要翻译成索然寡味的白话文。

另外，当今读者，如果不借助注释或者字典，或许很难读准文中"斥鴳"（"斥"，一说通"池"。鴳，读作 yàn）这两个字的发音。此外，即便借助注释或者字典，类似"抟"（一说读作 bó：拍击；一说读作 tuán：凭借，旋转）、"羊角"（旋风）这样的字词，其音义也不容易拿捏得很准，更何况历来各家注解，往往说法不一，让人莫衷一是。

　　这个离奇的故事，《列子》中的《汤问》篇也有讲述，只不过对话的两个人，不是汤和棘（"棘"jí：一说通"革"），而是殷汤和夏革。

　　殷和夏，是两个不同的时代，而夏在殷先。可见，汤和革这二人的对话，穿越了历史时空。

　　《列子·汤问》中的原文是这样的：

> **殷汤问于夏革曰："古初有物乎？"**
>
> **夏革曰："古初无物，今恶得物？后之人将谓今之无物可乎？**
>
> **……终北之北有溟海者，天池也。有鱼焉，其广数千里，其长称焉，其名为鲲；有鸟焉。其名为鹏，翼若垂天之云，其体称焉。世岂知有此物哉？大禹行而见之，伯益知而名之，夷坚闻而志之。"**

　　对比以上同一个故事的两个文本，《列子》的鲲鹏，与《庄子》的鲲鹏，孰先孰后，谁抄袭了谁，其实并不重要；讲述这个故事的，是汤、棘，还是汤、革，对于理解这个故事的本意，既无大碍，也无裨益。

　　跳过读不准的古字，忽略说不定的某人，反观看不透的故事，庄子寓于"汤问棘"这段话的哲学思想要义，其实简单明了：无论小鸟还是大鹏，无论扑通一跳还是鹏程万里，二者一样，都对外物有所依凭，都一样地不自由。由此观之，大小之间，其实并无差别。

　　这段话，如果不做这样的理解，当然也可以。譬如说，有老师给他全班学生一个标准答案——这段话的中心思想是："燕雀安知鸿鹄之志"。

　　这样的解读，无可厚非，因为从故事的文本中，特别是那小鸟一笑，的确可以读出这样的寓意。只不过，这样的解读，很有可能并非庄子文本的本义，更非庄子哲学思想的主旨。

四、四舍庄子

　　前面几则说，一本《庄子》有四个庄子，庄子有四个境界，《庄子》有四种读法。但是，这四个庄子的四种读法，并非同等重要，也并非每每都有必要。换言之，阅读庄子，最需要做的是：有所选择，有所放弃。

第一要放弃的，当然是无稽之史。

第二要放弃的，自然是难认之字。

除此之外的两个庄子，如果取其一，优先阅读的，一定是玄妙哲思，而不是美妙之文。这是因为，庄子的智者自觉，不是文学家的自觉，而是哲学家的自觉，其悲悯为文，并非为文学，而是为哲学。

在"汤问棘"这段奇文中，庄子之所以要用文学的妙笔，绘声绘色地描述鲲鹏之伟岸和斥鴳之渺小、神鸟之高超和俗雀之浅陋，只是为了以夸张的对比，呈现"大小之辩（论）"的虚妄和"大小之辨（别）"的荒谬。

大小不同，大贵小贱，大尊小卑，大美小丑，这样的大小之辩与辨，恰恰是人们通常看待大小的习惯方式和基准判断，这也恰恰就是庄子所要颠覆的、人们想当然的基本常识和基准常理。

可见，如果一定要如班主任老师的标准答案，硬性规定说：庄子这段话的主旨是"燕雀安知鸿鹄之志"，那也是自以为是的班主任老师似燕雀，而不以为然的庄子和学生们似鸿鹄。

在《庄子》中，这种讥笑者反被讥笑的情景随处可见。阅读庄子的时候，读者务必要有足够的心理准备，接受庄子如此尖刻的哲学讥讽。

不妨说，面对被讥讽的尴尬，冒着被颠覆的危险，或许才是明智的读者有必要阅读庄子的最好理由。

五、四忌庄子

庄子首先是哲学家，而不是文学家。或者，准确地说，庄子是用优美的文学语言思考和写作的哲学家。因此，阅读庄子，只能是哲学阅读，而非文学阅读。

哲学地阅读庄子，注定了会有哲学四忌——

一忌痴迷于注释注音，而咬文嚼字，此可谓舍本逐末。

二忌依赖于白话全译，而无视原文，此可谓买椟还珠。

三忌执着于真假人名，而考据历史，此可谓按图索骥。

四忌止信于一知半解，而不知终为悖论，此可谓盲人摸象。

这四忌共同的要害在于：有学无思，有思无辨，有辨无心，有心无斋，有斋无忘。

对此，古之学者多有深切体会，诚如【郭注】所言：

鹏鲲之实，吾所未详也。夫庄子之大意，在乎逍遥遊放，无为而自得。故极小大之致，以明性分之适。达观之士，宜要其会归，而遗其所寄，不足事事曲与生说。自不害其弘旨，皆可略之耳。

当今读者，除非能做郭氏所言的达观之士，才有可能与庄子一道，逍遥游放，得其弘旨而不害。

由【郭注】所言可知，要读出庄子的哲学味道，并不一定要是哲学家，也并不一定要总想着自己读到的是不是哲学，最简单有效的办法，莫过于与庄子一道，信马由缰，放纵自己的思想，放胆探问人生的真谛和人类的命运，而不必寄希望于任何权威的标准答案。

这可说是《庄子》哲学阅读的一大乐事、苦事、趣事和难事。

之所以乐，乐在任何读者都可以有自己的答案，且都不无正确。

之所以苦，苦在读者的任何答案，都必须由读者驳难自己，方能得出。

之所以趣，趣在书中任何答案，都可任由读者作任意解读。

之所以难，难在书中任何答案，与读者的任何答案的任何关系，都正反两难。

第一辑 《逍遥游》

——御风而行，犹有所待

【第一辑要目】

题解：解脱之游

第一则：北冥有鱼——不得已化，谁将要飞？

第二则：齐谐者——各有其翼：人是什么？

第三则：汤之问棘——各有其大：人可以是什么？

第四则：尧让天下于许由——何以让王：人应该是什么？

第五则：智识的聋盲——岂唯形骸有聋盲哉？

第六则：蓬之心——何不虑以为大樽而浮乎江湖？

第七则：吾有大树——树之于无何有之乡

结题：不游之游

题解：解脱之游

　　逍遥游，究竟是因为逍遥所以游，还是为了解脱而逍遥游？

　　庄子的本义，显然是后者——逍遥游，是人的解脱之道，而不是享乐之术。解除人在人间世的困苦，本来是政治的事。但是，要从根本上解除人的困苦，首先要知道人的困苦根源，而这是政治哲学的使命，更是生命哲学的要义，却不是统治者所关切的第一要务。

　　自以为找到了人的困苦根源，并致力于通过崇高的政治实践消除这一根源，我们所知历史和传说中的古代圣贤，大都是这种具有政治哲学意识的政治家。庄子与他们不太一样。庄子基于自然哲学和生命哲学，寻找人的困苦根源，寄希望于人的自由精神实践，而不是集体政治实践。庄子相信：人的自由个体能够自然而然地消除人的集体困苦及其历史根源。

　　按照庄子的这一生命哲学信仰，人只要找到了自己的困苦根源，就不再会困苦。人没有了困苦，人间世就不需要任何政治。

　　从这个意义上说，天下人间，可以没有圣贤政治家及其功利主义的政治哲学，但不可以没有超越政治功利的生命哲学家。

　　庄子就是这样一位自然主义的生命哲学家，或者说，是一位真正意义上的政治哲学家，一位以生命自在为政治唯一合法性的政治哲学家，一位梦想以自然生命哲学终结天下政治问题的古代先哲。

　　《逍遥游》，从文本上看，是《庄子》全书中最具想象力的浪漫诗篇，也因此最容易阅读——神鱼化鸟，鲲鹏展翅，水击三千里，抟扶摇直上九万里……，如此瑰丽的画面，很容易让读者产生共鸣而自鸣得意，以为自己就是那只背负青天的大鸟，对野马尘埃中的蜩与学鸠不屑一顾。

　　然而，庄子《逍遥游》的诗意浪漫，只是其表象。作为《庄子》全书首篇的《逍遥游》，开宗明义，是庄子哲学思想体系的总论，更是人类迄今无解的自然哲学谜题，也因此是最容易被当今导师误导、被当下读者误读的人生哲学迷宫。

《庄子》以"逍遥游不逍遥"这样的悖论开篇，从三个方面提出了"人何以困苦"这一终极命题——

人本来是什么，这是自然哲学（philosophy of nature）的命题。

人可以是什么，这是生命哲学（philosophy of life）的命题。

人应该是什么，这是政治哲学（political philosophies）的命题。

庄子用一系列荒诞不经的言说，对人的这三种哲学命题，给出了自己的明确答案，这就是"逍遥游"。

"逍遥"，作为庄子哲学独有的标识性概念，本义自然而然，自适自在，不知所在，无心所往。

"游"，在庄子这里，本义是不得已而有所依凭的生存状态。

"有所依凭"，既是逍遥得以逍遥的必要条件，也是逍遥无法逍遥的局限，庄子谓之"有所待"。

庄子将"逍遥"和"游"这两个不可能同时存在的状态，放在同一个时空，无非是说：只要游，就"有所待"，因此就无法逍遥；要想逍遥，就不得游，或者不得不游，不得不"有所依凭"。

人生在世，如同鲲鹏和小鸟，不能不有所待、有所依凭，且不得不游；不得不游之人，不能不渴望无待而逍遥，不能不梦想自己且游且逍遥。

这样的梦想，这样的悖论，这样的人生，这样的活法，究竟是只能如此、欣然如此？还是本该如此、本来如此？

庄子邀请蜩和学鸠、斥鴳，至人、神人、圣人、贤人，聋盲者、志怪者、列子，还有他最好的辩论对手、也是最好的朋友惠子，这些形形色色的自然之物，来到《逍遥游》中，与鲲鹏一道讨论——人究竟是什么？人究竟可以怎样解脱困苦而自在地活着？

这，便是《逍遥游》。

第一则：北冥有鱼
——不得已化，谁将要飞？

《逍遥游》是《庄子》的第一篇。

"北冥有鱼"，是《逍遥游》开篇第一则奇文，讲大鱼不得不化为巨鸟，不得不等待时机远飞南冥。

"北冥有鱼"这个奇幻的寓言故事，在《逍遥游》中用三种不同的叙事方式讲了三遍，故事的主角，是鱼非鱼，是鱼化为鸟的"鲲鹏"。

这一则，是这个寓言的第一次讲述，只有鲲鹏单独出场。

北冥有鱼，其名为鲲。鲲之大，不知其几千里也，化而为鸟，其名为鹏。

鹏之背，不知其几千里也，怒而飞，其翼若垂天之云。是鸟也，海运则将徙于南冥。

南冥者，天池也。

——"冥"（míng）：深奥，虚空渺茫。"冥"：通"溟"，本义是海。"怒"：努力，奋起。"垂"：边远，一说遮蔽。"海运"：海水汹涌。根据上下文，此指抟扶摇而上的巨风。

【郭注】 鹏鲲之实，吾所未详也。夫庄子之大意，在乎逍遥游放，无为而自得。故极小大之致，以明性分之适。达观之士，宜要其会归，而遗其所寄，不足事事曲与生说。自不害其弘旨，皆可略之耳。

这也就是说，鹏鲲是否真实存在，它飞了没有，飞到了没有，其实并不重要，重要的是庄子在这个寓言中寄托的深意。

【郭注】 非冥海不足以运其身，非九万里不足以负其翼，此岂好奇哉？直以大物必自生于大处，大处亦必自生此大物。理固自然。不患其失，又何措心于其间哉！

【成疏】 运，转也。是，指斥也（"指斥"：直呼其名）。即此鹏鸟其形重大，若不海中运转，无以自致高升。皆不得不然，非乐然也。且形既迁革，情亦随变。昔日为鱼，涵泳北海；今时作鸟，腾骧南溟（"骧"zhù：鸟向上飞）；虽复升沉性殊，逍遥一也。亦犹死生聚散，所遇斯适；千变万化，未始非吾。所以化鱼为鸟。目北徂南者（"徂"cú：往），鸟是凌虚之物，南即启明之方；鱼乃滞溺之虫，北盖幽冥之地；欲表向明背暗，舍滞求进，故举南北鸟鱼以示为道之径耳。而大海洪川，原夫造化，非人所作，故曰天池也。

比较【郭注】和【成疏】的解读，可见二者的侧重有所不同。

【郭注】更强调**"极小大之致，以明性分之适"**这一主旨。也就是说，天下万物，大小各得其适，无所谓伟大与渺小。

【成疏】特别指出，鱼化鸟而南飞，尽管逍遥，然而却是**"皆不得不然，非乐然也"**。

这种**"皆不得不然"**，是推动整个故事情节发展的初始动机，而这一神秘的动机，并非出自鲲鹏自己的意志，也并非因为海运之神一时的高兴。故事中的所有物与事，无一不受这一不知其所以然的动机驱使——

其一，鱼鸟不得不化，鲲鹏不得不飞。

其二，海运不得不应时而动，不能不随机抟扶摇而上。

其三，不得海运之时，不借海运之力，鲲鹏无论多么善飞，也都飞不起来，也都飞不远。

【成疏】这里所说的"皆不得不然"，庄子谓之**"不得已"**。不得已，是庄子生命哲学中一个极为重要的命题。

不得已有所凭借，就是不能不有所倚仗。这种凭借或者倚仗，不是可有可无的，不是想有就有的，不是人可以选择的，不是人力可以控制的，人只能顺势而为，**"感而后应，迫而后动，不得已而后起"**。（《庄子·刻意》·【故曰圣人之生也天行】）[1]

---

[1]　按：在《庄子》中，"不得已"是一个极为重要的概念，涉及九个篇章，论及十二次之多，且每次论及，其基本本义，都是"迫不得已"。庄子用这个特定意义的"不得已"，破解为什么"无为的圣人有为"这一悖论，也以此解释看上去自相矛盾的老子的"无为而有为"——"故曰：圣人之生也天行，其死也物化；静而与阴同德，动而与阳同波（"波"：流）；不为福先，不为祸始；感而后应，迫而后动，不得已而后起。"（《庄子·刻意》·【故曰圣人

由此不难理解——因为有所凭借和倚仗，即便是鲲鹏乘风而上九万里，也不是真正意义上的逍遥。

之生也天行】）

　　庄子认为，对于圣人而言，一切正当的有为，无一例外，都是不得已而为之——"动以不得已（不得已而为），之谓'德'；动无非我（凡有所为，无一不是为我。'无'：一说当为'而'），之谓'治'。名相反而实相顺也（"名"：德和治）。……欲当，则缘于不得已（正当，且适当的有为，只是出于不得已），不得已之类，圣人之道（除非不得已，否则不为，这是圣人的有为法则）。"（《庄子·庚桑楚》·【道者德之钦】）

　　圣人也是人，在现实生活中，不可避免地有时会不得不屈服于他人的胁迫，而从事某些自己不情愿的事，甚至是不合道义的事。但圣人之所以是圣人，就是善于将这种不得已为之的事，以无为、无所以为的自然法则来处置——"故君子不得已而临莅天下，莫若无为。无为也，而后安其性命之情。故曰：'贵以身为天下，则可以托天下；爱以身为天下，则可以寄天下（按：这句话中的"贵"与"爱"为互文，"托"与"寄"为互文。语出《老子》第十三章）。'"（《庄子·在宥》·【闻在宥天下】）

　　不仅圣人君王不得已有为，为人臣子更是经常如此——"知其不可奈何而安之若命（"命"：自然使然），德之至也。为人臣子者，固有所不得已（本来就是经常要做一些不得已的事）。行事之情，而忘其身，何暇至于悦生而恶死！"（《庄子·人间世》·【叶公子高将使于齐】）

第二则：齐谐者
——各有其翼：人是什么？

第一节　鹏之徙于南冥

这一则，是《庄子·逍遥游》关于鲲鹏寓言故事的第二次讲述。庄子第一次讲述鲲鹏，只见鱼化为鸟，不见鲲鹏起飞。

这第二次的讲述，不再只有鲲鹏一个角色，还有自言自语，且自得其乐的蜩和学鸠。

这第二次的讲述人，不再是庄子，而是换成了**"齐谐"**。

"齐谐"，或者是一本古代志怪集，或者是这本古书的作者。庄子特意请出齐谐，可谓一举两得：一是借古书古人，证明鲲鹏凭风而起的故事，并非空穴来风；二是可以将故事讲得更加精彩，更为扑朔迷离。

这一次，鲲鹏不仅飞了，而且一飞就是六个月，中途一刻也没有停息。

齐谐者，志怪者也。

谐之言曰："鹏之徙于南冥也，水击三千里，抟扶摇而上者九万里，去以六月息者也。"

——"志"：记载。"抟"（tuán）：环绕而上，一说当作"搏"：拍击。"扶摇"：暴风，狂飙。"去"：此指离开北海。"息"：长风，一说歇息。

【郭注】夫翼大则难举，故抟扶摇而后能上，九万里乃足自胜耳。既有斯翼，岂得决然而起、数仞而下哉！此皆不得不然，非乐然也。夫大鸟一去半岁，至天池而息；小鸟一飞半朝，枪榆枋而止。此比所能则有间矣；其于适性一也。

原来，此前【成疏】所谓"皆不得不然，非乐然也"，出自【郭注】这里的原创。至此，庄子"不得已"的原意，与【郭注】和【成疏】终于在《齐谐》的志怪语境中相遇，且达成了穿越时空的共识。

不过，细微而言，【郭注】不同于【成疏】，或者说，【郭注】比【成疏】对庄子的理解更加具有哲学意味。

【郭注】不单说鲲鹏之飞是不得已，而是说，鲲鹏和小鸟都因为有"翼"，都不得不飞，都有其不得已：万物大小有间，其于适性一也。郭象认为，这才是《逍遥游》真正的主旨，或者说，这才是庄子鲲鹏寓言的真正寓意，正如他在《逍遥游》题解中所言：夫小大虽殊，而放于自得之场，则物任其性，事称其能，各当其分，逍遥一也，岂容胜负于其间哉！

【郭注】对《逍遥游》的这一深切解读，与庄子一样，志不在大鹏的逍遥，而在大鸟小鸟都一样逍遥，正如大狗小狗都一样会叫。这的确是深得庄子的本怀。

《逍遥游》的主旨，的确不是说，人可以逍遥如鲲鹏；而是说，人**不是**万物的灵长，**不是**天下的主宰。即便人可以像鲲鹏那样展翅高飞，也只不过与草丛中的蜩与小雀一样：不得已而自然，自然而不得已。

庄子为什么要以此寓言寄托如此思想呢？换句话说，这个寓言是写给谁看的呢？其中的寓意又是讲给谁听的呢？显然，这个谁，既不是大鹏，也不是小雀，而是人，尤其是那些自以为是的人。

鲲鹏的寓言告诫世人：人只是万物中的一物，而不是万物的灵长。既然如此，普天之下，就没有人比其他人高明，没有人有理由被顶礼膜拜为圣人，或者自以为是高人一等的圣人。

第二节 野马尘埃

这一节，讲述鲲鹏飞到九万里云天后的困惑——

野马也，尘埃也，生物之以息相吹也。

天之苍苍，其正色邪？其远而无所至极邪？其视下也，亦若是则已矣。

且夫水之积也不厚，则其负大舟也无力。覆杯水于坳堂之上，则芥为之舟，置杯焉则胶，水浅而舟大也。风之积也不厚，则其负大翼也无力。

故九万里则风斯在下矣，而后乃今培风；背负青天而莫之天阏者，而后乃今将图南。

——"野马"：游气，雾气。"生物"：生命体。"息"：气息，呼吸。"覆"：倾倒。"芥"（jiè）：小草。"胶"：黏着。"斯"：则，就。"培"（píng）：通"凭"。"夭"：折。"阏"（è）：遏止，阻塞。

【郭注】此皆鹏之所凭以飞者耳。野马者，游气也。

这段话的开头，是庄子模拟鲲鹏的话。凭风直上九万里青云的鲲鹏，似乎有点不相信自己——

目之所见，这是天的真正颜色吗？

目之所及，再远也无法达到天的尽头吧？

鲲鹏从高空俯瞰天下的情形，也不过如此罢了。这说明，居高临下的鲲鹏，并不比仰望它的人更高明，二者一样地无知，一样地迷惘，一样地不知所往……

【郭注】夫所以乃今将图南者，非其好高而慕远也，风不积则夭阏不通故耳。此大鹏之逍遥也。

这也就是说，大鹏所谓的逍遥，是有条件的逍遥，而这个条件，不是大鹏自己想要就要得到的，也不是它不想要就没有的。同样，它的图南之飞，也不是它想飞就飞，想什么时候飞就什么时候飞，想飞到哪里就飞到哪里，一切取决于风，而风不知其所以然。

第三节　蜩与学鸠之笑

此前两节，讲《齐谐》中的鲲鹏传奇。《齐谐》说，鲲鹏借助海运，飞往南冥，在九万里青天往下看，一片茫然。

这一节，讲蜩与学鸠从下往上看鲲鹏，更是一片茫然。

蜩与学鸠笑之曰："我决起而飞，枪榆枋，时则不至，而控于地而已矣，奚以之九万里而南为？"

适莽苍者，三飡而反，腹犹果然；适百里者，宿舂粮；适千里者，三月聚粮。之二虫又，何知！

——"蜩"（tiáo）：蝉。"学鸠"：小鸠。"决"（xuè）：依补正本作"决"，轻易。"枪"（qiāng）：抢，撞到。"则"：或。"控"：投下，落下。"莽苍"：郊野。"飱"：通"餐"。"果"：饱。"宿"：一整夜。

【成疏】决，卒疾之貌。枪，集也，亦突也。枋，檀木也。控，投也，引也，穷也。奚，何也。之，适也。

【郭注】苟足于其性，则虽大鹏无以自贵于小鸟，小鸟无羡于天池，而荣愿有馀矣。故小大虽殊，逍遥一也。二虫，谓鹏蜩也。对大于小，所以均异趣也。夫趣之所以异，岂知异而异哉？皆不知所以然而自然耳。自然耳，不为也，此逍遥之大意。

按照【郭注】所言，鹏蜩二虫，都只知自己，不知他物；都只知自己在做什么，不知为什么要这样做，更不知他物为什么会那样做。由此可见，人也只是在"又何知"这个前提下，才有所谓逍遥。

庄子接下来举例论证说——

小知不及大知，小年不及大年。奚以知其然也？
朝菌不知晦朔，蟪蛄不知春秋，此小年也。
楚之南有冥灵者，以五百岁为春，五百岁为秋。上古有大椿者，以八千岁为春，八千岁为秋。而彭祖乃今以久特闻，众人匹之，不亦悲乎！

——"年"：寿命。"朝菌"：朝生暮死的小虫。"晦"（huì）：月末的一天。"朔"（shuò）：月初的一天。"蟪蛄"（huì gū）：春生夏死、夏生秋死的寒蝉。"乃今"：而今。"久"：长寿。"特"：独。"闻"：闻名于世。"匹"：比附。

【成疏】冥灵大椿，并木名也，以叶生为春，以叶落为秋。冥灵生于楚之南，以二千岁为一年也。而言上古者，伏羲时也。大椿之木，长于上古，以三万二千岁为一年也。冥灵五百岁而花生，大椿八千岁而叶落，并以春秋赊永，故谓之大年也。

庄子这段话的大意是说，鲲鹏和小虫，朝菌和彭祖，人与它们都一样，各自依照各自的性命而存在，或大或小，或动或静，或夭或寿，自然而然，无所谓伟大与渺小，无所谓高尚与卑劣，无所谓智慧与愚笨，无所谓先进与落后，无所谓远大前程与故步自封。

在庄子而言，宇宙间的生物，自然自在，自生自灭，相互之间无法理解，也无法理喻，唯一相通的，是人各有命，物自有性。因此，人与物，人与人，没有谁有必要攀比谁，也没有谁可以攀比谁。

【郭注】物各有性，性各有极，皆如年知，岂跂尚之所及哉。自此已下至于列子，历举年知之大小，各信其一方，未有足以相倾者也。然后统以无待之人，遗彼忘我，冥此群异，异方同得而我无功名。

是故统大小者，无小无大者也。苟有乎大小，则虽大鹏之与斥鷃（yàn），宰官之与御风（"宰官"：泛指官吏；"御风"：泛指仙家），同为累物耳。

齐死生者，无死无生者也。苟有乎死生，则虽大椿之与蟪蛄，彭祖之与朝菌，均于短折耳。

故游于无小无大者，无穷者也；冥乎不死不生者，无极者也。若夫逍遥而系于有方，则虽放之使游，而有所穷矣，未能无待也。

夫年知不相及，若此之悬也。比于众人之所悲，亦可悲矣。而众人未尝悲此者，以其性各有极也。苟知其极，则豪分不可相跂，天下又何所悲乎哉！

夫物未尝以大欲小，而必以小羡大。故举大小之殊，各有定分，非羡欲所及，则羡欲之累可以绝矣。

夫悲生于累，累绝则悲去，悲去而性命不安者，未之有也。

【郭注】这里借题发挥，大发"悲"论，其出有因。

《逍遥游》说逍遥，照理应该逍遥，且世人想要像彭祖那样长寿，可谓人之常情，无可厚非，可是，庄子不乐也罢，偏偏要为之悲叹。不仅如此，这一悲叹，是《庄子》全书第一悲。

《庄子》以悲开始，也以悲结束，悲情贯穿全书，三十三篇，篇篇各有其悲。这是为什么呢？

此时的【郭注】，只是撩起了庄子悲剧大幕的一角，庄子的悲观之论，出自《庄子·徐无鬼》。在那里，心如死灰、形同槁木的南伯子綦对颜成子说：

嗟乎！

我悲人之自丧者。吾又悲夫悲人者。

吾又悲夫悲人之悲者。其后而日远矣。

——《庄子·徐无鬼》·【南伯子綦隐几而坐】

第三则：汤之问棘
——各有其大：人可以是什么？

第一节　大小之辩

这一则，是鲲鹏寓言故事的第三次讲述。

这一次，庄子请出来作为讲述人的，不再是传说中的奇人，而是历史中赫赫有名的圣贤。

这一次的叙事，既不是第一次的"寓言"，也不是第二次的"卮言"，而是言之凿凿的"重言"，由不得世人不信。

汤之问棘也是已。

【成疏】棘者，汤时贤人，亦云汤之博士。列子谓之夏革。革棘声类，盖字之误也。而棘既是贤人，汤师事之，故汤问于棘，询其至道。云物性不同，各有素分，循而直往，因而任之。殷汤请益，深有玄趣。庄子许其所问，故云是已。

【成疏】这一说法，典出《列子·汤问》："殷汤问于夏革"。

穷发之北，有冥海者，天池也。

有鱼焉，其广数千里，未有知其修者，其名为鲲。

有鸟焉，其名为鹏，背若太山，翼若垂天之云，抟扶摇羊角而上者九万里，绝云气，负青天，然后图南，且适南冥也。

斥鴳笑之曰："彼且奚适也？我腾跃而上，不过数仞而下，翱翔蓬蒿之间，此亦飞之至也。而彼且奚适也？"

此小大之辩也。

——"也是"：也有这样的说法。"已"：矣。"穷发"：不毛之地。"发"：草木。"修"：长。"扶摇"：自下急遽而上。"羊角"：旋风。"绝"：

穿越。"斥"：通"池"，小泽。"鴳"（yàn）：鹌鹑之类的小雀。"至"：极。

如果说，这个故事第一次以寓言讲述的重点，在于鲲鹏和海运的不得已；第二次以卮言讲述的重点，在于两种有翼之虫的性能之异；这第三次以重言讲述的重点，在于二虫的大小之辩，乃至于万物的大小之辩。

这里的辩，其实是无须辩，无所谓辩。

【郭注】各以得性为至，自尽为极也。向言二虫殊翼，故所至不同。或翱翔天池，或毕志榆枋，直各称体而足，不知所以然也。今言小大之辩，各有自然之素，既非攻慕之所及，亦各安其天性，不悲所以异，故再出之。

第二节　宋荣子犹然笑之

此前第一节，讲述鲲鹏高飞，斥鴳低笑。

从这里的第二节开始，庄子将《逍遥游》寓言的主角，从鲲鹏和小鸟，转换成了现实中的人。首先出现的，是天下最成功的三种人。

故夫知效一官，行比一乡，德合一君，而征一国者，其自视也，亦若此矣。

——"知"：才智。"效"：胜任。"行"：品行，作为。"比"：亲和，庇荫。"合"：投合。"而"：能。"征"：取信。"自视"：自鸣得意。"此"：指小雀及其情态。

庄子这段话，将嘲笑鲲鹏高远的低俗小虫，与嘲笑庄子空谈无用的务实成功人士，归为同一类。

【郭注】亦犹鸟之自得于一方也。

庄子说，世上务实成功之人，无非三种：知者、行者、德者。此三者各以其能，志得意满，名利双收，对那些向往虚空之道的人和事，往往嗤之以鼻。

庄子将这三种可悲的成功人士视为蜩与学鸠的同类，既不嘲笑，也不睥睨，尽管这些人免不了会嘲笑和睥睨庄子，就像蜩与学鸠那样，自得其乐地嘲笑和睥睨鲲鹏。

不过，有一个人，或者说，有一种人，毫无顾忌地嘲笑睥睨这三种务实成功之人，这类人就是宋荣子之流。

宋荣子之流，有什么资格，对世上一切功成名就的得意人士不屑一顾呢？

而宋荣子犹然笑之。

且举世而誉之而不加劝；举世而非之而不加沮。定乎内外之分，辩乎荣辱之境。斯已矣。

彼其于世，未数数然也。虽然，犹有未树也。

——"犹然"：不屑一顾。"境"：界限。"数数"（shuò shuò）：汲汲，急于求取。"树"：建树。

显而易见，宋荣子所代表的，是自以为超凡脱俗的学者之流，他们自恃其学说成就，不可一世，而沾沾自喜，与蜩与学鸠的沾沾自喜，与功成名就的得意人士的自鸣得意，其实并没什么两样。

【成疏】举，皆也。劝，励勉也。沮，怨丧也。荣子率性怀道，謷然超俗（"謷"ào：倨傲），假令世皆誉赞，亦不增其劝奖，率土非毁，亦不加其沮丧，审自得也。荣子知内既非我，外亦非物，内外双遣，物我两忘，故于内外之分定而不忒也。

忘劝沮于非誉，混穷通于荣辱，故能反照明乎心智，玄鉴辨于物境，不复内我而外物、荣己而辱人也。

斯，此也。已，止也。宋荣智德止尽于斯也。树，立也。荣子舍有证无，溺在偏滞，故于无待之心未立，逍遥之趣智尚亏也。

【郭注】（宋荣子）未能齐，故有笑。

这意思是说，宋荣子还没有达到以道观而齐同万物的境界。

尽管如此，宋荣子却绝非等闲之辈。在《庄子》全书最后的《天下》篇中，庄子评述百家学说，对宋荣子给予了很高的评价。在那里，宋荣子的本名是宋钘（xíng），"钘"，一读作jiān。在《孟子·告子下》中，"钘"写作"牼"（kēng）。《逍遥游》这里对宋荣子的中肯评论，其基本立场，与《天下》篇大致吻合。

总之，按照庄子的说法、【郭注】和【成疏】的解读，宋荣子尽管做到了不数数然世事，不汲汲于功名，但仅从他"犹然"而笑蜩与学鸠，便可知他还不是那种可以不得已而逍遥的人。

第三节 列子御风

第一节说，斥鴳笑鲲鹏。

第二节说，宋荣子笑功成名就者。

在庄子看来，所有笑别人的人都不逍遥，所有羡慕别人的人都不逍遥——羡慕彭祖长寿的人，无法逍遥；世上最成功的三种人，无法逍遥；看不上这些成功人士的宋荣子，尽管宠若不惊，也无法逍遥，那么，能与鲲鹏一样御风而行的列子，可不可以算得上逍遥游中人呢？庄子说：

夫列子御风而行，泠然善也，旬有五日而后反。

彼于致福者，未数数然也。此虽免乎行，犹有所待者也。

——"泠"（líng）：飘然，轻妙。"致福"：追求完美。"致"：罗致，寻求。"行"：徒步。"待"：凭借、依存，牵制。

列子，列御寇，战国时期郑国人，其御风而行的故事，见于《列子·黄帝》。这里说他"旬有五日而后反"，相比鲲鹏"去以六月息"还是差了一些。

与鲲鹏一样，列子乘风漫游，离开了风，便只能在地上行走，与凡人无异，其"泠然"之善，绝无可能。

鲲鹏寓言的第三次讲述，就这样以**"犹有所待"**戛然而止。至此，细心的读者不难发现——在鲲鹏寓言故事的三次讲述中出现的所有角色——鲲鹏，蜩与学鸠，斥鴳、宋荣子、列御寇，竟然都不是纯粹意义上的逍遥游者，因为它们和他们都有所待。

《庄子》其他篇章以及《列子》《孟子》有关宋荣子和列御寇的故事，足以证明此言不虚。①

---

① 按：列子的相关故事，可参见《庄子·列御寇》中的"列御寇之齐，中道而反，遇伯昏瞀人"，《列子·黄帝》中的"列御寇为伯昏无人射"。

那么，什么样的人，或者说，人要怎么样，才能够无所待而得以逍遥游呢？

下面是庄子给出的终极答案——

若夫乘天地之正而御六气之辩，以游无穷者彼且恶乎待哉！故曰：至人无己，神人无功，圣人无名。

——"乘"：因循、凭借。"正"：本，法则。"御"：顺应。"六气"：阴、阳、风、雨、晦、明。"辩"：通"变"，变化。"无穷"：虚无之境。"无己"：不与外物对立。"无功"：不致力于功业。"无名"：不追求名望。

对庄子而言，人自然而生，生而有待，人若要想无待，是不可能的，人因此绝无逍遥自在的可能。所谓有待，是指生命有所依凭，这是人和万物注定的宿命，也是自然赐予人与生俱来的福分，既是人各自自立的条件，也是人无法摆脱的局限。可悲的是，人总是不甘于有所待，不愿安分守己，而宁愿羡慕他人，仰慕鲲鹏。

古往今来，所有不安于生而有待的人，最终都受到了自然的惩罚，不幸如孔子自叹，沦为"天之戮民"（《庄子·大宗师》《庄子·天运》）。

不过，庄子说，有三种人可以例外，他们分别是：**至人、神人和圣人**。按照【成疏】的说法，这三种人其实是一种人，或者说是一个人，是无心而善于**"乘风御气而游"**的那种人。①

宋荣子的相关故事，可参见《孟子·告子下》中的"宋牼将之楚，孟子遇于石丘"：宋牼将之楚，孟子遇于石丘。曰："先生将何之？"曰："吾闻秦楚构兵，我将见楚王说而罢之。楚王不悦，我将见秦王说而罢之，二王我将有所遇焉。"曰："轲也请无问其详，愿闻其指。说之将何如？"曰："我将言其不利也。"曰："先生之志则大矣，先生之号则不可。先生以利说秦楚之王，秦楚之王悦于利，以罢三军之师，是三军之士乐罢而悦于利也。为人臣者怀利以事其君，为人子者怀利以事其父，为人弟者怀利以事其兄，是君臣、父子、兄弟终去仁义，怀利以相接，然而不亡者，未之有也。先生以仁义说秦楚之王，秦楚之王悦于仁义，而罢三军之师，是三军之士乐罢而悦于仁义也。为人臣者怀仁义以事其君，为人子者怀仁义以事其父，为人弟者怀仁义以事其兄，是君臣、父子、兄弟去利，怀仁义以相接也。然而不王者，未之有也。何必曰利？"

① 参见此处【成疏】的解读：至言其体，神言其用，圣言其名。故就体语至，就用语神，就名语圣，其实一也。诣于灵极，故谓之至；阴阳不测，故谓之神；正名百物，故谓之圣也。一人之上，其有此三，欲显功用名殊，故有三人之别。此三人者，则是前文乘天地之正、御六气之辩人也。欲结此人无待之德，彰其体用，乃言故曰耳。

　　所幸的是，这三种人，无论多么至、多么神、多么圣，毕竟都是人；既然都是人，这三种人能做到的，天下所有人，就都有可能做得到，就都有可能和他们一样：无待而逍遥。

　　那么，这三种人，是怎样在注定有待的宿命中，做到无待的呢？庄子在上文中给出的答案，是三个字：**乘、御、游**。然而，列子御风不也是乘、御、游吗？为什么列子以此三字不得逍遥，而这三种人却得以逍遥呢？区别在于三个"无"——无己、无功、无名。

　　显然，宋荣子和列子，都没有做到这三个无；不仅没有做到，反而利用乘、御、游这三种逍遥之术，显示自己的与众不同，满足自己出人头地的欲望。他们与世人的区别，只是比世人更善于谋求世俗功名，却美其名曰逍遥游，这实在是对无待而逍遥最大的讽刺。

　　那么，宋荣子和列子真的错了吗？如果真的错了，究竟错在哪里呢？要知道，此二子代表了人可以为善的最高境界、最大能力和最佳选择，如果连他们也错了，天下生民还有希望吗？

　　希望当然是有的，最好的希望就是不再希望。

　　庄子通过鲲鹏寓言，为注定了别无选择、注定了不得已有所待的天下生民，提供了人可以无待而自在的一组绝佳范例，人因此可以自主选择人可以是什么。但是，这样的选择，只有"三人"和"二子"这两个选项：

　　人是做至人、神人、圣人，还是做宋荣子、列子？

　　同样是不得不有待，不得已作为，鲲鹏、蜩与学鸠、斥鴳，以及朝菌、蟪蛄、大椿、彭祖，无论小年大年，无论小知大知，无论微小巨大，它们都一样无心而有待，尽管未免自鸣得意，却也是自然而然地自鸣得意。

　　庄子认为，这些虫子般的自然之物，远比宋荣子和列子之类的超人们逍遥，所谓至人、神人、圣人，也不过如此，其实，它们就是至人、神人、圣人，但并不知道有至、神、圣这样的称号。这些称号，只是世人自作多情的游戏，只是庸人自欺自扰的恶俗，只是好事之徒无事生非的恶作剧，与自然造物实在是没有任何关系。

　　这些自在至乐的虫子们，并不是因为至、神、圣这样的显赫名声而活着，也并不是像那些得意于一官、一乡、一君、一国、一时的成功人士，活在伪造的知、行、德中，用尽整个一生汲汲有待。

　　总而言之，庄子的"三人三无"道术告诉世人：人可以自主选择自己是什么，其实就是不选择自己是什么，不奢望自己可以是什么。这一别无选择的道术，不是要人对抗不可对抗的自然有待，而是接受并顺应自然有待而不知自然有待。

　　人因此可以不再悲哀，庄子也因此不必为世人无尽地悲叹。

　　然而，世人能够接受庄子的善意吗？能够放弃欲望和功名，像鲲鹏或者蜩与学鸠那样，自然而待，所以无待而逍遥吗？

　　关于鲲鹏寓言的寓意，历代注家中，没有比【郭注】更接近庄子原意的了。下面是【郭注】在这个寓言故事结束之后的总结性感言：

　　天地者，万物之总名也。天地以万物为体，而万物必以自然为正。自然者，不为而自然者也。

　　故大鹏之能高，斥鴳之能下，椿木之能长，朝菌之能短，凡此皆自然之所能，非为之所能也。不为而自能，所以为正也。

　　故乘天地之正者，即是顺万物之性也；御六气之辩者，即是游变化之涂也。如斯以往，则何往而有穷哉！所遇斯乘，又将恶乎待哉！此乃德之人玄同彼我者之逍遥也。

　　苟有待焉，则虽列子之轻妙，犹不能以无风而行，故必得其所待然后逍遥耳，而况大鹏乎！

　　夫唯与物冥而循大变者，为能无待而常通，岂独自通而已哉！又顺有待者，使不失其所待，所待不失，则同于大通矣。

　　故有待无待，吾所不能齐也。至于各安其性，天机自张，受而不知，则吾所不能殊也。夫无待犹不足以殊有待，况有待者之巨细乎！

第四则：尧让天下于许由
——何以让王：人应该是什么？

第一节　越俎代庖

这一则故事，将逍遥游的讨论，从神话转向了政治，从超人转向了圣贤，从自然转向了现实——现实中的政治人物，可不可以逍遥如鲲鹏？于是，庄子请出天下第一圣王，来提出这个天大的命题：

尧让天下于许由。

曰："日月出矣而爝火不息，其于光也不亦难乎！时雨降矣而犹浸灌，其于泽也不亦劳乎！

夫子立而天下治，而我犹尸之，吾自视缺然，请致天下。"

——"爝（jué）火"：火把，小火。"息"：通"熄"。"浸灌"：灌溉。"夫子"：此指许由。"尸"：本义庙中受祭的神位。"缺"：此意自惭形秽。"致"：给予。

许由曰："子治天下，天下既已治也。而我犹代子，吾将为名乎？名者，实之宾也，吾将为宾乎？

鹪鹩巢于深林，不过一枝；偃鼠饮河，不过满腹。归休乎君！予无所用天下为。

庖人虽不治庖，尸祝不越樽俎而代之矣。"

——"鹪鹩"（jiāo liáo）：燕雀之类小鸟。"偃"：同"鼹"（yǎn），田鼠。"庖（páo）人"：本义掌管六畜、六兽、六禽的官员，此指掌管祭祀宰牲的官员。"尸祝"：祭祀活动中向神念诵祝文的主祭。"樽俎"（zūn zǔ）：此指尸祝的职分。"樽"：本义酒具，此指准备祭祀用酒。"俎"：本义切肉的砧板，此指摆放祭祀用祭肉。

【郭注】庖人尸祝，各安其所司；鸟兽万物，各足于所受；帝尧许由，各静其所遇，此乃天下之至实也。各得其实，又何所为乎哉？自得而已矣！故尧、许之行虽异，其于逍遥一也。

这个故事的情节很简单：尧让位给许由，而许由不受。然而，这个故事的寓意却不那么简单：尧提出让王的理由和许由谢绝尧的理由，涉及三个事关天下生民的基本问题：

其一，天下是否需要治？

其二，天下之治是否一定要由一位圣王来治？

其三，人应该成为尧一样的圣人，还是成为许由一样的隐者？

按照【郭注】的理解，"越俎代庖"这个典故已经说得很清楚：人按照本来的自己成为自己即可，既无须努力成为或者被成为圣尧，也不必故弄玄虚成为自我标榜的隐者许由，就像故事中的尧和许由一样，谁也不代替谁，谁也无法代替谁，各自成为各自，君臣各自逍遥，就是天下大治。

可见，这三个问题中，第三个最为重要。回答了，或者说解决了第三个问题，前面两个问题就不再是问题了。

故事中的尧说：人不必徒劳，徒劳无益而有害。

何为徒劳？按照尧的说法，相对于自然交替的日月之光，人工伪造的爝火就是徒劳；相对于自然而来的时雨，不服天运的浸灌就是徒劳。或许，尧这里只是比喻，他以日月之光和时雨比喻许由的无为而治，用爝火和浸灌比喻自己的有为圣治。然而，恰恰是这样的比喻或者自喻，说明尧的确知道自己是越位了，用许由的话说，是越俎代庖了——尧以人为之治，代替自然而然，以一个人的徒劳，让天下徒劳而苦不堪言。

故事中的许由说：你既然知道当圣王治天下是最大的徒劳，为什么还要让王给我呢，这不是明明要害我吗？我同样也不想徒劳余生而害人害己。当然，许由并没有这样直言，只是说尧已经将天下治理得很好了，何须再让我许由来治呢，否则，对天下之治而言，纯属多此一举；对君臣关系而言，无异于越俎代庖，罪莫大焉。

许由说尧的天下已治。这是按照许由无为而治的准则来衡量的呢，还是按照尧的有为圣治之道来评价的呢？如果是前者，尧之治就是无为而治；如果是后者，许由就是违背自己的良心。

【郭注】夫能令天下治，不治天下者也。故尧以不治治之，非治之而治者也。今许由方明既治，则无所代之。

按照【郭注】的说法，许由对尧的评价是真诚的，也就是说，尧之治，的确是无为而治。由此可见，尧和许由对以上所有三个问题的答案都是一致的：

第一，天下不需要治。

第二，天下不需要圣王来治。

第三，人无须为此徒劳。

天下王位的让和受，需要的是让受二者不一致，也就是说，让者厌王位，受者乐为王，非如此，王位让受这件事就无法成立。

无奈的是，故事中的尧和许由都是同一路人，让受之事，因此只能是说说而已，最终只能是不了了之。

第二节　名者，实之宾

上一节说："尧让天下于许由"。

这一节，深入探讨庄子讲述这个故事的哲学意图。

历史传说中的尧为什么要让王，历代学人有多种猜测。

或许，根本就没有这回事；或许尧本不想让，但受人逼迫不能不让。如此等等。这些无法厘清的真假是非，不是庄子引述这个故事的旨趣所在，他要借这个故事逼问尧和许由：人究竟应该是什么？

人应该是什么，这不是人应该问的问题，因为没有人可以回答这个问题。如果一定要问，这个问题的实质是：人究竟是应该"回归"人本来是什么，还是应该按照人的个人意志"成为"想要的、可能的自己？

"成为"，还是"回归"，是自古人生的第一大难题，其难度之大，无异于英国作家莎士比亚笔下的哈姆雷特的生存还是毁灭之问，而在古代中国的孔子而言，这个问题其实是三个问题：

为人还是为己？尊古还是媚今？君子还是小人？

《论语·宪问》：

子曰："古之学者为己，今之学者为人。"

在庄子而言，复性回归，才是真正的"为己"；汲汲于成就仁义功名，正是孔子所谓"为人"。

如果按照孔子的标准，尧和许由，都可算得上古之学者的范例——尧选择让王，可谓有为的"成为"；许由选择不受，可谓无为的"回归"。君臣二人的让受，无论有为无为，无论为己为人，其实都没有离开治人：治人之人，也是被治之人。向被治之人寻求治人之道，不是与虎谋皮，便是缘木求鱼，尧和许由都不可能有天下治理的最佳方案，他们所能推究的，只在是否应该治，应该由谁来治，应该如何治，然而，却不知道问：应该为了什么而治。

在庄子看来，只有为了人应该是什么，天下之治才有自然的合法性。然而，正是在"人应该是什么"这个终极问题上，人对天下之治的认知，误入了歧途，用许由的话来说，天下圣治，不过是以名为实，反宾为主——

名者，实之宾也。①

天下之治，只是名。无为之治、有为之治都只是名。

让人性复归自然才是实。如此之实，就是人可以成为应该是什么。

在庄子这里，有利于人成为应该是什么，无论有为无为，都是善治；不利于人成为应该是什么，即便是无为之治，也是恶政。

这个应该，不是圣贤说了算，不是每一个自以为是的人自己说了算，而是不知道谁说了算，没有人出来说了算。

为此，尧选择了让王，许由选择了不受，他们都是自然而然地选择了人应该是什么，而各自的应该，自然各不相同。

---

① 参见《老子》第四十四章：名与身孰亲（"名"：名声。"身"：生命。"亲"：本质，重要）？身与货孰多（"身"：身体。"货"：财物。"多"：富有，贵重）？得与亡孰病（"亡"：失。"病"：有害）？甚爱必大费（"爱"：过分爱惜。"费"：消耗），多藏必厚亡（"藏"：敛财聚宝。"亡"：破败）。故知足不辱（"不辱"：不受辱，不引来杀身之祸），知止不殆（"不殆"：不危险，不反身危害自己），可以长久（"长久"：没身不殆，长治久安）。

第五则：智识的聋盲
——岂唯形骸有聋盲哉？

第一节　藐姑射之山

这一则故事，讲的是神人，但仍然与圣尧有关。上一则故事说，尧让天下给许由，许由不受。

这一则故事的结尾说，尧让王不成，索性放弃了天下，去了一个名为"**藐姑射山**"的地方，那里是神人的居所。

尧在藐姑射山与四子一道神游，这四子当中，据说就有许由。

这样一来，这一则神人的故事，就有了三种可能的解读：

其一，这里讲的神人，连同藐姑射山，只是一种虚构，神乎其神，荒诞不经，令人难以置信。故事开头，转述这个神人故事的肩吾，就是这样认为的。

其二，这里讲的神人，其实就是圣人。本辑《逍遥游》的鲲鹏寓言说，真正能够逍遥的人，只有至人、神人、圣人，这三种人其实是一种人。【郭注】就持这样的观点。①

其三，这里讲的神人，其实就是圣尧这个具体的人。圣，是尧之名；神，是尧之实。这个故事的旨趣，是要让世人认识圣人内在的精神境界，然而，世人大都如肩吾之辈，是心智的聋盲者，很难理喻，故事中的连叔如是说。

那么，以上三种可能的解读，究竟哪一种最接近庄子的原意呢？这只能让《庄子》的文本来回答——

---

① 参见此处的【郭注】：此皆寄言耳。夫神人即今所谓圣人也。夫圣人虽在庙堂之上，然其心无异于山林之中，世岂识之哉！徒见其戴黄屋，佩玉玺，便谓足以缨绂其心矣；见其历山川，同民事，便谓足以憔悴其神矣，岂知至者之不亏哉！今言圣德之人而寄之此山，将明世所无由识，故乃托之于绝垠之外，而推之于视听之表耳。

肩吾问于连叔曰："吾闻言于接舆，大而无当，往而不反。吾惊怖其言，犹河汉而无极也。大有径庭，不近人情焉。"

连叔曰："其言谓何哉？"（接舆的话是怎么说的？）曰（肩吾回答说，接舆的原话是这样的）：

"'藐姑射之山，有神人居焉。肌肤若冰雪，绰约若处子。不食五谷，吸风饮露。乘云气，御飞龙，而游乎四海之外。其神凝，使物不疵疠而年谷熟。'吾以是狂而不信也。"

——"河汉"：天上的银河。"径"：门外小路。"庭"：门内堂前。"射"：读作yè。"绰"（chuò）：柔美。"处子"：处女。【郭注】处子者，不以外伤内。"飞龙"：翼龙，神马，神鸟。"疵疠"（cī lì）：疾病、灾害。"狂"，通"诳"（kuáng）：欺骗，虚妄。

接舆的转述，无非是将鲲鹏寓言的逍遥寓意用自己的想象发挥了一遍，无论怎样发挥，这些不食人间烟火的神人，都是先前那些混迹于人间世的至人、神人、圣人，因为他们都一样："乘天地之正，而御六气之辩，以游无穷"（《庄子·逍遥游》·【故夫知效一官】）；或者如肩吾这里转述接舆的传言所说："乘云气，御飞龙，而游乎四海之外"。

肩吾显然不知道本辑《逍遥游》中的鲲鹏寓言，如果他知道这个寓言，就一定会明白：接舆神乎其神地告诉他的那些神人，也是至人和圣人；甚至还会心领神会：接舆看似在说神人，其实更是在说圣人——圣人的风采，圣人的境界，圣人的神通。如果是这样，肩吾就不会认为接舆这些神乎其神的话是"狂而不信"了。可惜，肩吾毕竟错过了庄子的鲲鹏寓言，因此遭到了连叔的鄙视——

连叔曰："然，瞽者无以与乎文章之观，聋者无以与乎钟鼓之声，岂唯形骸有聋盲哉？夫知亦有之。是其言也，犹时女也。"

——"知"：通"智"，此指心智。

"时女"可有多种解读。【成疏】基于【郭注】的解释，认为是以少女比喻神人：

时女，少年处室之女也。指此接舆之言，犹如窈窕之女，绰约凝洁，为君子所求。但智之聋盲者，谓无此理也。

无论人们怎样作牵强附会的注解，连叔讥讽肩吾的这句话，其大意并不难理解：聋盲，不只是身体上的残疾；心智上的聋盲，更是大有人在。这种心智上的聋盲者，说的就是像你肩吾这种人。

连叔对肩吾说的这句话，也是《庄子·大宗师》中许由对意而子说的话。当时，尧似乎想要让王给意而子，对意而子特别栽培，意而子感到很害怕，便从尧那里逃了出来，见到许由，要拜许由为师。许由认为，意而子的心智，已经被尧的仁义熏染坏了，成了思想上的残废之人，不可教，欲将他拒之门外——

许由曰："不然。夫盲者无以与乎眉目颜色之好，瞽者无以与乎青黄黼黻之观。"

——《庄子·大宗师》·【意而子见许由】

第二节　尘垢粃糠，将犹陶铸尧舜

上一节开头，肩吾向连叔转述接舆的"神人神话"。肩吾不信接舆，更不信世上真有神人。连叔讥讽肩吾是智识的聋盲，告诉他说，不是世上没有神人，是他这种俗人对神人视而不见。

那么，连叔心目中的神人是什么样的呢？这一节，连叔如是告诉肩吾：

"之人也，之德也，将旁礴万物以为一；世蕲乎乱，孰弊弊焉以天下为事！"

——"之"：此。"旁"，通"磅"：充满，混同。"蕲"，通"祈"：祈求，期望。"弊弊"：此指疲于奔命。

连叔这句话的大意是说，真正的圣人，也是神人，乐在随顺万物，得在与道偕游，完全无心治理天下；反观世俗所谓圣人，以仁义治天下，其实是乱人心而乱天下。真正的圣人，也就是神人，是绝对不会为了圣王之名，而疲于奔命，做这种违背自然之道的事情的。

连叔这句话中的**"世蕲乎乱"**，可以两解：

其一，天下大乱，世人无不祈望有圣人出，大治天下。这里的"乱"，既是乱，也是治。

其二，圣人整天想着的——整天"蕲"的，就是如何以仁义教化天下，实施所谓仁政，其名为治，其实为乱。这里的乱，特指以仁义乱人心而乱天下。

连叔接着说：

"之人也，物莫之伤。大浸稽天而不溺，大旱金石流土山焦而不热。是其尘垢秕糠将犹陶铸尧舜者也，孰肯以物为事！"

——"浸"：水灾。"稽"：至。"秕（bǐ）糠"：瘪谷和米皮。"陶铸"：造就。"陶"：用土烧制。"铸"：用金属铸造。"孰肯"：一说参照《淮南子·俶（chù）真训》，此处应为"孰肯分分然"。"物"：世俗，此指治理天下。"事"：要务。

连叔在这里将神人和圣人相比较，说圣人只是神人身上的皮屑，充其量只不过是神人用自己身上的尘垢捏出来的偶像，就像女娲捏泥土造人。

这个令人啼笑皆非的比方，说明圣人毕竟沾有神人的些许气质。这为圣人就是神人，圣人可以成为神人，提供了可能，埋下了伏笔……

第三节 宋人资章甫

上一则说，圣尧让王给许由，而许由不受。

这一则的这一节说，圣尧让王不成，索性放弃了天下。在庄子看来，尧放弃天下，就是最好的治天下。

庄子举例说：断发文身的越人，不需要好事者以文明的名义，贩卖给他们冠冕堂皇的帽子。

宋人资章甫，而适诸越，越人断发文身，无所用之。

尧治天下之民，平海内之政，往见四子藐姑射之山汾水之阳，窅然丧其天下焉。

——"资"：本义财货，此指贩卖。"章甫（fǔ）"：兴于殷代的黑布礼冠；殷亡后，其后裔宋国人沿袭为书生的帽子。"断发"：不蓄头发。"四子"：一说指王倪、啮（niè）缺、被衣、许由。"阳"：山南水北。"窅"（yǎo）：本义眼睛深陷，引申为深邃，深远。"丧"（shàng）：遗忘。

此前两节，一直都是在讲藐姑射之山的神人，尽管神人也是至人、圣人，但此神人究竟是泛指还是特指，一直都没有点明。直到最后这里，神人般的尧，才在"藐姑射之山"出场。

由此不妨联想，此前所说的神人，应该就是这位神一般的尧圣人。如果真是如此，又怎样解释"其尘垢粃糠，将犹陶铸尧、舜者"呢？这位神人之尧，如何可以用自己的尘垢创造自己呢？即便是上帝，也只能让男人用自己的肋骨造女人，而不是造自己；尧是如何有如此超过上帝的神通呢？

按照【郭注】的解释，不是神人用自己的皮屑捏造了圣贤尧舜，而是世人捡拾仁义道德这类思想垃圾，塑造了自己想象中的圣明。

【郭注】尧舜者，世事之名耳。为名者，非名也。故夫尧舜者，岂直尧舜而已哉？必有神人之实焉。今所称尧舜者，徒名其尘垢粃糠耳。

【郭注】认为，尧舜既然有天下之治，就一定是无为而治，否则就不是自然之道意义上的治。既然如此，尧就一定是与自然之道相通的神人；而世人所见、所认为的圣尧贤舜，只不过是没有任何实质意义的名号而已。如果一定要说有其实质，那就只不过是尧舜身上的污垢。换言之，世人所谓尧舜，并非尧舜的真身，充其量是世人按照自己的想象，将尧舜抛弃的身体污垢捡起来，铸造成了以仁义治天下的圣王尧舜形象。这里所谓"尘垢粃糠"，主要是指仁义之类的思想污垢。显而易见，此仁义之圣，非彼无为之圣，更非彼藐姑射山之神。

【郭注】夫尧之无用天下为，亦犹越人之无所用章甫耳。然遗天下者，固天下之所宗。天下虽宗尧，而尧未尝有天下也，故窅然丧之，而尝游心于绝冥之境；虽寄坐万物之上，而未始不逍遥也。

四子者，盖寄言以明尧之不一于尧耳。夫尧实冥矣，尧迹则尧也。自迹观冥，内外异域，未足怪也。世徒见尧之为尧，岂识其冥哉！故将求子四于海外，而据尧于所见，因谓与物同波者，失其所以逍遥也。

然未知至远之所顺者更近，而至高之所会者反下也。若乃厉然以独高为至而不夷乎俗累，斯山谷之士，非无待者也，奚足以语至极而游无穷哉！

【郭注】借题发挥，以这段长篇解读为"肩吾问于连叔"这则以神人说圣人的故事作总结陈词，究其要点有四：

其一，世人所见圣人尧舜，只是其迹，犹如颜回步孔子后尘，望尘莫及。孔子说他如此荒唐，如"求马于唐肆"（《庄子·田子方》·【颜渊问于仲尼】）。

其二，圣人如果不是神人，终将不可能无为而治；反之，神人如果不是圣人，如果不沉溺于世俗，不与物同流合污，则无以治天下。

其三，相比只爱藐姑射之山的许由四子这些山谷之士，圣尧以人间世为藐姑射之山，才是真正无待而治天下的至人。

其四，既然尧以自己的天下为藐姑射之山，尧就没有天下可丧。所谓藐姑射山，顾名思义，就是没有此山；如果有，就是本辑《逍遥游》开头鲲鹏不知道是否抵达过的南冥天池，就是本辑《逍遥游》结尾处可逍遥于树下的无何有之乡。

第六则：蓬之心
——何不虑以为大樽而浮乎江湖?

第一节　魏王贻我大瓠之种

　　这一则，讲惠子和庄子的一段论辩。

　　在《庄子》中，惠子与庄子一共论辩了九次。[1]

　　这里是两位知音好友的第一次交锋。

　　故事一开始，惠子得意扬扬地向庄子夸耀，说他自己受到了明君的宠幸，并借此讥讽庄子的思想大而无用，所以无人能用。

　　本辑《逍遥游》，通篇讲逍遥。此前五则故事的逍遥者，要么是自然生物，要么是虚构的生灵，要么是至人、神人、圣人，既令人神往，又让人沮丧。人们不禁要问：无法离开这个浑浊的人间世的凡夫俗子，可不可以也像这些超凡脱俗的自然之物一样：无心有欲，自在而逍遥?

　　这一则故事，就是回答这个问题——无论是谁，只要换一种思维方式，即刻便是逍遥。

　　庄子的这个答案，可以让人茅塞顿开，也可以让人更加迷惘。这则故事中的惠子，就是后者，直到《庄子》全书结束，其心仍然是"蓬之心"。

　　庄子因此为他悲叹，也为天下悲哀，因为惠子是天下自以为聪明的人中最聪明的人。

　　惠子谓庄子曰："魏王贻我大瓠之种，我树之成而实五石，以盛水浆，其坚不能自举也；剖之以为瓢，则瓠落无所容。非不呺然大也，吾为其无

――――――――――

　　① 《庄子》中惠子与庄子的九次论辩，分别为《逍遥游》两次，辩题分别是"大用""无所可用"；《德充符》一次，辩题是"人是否无情"；《秋水》两次，辩题分别是"鲦鱼与鹓雏（凤凰）""何以知鱼之乐"；《至乐》一次，辩题是"生死哀乐"；《徐无鬼》一次，辩题是"是非标准"；《外物》一次，辩题是"无用之言是否无用"；《寓言》一次，论题是"孔子之化"。

用而掊之。"

——"惠子"：姓惠，名施，宋人，曾相魏王，是庄子最好的朋友和最佳的论敌。"魏王"：梁惠王。"瓠"（hù）：葫芦。"石"（dàn）：十斗为一石。

"坚"：硬度。"成而实五石"：结下一个大葫芦，其中空可容五石。"瓠落无所容"：此话可同时两解：其一，瓢太大了，没有地方放；其二，瓢可装的东西太多了，没有那么多东西需要装。

【成疏】剖（pōu），分割之也。瓢，勺也。瓠落，平浅也。呺（xiāo）然，虚大也。掊（pǒu），打破也。用而盛水，虚脆不能自胜；分剖为瓢，平浅不容多物。众谓无用，打破弃之。刺庄子之言不救时要，有同此瓠。应须屏削也。

第二节　宋人有善为不龟手之药者

上一节，惠子将庄子的思想比作空洞的大葫芦，既不能盛水装粮食，又占地方，所以只能被主人打碎了当作垃圾处理。

惠子对庄子说的这番话，具有鲜明的惠氏风格，其咄咄逼人的善辩锋芒，让一般人难以招架，不知情者，往往不知所云。

在《庄子》中，在庄子面前夸耀自己受到君王的重视和礼遇的，惠子是第一人，但不是唯一的人。

《列御寇》中的宋人曹商，比惠子更值得骄傲，他得秦王赐车百乘，以此笑庄子既穷且困。庄子反唇相讥，说这位志得意满的曹商，只不过"舐痔者"，所舐愈下，得车愈多。

还是在《列御寇》中，一位不知姓名的人，得宋王赐车十乘，以此骄稚庄子。庄子给他讲了一个"千金之珠"的故事，告诫他之所以得逞，是因为碰巧暴烈的昏君睡着了。一旦暴君醒来，得逞一时的他，就会被碾成齑粉。

这些人在夸耀自己的同时，都忘不了要奚落庄子的思想——大而无用。惠子此时的话中之话，也是如此。那么，庄子会怎样回应惠子呢？他同样是用讲故事的方式，避其话锋，旁敲侧击，婉言劝诫。之所以如此，一个重要的原因是：庄子对辩论之事深恶痛绝。但面对辩士，尤其是像惠子这样的天下第一辩士，不得不辩；于是，讲故事，就成了庄子以不辩而辩的最好方式，也是最佳策略。

庄子曰："夫子固拙于用大矣。（或许，不是葫芦大而无用，而是你不善于用大之大用。）

宋人有善为不龟手之药者，世世以洴澼絖为事。客闻之，请买其方百金。聚族而谋曰：我世世为洴澼絖，不过数金；今一朝而鬻技百金，请与之。客得之，以说吴王。

越有难，吴王使之将。冬，与越人水战，大败越人。裂地而封之。能不龟手一也，或以封，或不免于洴澼絖，则所用之异也。

今子有五石之瓠，何不虑以为大樽而浮乎江湖，而忧其瓠落无所容？则夫子犹有蓬之心也夫！"

—— "龟"，通"皲"（jūn）：皮肤冻裂。"洴澼絖"（píng pì kuàng）：漂洗丝絮。"有难"：发难，此指出兵侵吴。"大樽"：腰舟，形如酒器，系于腰间渡水。

"蓬之心"：类似《孟子·尽心下》的茅塞之喻。[①]

在《庄子》的语境中，此喻心灵荒芜，尤指心性与自然天性的通道被杂乱的智知堵塞（参见《庄子·则阳》"旧国旧都"之喻）。

【郭注】此章言物各有宜，苟得其宜，安往而不逍遥也。

[①] 《孟子·尽心下》：孟子谓高子曰："山径之蹊间（"径"：通"陉"xíng，山坡，山脉中断处。"蹊"：小径。"间"：狭窄），介然用之而成路（"介"：本义沟通两者）。为间不用（"间"：间或，偶尔），则茅塞之矣。今茅塞子之心矣。"

第七则：吾有大树
——树之于无何有之乡

上一则，惠子与庄子进行了一场未分胜负的论战。惠子讥讽庄子是空洞无用的葫芦；庄子批评惠子，如飞蓬没有定心，或者说，被杂乱的茅草堵塞了心窍。惠子当然不服，于是再一次挑战庄子。这一次的庄子，在惠子的讥讽中，从空洞无实的大瓠，变成了一棵臃肿不堪、奇臭难闻，却又奇大无比的大树，人见人弃。

> 惠子谓庄子曰："吾有大树，人谓之樗。其大本拥肿而不中绳墨；其小枝卷曲而不中规矩。立之涂，匠者不顾。
>
> 今子之言，大而无用，众所同去也。"

——"樗"（chū）：臭椿。"大本"：主干和根系。"拥肿"：盘根错节。"涂"，通"途"。"不顾"：不屑一顾。"去"：抛弃。

针对惠子的揶揄，庄子反唇相讥。

> 庄子曰："子独不见狸狌乎？卑身而伏，以候敖者；东西跳梁，不避高下；中于机辟，死于罔罟。
>
> 今夫斄牛，其大若垂天之云。此能为大矣，而不能执鼠。
>
> 今子有大树，患其无用，何不树之于无何有之乡，广莫之野，彷徨乎无为其侧，逍遥乎寝卧其下？
>
> 不夭斤斧，物无害者，无所可用，安所困苦哉！"

——"狸"：山猫。"狌"（shēng）：野猫，通"鼬"（yòu）：鼬鼠，即黄鼠狼。"敖"：出游，一说通"遨"：遨游，翱翔。"机辟"：捕鼠器。"辟"：本义刑、法。"罔"，通"网"：用绳线编织的捕鱼捉鸟器具。"罟"（gǔ）：网的总称。"斄"（lí）：牦牛。"莫"，通"漠"。"彷徨"：闲适。

【成疏】无何有，犹无有也。莫，无也。彷徨，纵任之名。逍遥，自得之称。

结题：不游之游

《庄子·逍遥游》，从鲲鹏寓言的无稽之谈开始，在惠子与庄子的两轮论辩中无果而终。

惠子终身以辩为生，在这一点上，很像古希腊的苏格拉底。

庄子终身以去辩为务，在这一点上，庄子更像是记录苏格拉底辩言的柏拉图。一个是为辩而辩，一个是为去辩而不得不辩。这两位难兄难弟般的辩友，谁也不能说服谁，谁也没有想要说服谁。他们都只是借助辩论表达自己的观点，痛快淋漓的表达，让他们无比痛快，如此人生，就很值得了。

在此后的日子里，这两个以争辩相交的知音朋友，围绕**"人是否得以逍遥"**这一生命哲学总命题，还会在《庄子》中继续争辩下去，直到他们当中有一个人先离去。

此处的《逍遥游》结题，与开始的《逍遥游》题解，首尾呼应；正如《庄子》全书，以《逍遥游》为世人的悲叹，与《天下》篇为天下的悲叹，首尾呼应。

作为《庄子》全书的序篇，《逍遥游》以庄子对惠子的劝诫结束。这与其说是庄子与惠子论辩的注定结局，不如说是庄子预言果真应验的开始。

作为《庄子》全书的终篇，《庄子·天下》说：

> 道术将为天下裂。
>
> ——《庄子·天下》·【天下大乱】

《庄子·庚桑楚》说：

> 千世之后，其必有人与人相食者也。
>
> ——《庄子·庚桑楚》·【老聃之役有庚桑楚者】

《逍遥游》作为《庄子》全书的序篇，承担起了提纲挈领的思想建构任务。可以说，庄子及《庄子》一书主要的哲学思想，都在"逍遥遊"这三个字的悖论之中了——

真正的逍遥，不在游，而在不游——在无何有之乡的那棵逍遥树下，彷徨乎无为其侧，逍遥乎寝卧其下。如此不游之游，也是无用之用，更是无为之为。庄子给惠子的这一劝诫和建议，又何尝不是给天下人的劝诫和建议！

不游，对于治理天下的圣人来说，就是与民休息。**无用**，对于汲汲于功名的贤者而言，就是复归性命。**无为**，是对天下生民的自然律令：不得已为之。

"无所可用，安所困苦哉？"（《庄子·逍遥游》·【惠子谓庄子曰吾有大树】）庄子如此设问：如果世人能够做到**不游**、**无用**、**无为**，天下还有是非彼此吗？人间世还会有争斗和杀戮吗？人生在世，还会有困厄悲苦吗？世人还需要仁义教化、还用得着顶礼膜拜某一位圣王来治理自己吗？

庄子的这句树下之问，既是疑问，又是反问，既是提问，又是回答。这棵遮天蔽日的大树，与扶摇直上的鲲鹏，天上地下，动静对比；这个凝静虚空的无何有之乡，与不知有多远的南北天池，遥遥相望，却又近在咫尺。庄子用这一精妙的文本结构，隐喻《庄子》全书的哲学主旨——**人，如何能够没有困苦？**

这一具有拯救使命的主旨，是庄子哲学的第一命题，也是贯穿《庄子》全书的思想主线。

第二辑 《齐物论》

——吹万不同，使其自己

【第二辑要目】

题解：万物自己

第一则：吾丧我——忘我自己

第二则：天籁——成为自己

第三则：地籁——人言恐恐

第四则：真宰——有情而无形

第五则：师心——谁独且无师乎？

第六则：莫若以明——道通为一

第七则：知止至明——恶乎至？

第八则：止于三——至于道

第九则：六合不辩——圣人怀之

第十则：十日并出——万物皆照

第十一则：三问三不知——恶乎知之？

第十二则：和之以天倪——忘年忘义

第十三则：然——所以然

第十四则：庄周梦蝶——蝶梦庄周

结题：化梦齐物

题解：万物自己

庄子以其自然哲学，反思历史，哀悯天下，质疑任何人以任何神圣的名义齐同天下，无论是以武力方式，还是以思想方式。

《庄子·齐物论》的要义，就是申明这一"不齐之齐"的齐同大义，并为之提供基于自然之道的合理依据。这一依据的基本表述是，**万物都一样：独化而自在**。

用《庄子·养生主》的话说：

"天之生是，使独也。"

——《庄子·养生主》·【公文轩见右师而惊曰】

"齐"者，平等。"齐物"，顾名思义，万物等齐。这里的平等之齐，特指**平等地不齐**。《齐物论》的这一要旨，历代注家中，独有【郭注】感悟最深。

【郭注】夫自是而非彼，美己而恶人，物莫不皆然。然故是非虽异，而彼我均也。

按照【郭注】这一题解，万物都同样**平等地不一样**，而不是按照某一种是非标准被成为一样、被统一为一样；或者，被和谐为一样、被心服为一样。

《齐物论》这个篇名中的"物"，不只是指自然万物，更是指人。《齐物论》看似论物，其实论人——论与自然万物平等的自然之人。

这个"**人物**"：人之物，物之人，更多地是指每一个具体的自己。庄子**齐物**，其旨趣不在**一物**，而是为了**异人**——找回那个独一无二的自己。"**自**"者，由也，一切由自本身；"**己**"者，对别人称本身。

庄子由此而论齐物，是说自己与万物平等，而不是说让万物与自己齐一。

《齐物论》是《庄子》全书中最具思辨色彩的篇章，也因此是最艰涩、最难懂的哲学奇文。

唯其思辨而哲学，才使得《齐物论》成为庄子最重要的思想文本，也因此成为了阅读《庄子》的拦路虎——人们只有读懂了《齐物论》，才有可能继续读下去，一步步接近**齐物而异己**的庄子。

庄子的生命哲学，基于自然哲学，《齐物论》可谓庄子自然哲学的总纲，是庄子全部哲学思想的根基。

齐物，是庄子自然哲学的标志性核心概念。围绕这一核心概念，庄子在《齐物论》中依次提出了一组密切相关的命题：**吾丧我、天籁（地籁、人籁）、真宰、师心、明、止至、天倪、化梦**。所有这些命题，都围绕齐物展开，或论述，或举例，或隐喻，或质疑，或辩难，或以问为答，或不知所云。①

----

① 按：《庄子·齐物论》中的几段独白式论述，可以看作庄子与惠子继《逍遥游》中两次论辩之后的第三次乃至多次论辩的记录，为了突出庄子的观点，略去了论辩的过程和惠子的观点。

参见《庄子·齐物论》·【古之人其知有所至矣】：昭文之鼓琴也，师旷之枝策也，惠子之据梧也，三子之知几乎！皆其盛者也，故载之末年。唯其好之也，以异于彼，其好之也，欲以明之彼。非所明而明之，故以坚白之昧终。

第一则：吾丧我
——忘我自己

第一节　心如死灰

这一则开头，是师徒二人的一段极简对白。

先生"南郭子綦"，字面直义是：影子般存在于城南市井中的黑衣人。"綦"：青黑色，亦指印迹，足迹。《庄子·徐无鬼》中，有南伯子綦；《庄子·寓言》中，有东郭子綦；《庄子·让王》中，有司马子綦。这几个子綦，或许是同一个人，或许谁也不是谁。

弟子"颜成子游"，姓颜成，名偃，字子游。孔子有弟子言偃，字子游。这两个子游，是否同一个人，不妨联想，但不必当真。

故事说，这一天，南郭子綦倚靠在几案上，和往常一样，冥想出神。在一旁伺候的颜成子游惊异地发现：今天的先生，与往常不一样——气若游丝，精神似乎离开了身体。这令他大惑不解。

> 南郭子綦隐几而坐，仰天而嘘，嗒焉似丧其耦。
>
> 颜成子游立侍乎前，曰："何居乎？形固可使如槁木，而心固可使如死灰乎？
>
> 今之隐几者，非昔之隐几者也。"
>
> 子綦曰："偃，不亦善乎而问之也！今者吾丧我。"

——"隐"（yìn）：倚靠。"几"：几案。"嘘"：吐气，叹息。"嗒"（tà）：失意，忘怀。"耦"：此指灵魂寄寓的形骸。"居"：本义处，坐，此指安处，一说为语助词，大致相当于"故"。

第二节　我自忘

如前所见，南郭子綦告诉他的学生子游，说自己"**吾丧我**"。何为"吾"？何为"我"？

按照《说文》的说法，"吾"者，我自称也；"我"者，施身自谓也。

吾和我这两个字，与自和己一样，前者（吾和自）多强调本身和本体，后者（我和己）多相对他者而言。

《庄子》中吾和我这两个字的用法，可以从《论语》的经典说法中找到印证：

《论语·学而》说：

吾日三省吾身。

这里的"吾"，指我自己。

《论语·颜渊》说：

己所不欲，勿施于人。

这里的"己"，相对于"人"而言。

《论语·八佾》说：

子曰："赐也，尔爱其羊，我爱其礼。"

这里的"我"，相对于"尔"而言。

由此而论，所谓"吾丧我"，不是我丧失了我自己，而是说，我丧失了与外物相对而言的我，我因此不依赖外物而自我存在。

【郭注】吾丧我，我自忘矣。我自忘矣，天下有何物足识哉！故都忘外内，然后超然自得。

人对于自己存在的感觉和表述，通常是以外物——自然万物和他人为参照的，从这个角度而言，"丧"是一种解脱。"吾丧我"之后的新"吾"，是不以任何外物为依存的彻底自由自在的我。

自适自在，是"自"这个字的本义，其字形是一个人的鼻息，象征一个有呼吸的生命。

对南郭子綦而言，所谓"吾丧我"，是"似丧其耦"。

"耦"的字面本义，是两人在一起耕地，用在这里，可以理解为精神寄寓的形骸，也可以理解为一个人所依存的外部世界。

显而易见，"吾丧我"，还有所丧，还必要丧，还不是主客皆忘、物我两无的齐物境界，而只是齐物的方法和条件。

庄子之所以在《齐物论》开篇讲述"吾丧我"这则短故事，正是为了寻找更好的齐物方式，满足更纯粹的齐物条件。

庄子的齐物，是无物可忘，无我可丧，无他物可梦，无彼我可均。

由此所谓"齐"，不是齐是非，丧彼此，而是无是非可齐，无彼此可丧——齐，是无所齐。①

一个人怎么能够达到如此彻底的齐物状态？

南郭子綦的方法是隐几而坐，庄周的方法是梦蝴蝶。

无论是隐几而坐，还是梦蝴蝶，都不是刻意做出来的，而是人生本来如此，本该如此。

至于为什么如此，庄子的回答是：不知道，不可能知道，不想知道，不必要知道。

一切想要知道的努力，都只会让人徒增烦恼，都是生命意义上的真正的丧：丧失本心；都是精神意义上的真正的忘：忘记本性。

---

① 按：禅宗六祖慧能的无物尘埃偈，与庄子这里齐无所齐的境界十分接近。

参见《六祖坛经·行由品》：慧能偈曰："菩提本无树，明镜亦非台。本来无一物，何处惹尘埃？"书此偈已，徒众总惊，无不嗟讶。各相谓言："奇哉！不得以貌取人，何得多时使他肉身菩萨。"祖（五祖）见众人惊怪，恐人损害，遂将鞋擦了偈，曰："亦未见性。"众以为然。

第二则：天籁
——成为自己

第一节　敢问其方

　　上一则的故事说，南郭子綦告诉他的学生子游，说自己"吾丧我"。那么，他的"我"离开身体形骸，跑到哪里去了呢？

　　在这一则中，南郭子綦告诉子游，说他自己是听"天籁"去了。

　　"汝知之乎？汝闻人籁而未闻地籁；汝闻地籁，而未闻天籁夫！"子游曰："敢问其方。"

　　——"人籁（lài）"：本义箫笛声，此喻人声、人言。"地籁"：根据下文，特指风吹空穴发出的声音。

　　下面是南郭子綦对地籁的描述——

　　子綦曰："夫大块噫气，其名为风。是唯无作，作则万窍怒呺。而独不闻之翏翏乎？山林之畏佳，大木百围之窍穴，似鼻，似口，似耳，似枅，似圈，似臼，似洼者，似污者；激者，谪者，叱者，吸者，叫者，谯者，宎者，咬者，前者唱于而随者唱喁，泠风则小和，飘风则大和，厉风济则众窍为虚。而独不见之调调之刁刁乎？"

　　——"大块"：大地。"噫"（yī）：吐。"是"：指此风。"唯"，语气词。"作"：兴起。"呺"，通"号"：吼。"翏翏"（lù lù），亦作飂飂（liù liù）：呼呼声，远远袭来。"林"：一说通"陵"。"畏佳"（wéi cuī），通"嵬崔"：高峻。"枅"（jī）：柱上方木，即枓（dōu）。"臼"（jiù）：舂米的凹石或凹木。"污"：小池。"谪"（xiào）：疾驰，箭头飞去的声音，一说通"嗥"（háo）：野兽的吼叫。"叱"（chì）：怒号。"吸"：呼吸。"谯"（háo）：嚎哭。"宎"（yǎo）：孔啸，深沉。"咬"（jiāo）：咬咬，鸟鸣哀切。

"喁"（yú）：应和声。"泠风"：徐风。"泠"（líng）：清凉，通"零"：小雨。"厉"，通"烈"：大。"济"：止。"调调"：大树摇摆。"刁刁"：亦作"刀刀"：枝叶摇曳。

第二节 怒者其谁邪？

上一则的故事说，南郭子綦的精神离开形骸，听"天籁"去了。

这一则的第一节说，子游问南郭子綦：什么是天籁？南郭子綦答非所问，不言天籁，反倒是对地籁详细地描述了一番。

子游不得要领，于是在这里继续求教老师：究竟什么是天籁，天籁究竟是什么。

子游曰："地籁则众窍是已，人籁则比竹是已。敢问天籁。"

——"是"：如此，这样。"已"：矣。"比竹"：并列排比的竹管，即排箫、云箫之类。

子綦曰："夫吹万不同，而使其自己也。
咸其自取，怒者其谁邪！"

——"夫"：一说此处应为"夫天籁者"。"已"（yǐ）：停止，成为，一作"己"（jǐ）：自己。"咸"：全都是。"怒"：发动。

如前所见，子綦告诉子游，什么是天籁，然而，却不厌其烦地大说特说地籁。等到说天籁的时候，已经无话可说了，只剩下这里的八个字：**"吹万不同，使其自己"**。

其实，子綦说比竹、众窍，就是在说天籁。子游不明白，还要在此之外打听天籁。子綦告诉他：何为天籁？发声者无心，闻籁者无意，此即天籁。

原来，子綦先前说子游**"汝闻人籁而未闻地籁，汝闻地籁而未闻天籁夫！"**不是说子游从来没有听到过地籁和天籁，而是说他听而不闻——不知从有声中听出无声，更不知从无声中听出有声。

从子綦这里，还可以得知：有神的地方，就有天籁。

天籁是神一样的音乐，有神人的地方，一定是天籁音乐之乡。

在这个音乐之乡，自然万物都是音乐家，生命的存在，犹如演奏音乐，不知道为什么要演奏，不为任何人演奏，甚至不为自己演奏，演奏就是演奏，有声和无声都是演奏。无论怎样不同的演奏，都恰到好处，都与自然相应和，都自然和谐。

如此天籁，是世人无法听见的自然之音，除非世人能够如南郭子綦一样，吾丧我——形如槁木，心如死灰。

以南郭子綦的生命体验，天籁，既是"吾丧我"之后进入的自我状态；也是"吾丧我"所感知的自然境界——万物自在，不由自主，自然而然。

第三节　生生者谁哉？

上一节，子游问他的老师子綦，什么是天籁？子綦对子游说了八个字："**吹万不同，使其自己**"。这与其说是答案，不如说是谜语。

如何理解南郭子綦的"天籁"谜题？

按照【郭注】的解释，世间万物，天下万民，任何一物的自然发声，都是神乎其神的天籁。发自内心的人声、鼓吹孔窍的风声、一切生物的呼吸声，所有这些各不相同的自然之声，之所以可以称为天籁，是因为它们都不约而同地合乎自然天道，并因此而各自存在——天籁，是自然万物各不相同的共同存在。

【**郭注**】夫天籁者，岂复别有一物哉！即众窍比竹之属，接乎有生之类，会而共成一天耳。

无既无矣，则不能生有。有之未生，又不能为生。然则生生者谁哉？块然而自生耳。

自生耳，非我生也。我既不能生物，物亦不能生我，则我自然矣。自己而然则谓之天然。天然耳，非为也，故以天言之。

以天言之，所以明其自然也，岂苍苍之谓哉！而或者谓天籁役物使从己也，夫天且不能自有，况能有物哉！

故天者，万物之总名也。莫适为天，谁主役物乎？故物各自生而无所出焉，此天道也。

【郭注】在这里以"天籁"借题发挥，自成专论，说它是中国思想文化史上第一篇"自然哲学宣言"和"人的自然权利宣言"，或许毫不为过。究其核心理念，大致有三：

第一，天即万物，万物之上没有天，万物自外没有天，我即万物之物，我即天。

第二，我自生，自生即自己而然，即自然，即天然，我即天然。

第三，我自生，我自然，我自己（自己成为自己），谓之天道，我即天道。

【郭注】在本辑《齐物论》最后，借对"罔两问景"作注时，进一步借题发挥，更加明确地主张说：

世或谓罔两待景，景待形，形待造物者。请问夫造物者有邪？无邪？无也则胡能造物哉！有也则不足以物众形。故明众形之自物，而后始可与言造物耳！是以涉有物之域，虽复罔两，未有不独化于玄冥者也。

故造物者无主，而物各自造。物各自造而无所待焉，此天地之正也。故彼我相因，形景俱生，既复玄合而非待也。

明斯理也，将使万物各反所宗于体中，而不待乎外。外无所谢，而内无所矜，是以诱然皆生而不知所以生；同焉皆得而不知所以得也。

【郭注】并非完全符合庄子的本意，不过，【郭注】并未说明"物各自生，而无所出"怎么成为可能？万物既然"自己而然"，又为什么会不约而同地遵循"自己而然"这一普遍秩序？这样的终极哲学问题，要待庄子来回答。在随后第四则"非彼无我"的论述中，庄子的回答是："若有真宰"。"若"：或许，应该，如此，如果，隐约。庄子的这个假设是：想必一定有一个主宰自我的造物主，这个造物主就是真我。

第三则：地籁
——人言恐恐

第一节 大言炎炎，小言詹詹

这一则讲什么是地籁。讲述者可以认为是子綦，也可以认为是庄子。

上一则中，子綦告诉子游：所有人籁、地籁都是天籁。但这只是对子綦这样"吾丧我"的忘我无己之人说的。当一个人无法"吾丧我"的时候，人籁就是人籁，地籁就是地籁，无法听闻天籁。

那么，什么是地籁？还是按照子綦的说法，世人不仅无缘天籁，也不闻地籁。在世人耳目中，只有人籁。换言之，所有地籁现象，以世人的感知，都类似于人言：喧嚣混乱，让人心神不宁。

这一则，就是以地籁喻人言，以人言说地籁——

大知闲闲，小知间间。大言炎炎，小言詹詹。

——"知"：智。"闲闲"：自以为是，广博而志得意满。"间间"（jiān jiān）：拘泥卑琐，精细而居间周旋。"炎炎"：盛气凌人。"詹詹"（zhān zhān）：喋喋不休。

【成疏】闲闲，宽裕也。间间，分别也。炎炎，猛烈也。詹詹，词费也。夫智惠宽大之人，率性虚淡，无是无非；小智狭劣之人，性灵褊（biǎn）促，有取有合。

大知大言，小知小言，相互唱和，让人间世充满了如地籁般的窍穴之风。身处大言与小言交混的人间世，比身处地籁之风肆虐的高山深谷更加恐怖，这里，每一个人都如大大小小的风中窍穴，相互恐吓，此起彼伏，惶惶不可终日，没有人有安全感。

庄子描述说：

其寐也魂交，其觉也形开。

与接为构，日以心斗。缦者，窖者，密者。小恐惴惴，大恐缦缦。

——"寐"：睡时。"魂交"：神思错乱。"觉"：醒来。"开"：开朗；一说身体不宁。"与接"：心与所接触之物纠结。"为构"：如同筑屋相交斗构。"构"：合。缦（màn），通"慢"：宽心，一说迟缓。窖（jiào）：深沉，此指心机如地穴，深藏不露。"密"：用心缜密。"惴惴"（zhuì zhuì），忧惧不安。"缦缦"：惊魂不定，沮丧。

按照庄子的描述，整个人间世，充斥着三种言说者：看似温柔的"缦者"，居心叵测的"窖者"，深藏不露的"密者"。这些人以"知"为业，以"言"谋生，以"辩"为能，相互钩心斗角，日夜心神不宁，梦醒交错，紧张疲惫，对他们而言，每天都是一场永无休止的战斗。

若以道观，如此一生，其所作所为，只是在销蚀自己的天性，直到天性消耗殆尽——

其发若机栝，其司是非之谓也。其留如诅盟，其守胜之谓也。

——"发"：此指争辩好胜。"机"：弩牙。"栝"（guā/kuò）：箭栝，箭末扣弦处。"司"，通"伺"：伺机。"留"：此指暗藏心机，或指执着己见。"诅盟"：如同诅咒发誓过一般。

其杀如秋冬，以言其日消也。其溺之所为之，不可使复之也。

——"杀"：肃杀。"消"：衰败。"溺"：沉溺。"复"：恢复天性。

其厌也如缄，以言其老洫也。

近死之心，莫使复阳。

——"厌"：满，堵塞，此指内心蔽塞，或指物欲横流；"缄"（jiān）：封，捆扎，束箧。"洫"（xù）：本义田间沟壑，此指枯竭，败坏，昏乱。"复阳"：恢复生气。

第二节　缦者，窖者，密者

上一节，庄子借南郭子綦之口，将令人恐怖的地籁，比作可怕的人言；或者，反过来说：无孔不入的地籁，就是无所不在的流言蜚语。

人活着，无非就是制造这种令人恐怖的人言，也因此活在恐怖的人言之中。不幸的是，这种可怜、可悲的人生，并非只是小人的活法，更是像颜渊这样的君子们所爱。《庄子·田子方》中的孔子为此感叹说：

可不察与！
夫哀莫大于心死，而人死亦次之。

——《庄子·田子方》·【颜渊问于仲尼】

更为不幸的是，**缦者，窖者，密者**们的恐怖人言，犹如地籁的风雨交加，受以下十二种情绪控制，反复无常，害人害己。庄子或者南郭子綦揭示世人的生存状态，可谓惨不忍睹：

喜（偏爱）、怒（嗔恨）、哀（悲苦）、乐（失态），虑（焦虑）、叹（忧郁）、变（反复）、慹（恐惧），姚（浮躁）、佚（放纵）、启（张扬）、态（作态）。

乐出虚，蒸成菌。日夜相代乎前，而莫知其所萌。

——这段话的大意是说：所有这些十二种令人无法自已（yǐ）的情态和心态，虚幻无稽，犹如乐声出于虚空，朝菌从地气生成，日夜不停地交替出现，让人无法安宁，却不知道它们是从哪里生发出来的，又在何时终止或者再来。为此，庄子除了唏嘘不已，还是唏嘘不已——

已乎，已乎！旦暮得此，其所由以生乎！

算了吧，算了吧。如果世人有一天懂得齐物的道理而忘己忘形，就知道这些形骸负累之所以产生的根源了。

浑浑噩噩的人生，固然不值一提，但如果一旦明白了为什么会是这样，人生就有可能彻底改观。那么，人怎样才能逃离杂乱无章的地籁之境，得闻天籁的福音呢？

事实上，子綦在此前描述地籁的时候，已经提示子游，为他给出了类比式答案：

而独不见之调调之刁刁乎？

——"调调"：树枝随风摇摆。"刁刁"：树叶随风飘零。人在地籁的窍穴大合唱中，只能与风应和，任风肆虐，随风起舞。这也就是说，人事实上无法主宰自己，人不是自己的主宰。然而，这个世上，总有人不甘心接受人不能主宰自己这样的事实，总以为人可以主宰自己，甚至主宰地籁，这种盲目的自信者，就是本则开头的大知和小知——大知闲闲：志得意满；小知间间：精于周旋。

第四则：真宰
——有情而无形

第一节　非彼无我

这一则，深入探讨天籁的哲学本质：

天籁究竟是万物各自发声？还是万物背后有某种力量主宰它们，才因此既各自发声，又自然有序？

此前子綦的相关说法，并没有明确的定论，只有疑问或者设问，模棱两可，让人莫衷一是。

> **夫吹万不同，而使其自己也。**
> **咸其自取，怒者其谁邪？！**
>
> ——《庄子·齐物论》·【南郭子綦隐几而坐】

【郭注】认为，子綦的这个问句，不是设问，而是自问自答的感叹句。子綦以毋庸置疑的语气表达的结论很明确：这个世上，没有造物主。世界万物，各自是自己的造物主。然而，这一说法，似乎只是子綦的看法和【郭注】的发挥，不一定是庄子的原意。

或许，庄子早就预感到了，后世学人一定会在这一点上曲解他的原意，因此，不再借用南郭子綦之口，索性自己站出来发声，一方面继续小心存疑，一方面继续大胆探问——

> **非彼无我，非我无所取。**
> **是亦近矣，而不知其所为使。**

——庄子这句话的字面直义是说，自然生我，我生于自然，没有自然就没有我；然而，如果没有我，自然何以是自然呢？我知道自己与自然是一体的，但不知道为什么会是这样。

【郭注】彼，自然也。自然生我，我自然生。故自然者，即我之自然，岂远之哉！

【成疏】取，禀受也。若非自然，谁能生我；若无有我，谁禀自然乎！然我则自然，自然则我，其理非远，故曰"是亦近矣"！

看来，庄子亲自出面澄清的这段话，不但没有避免后世学人的曲解，反倒让【郭注】和【成疏】这样的注家，更加坚定了他们**"庄子注我"**的信心，更加坚守他们此前的结论：

自然即我，我即天籁，于我之外，既无天籁，也无自然，更无所谓造物主。

可怜的庄子，他的原意似乎不是这样的。他更像是在说：万物自然而然的背后，一定有所以然，只不过，以人的智知，无法知道这个所以然。尽管如此，人可以隐约感知到这个所以然的存在。这种所以然及其与人的隐约关系，不妨假设为"真宰"。

可见，寻找真宰，才是庄子的本怀。这个真宰，姑且说它是造物主，倒也无妨。

第二节　若有真宰

这一则，深入探讨天籁的哲学本质。

上一节，庄子假定："**非彼无我，非我无所取。**"

按照这一假说，所谓天籁，纯粹是"我"的感觉，没有"我"的感觉，就没有所谓天籁；反之，没有天籁，就没有所谓"我"。

这一节说：天籁与我的关系，或许不是这样的。无论"我"是否感觉得到，天籁都自然而然存在于那里。

那么，天籁为什么会存在呢？庄子于是进一步假定：或许，在天籁的背后，有一种看不见的神秘的决定性力量，姑且谓之"真宰"。

若有真宰，而特不得其眹。

可行已信，而不见其形。

有情而无形。

——"朕"（zhèn），通"眹"：征兆，端倪。"已"，通"以"。"情"：实。

庄子这个所以然之"真宰"，可以想象为"造物主"，可以理解为"真我"，可以解释为"精神"，可以说是"道"。无论怎样指称它，解读它，"真宰"之于人，在庄子这里，特指决定人的命运的某种不可知力量，这个超然物外的绝对力量，的确存在——**"可行已信，而不见其形"**——只是人无法从形态上来确认它而已。

值得注意的是，【郭注】对**"不见其形"**的阐发，继续坚持**"庄子注我"**的法则，他似乎更倾向于认为：既然无形，就是没有。

【郭注】 万物万情，取舍不同，若有真宰使之然也。起索真宰之朕迹，而亦终不得，则明物皆自然，无使物然也。

这也就是说：既然真宰无形，人就终究无法知道真宰的真相。既然如此，这个所谓无形的真宰，就可以说并不存在。

将"无形"说成是"无有"，将"不知道"所以然，说成是"没有"所以然；将"无法知道"所以然，说成是"绝对没有"所以然。这的确只是【郭注】自己的逻辑，的确不是庄子原本的深意。但这并不妨碍【郭注】依然是《庄子》最好的注解，正如惠子与庄子总是针锋相对，但并不妨碍惠子是庄子最好的甚至是唯一的知音。

第三节　无益损乎其真

这一节，庄子继续探问无法探问的天籁背后的真宰。庄子坚信——

如求得其情与不得，无益损乎其真。

庄子这句话的大意是说，真宰既不会因为人能够知道它便得以存在，也不会因为人无法知道它而无法存在。

为了论证真宰，证明这个不可知的自然主宰的确存在，庄子以人的身体为例，继续设问解疑——

百骸、九窍、六藏，赅而存焉。吾谁与为亲？汝皆悦之乎？其有私焉？如是皆有为臣妾乎？其臣妾不足以相治乎？其递相为君臣乎？其有真君存焉？

——"骸"：骨骼。"九窍"：一说指口，双眼，双耳，双鼻孔，前后阴。"藏"，通"脏"。"六藏"：一说指心、肝、脾、肺、肾，其中肾有两脏，合称六脏。"赅"（gāi）：完备。"亲"：亲近。"说"，通"悦"。"私"：偏爱。"皆有"：此指同等对待。"臣妾"：此指仆从。"递相"：轮流。

在古人看来，人与大块（大地）一样，也是用窍穴呼吸的生命体，据说，人有百骸、九窍、六藏，如果没有一个统摄它们的真宰，这些器官和孔窍无非是一堆杂乱的死物件而已。那么，人体的这些器官窍穴，究竟哪一个是主宰呢？或者相互主宰？或者轮流主宰？或者在所有这些器官窍穴之外，有一个主宰所有器官窍穴分工协同的真君？

其有真君存焉？

如求得其情与不得，无益损乎其真。

庄子最终认为，或许的确有一个超然物外的真宰，这个无形的真宰，是绝对独立的自在，既不因为人们看不见它而不承认它而受到减损，也不因为人们膜拜它而夸大它而有所增强。

第四节 莫之能止，不亦悲乎

上一节，庄子以人体器官的协同为例，论证超现实的自然真宰，或者说自然真君，的确存在。

不幸的是，世人大都不愿意承认人是被自然主宰的万物之物，更宁愿相信：自己就是自己的主宰并主宰万物。

这在庄子看来，实在可悲可怜：

一受其成形，不亡以待尽。与物相刃相靡，其行尽如驰而莫之能止，不亦悲乎！

终身役役而不见其成功；苶（nié）然疲役，而不知其所归，可不哀邪！

——庄子坚信：按照自然之理，人是自然之子，人一旦出生，成其为人，最重要的，或者说唯一要做的，就是不失自然天性，不中道夭折，以尽天年。

可是，事实上，人一旦出生，就不安分守己，就要改变自然之子的身份，努力按照自己的欲望和意志重新塑造一个人为的自己，从此不再受自然的主宰。于是不断地与外物摩擦冲突，人与人争名逐利，无法停止，这是何等可悲啊！

庄子感叹道：人为了背离自然，伪造自己，劳碌一生，毫无成就，疲惫不堪，不知归宿在哪里，这难道不可怜吗？

庄子认为，人想要取代自然，成为自己的主人，最终像孔子自诩的那样，随心所欲地掌控自己的命运，纯属徒劳无益。[①]

人谓之不死，奚益？其形化，其心与之然，可不谓大哀乎？人之生也，固若是芒乎（"芒"：通"茫"，昏惑）！

其我独芒，而人亦有不芒者乎！

——庄子说，人丧失了自然天性，只有躯体还活着，即便长生不死，又有什么意义？形骸逐渐衰败，精神困在其中，如此行尸走肉，该是何等的悲哀！

庄子的这两段话，为世人悲，为自己叹。

一悲世人，活在心智的昏惑中，自以为是自己的主宰，不相信自然之道才是生命的真谛，丢失了与生俱来的自然天性，蝇营狗苟地活着，而精神已死。

二叹自己，天下人都认为自己是清醒的，自己可以主宰自己，就像孔子那样随心所欲。只有庄子居然会相信真君、真宰的绝对存在，因此反被天下人认为是昏惑惑人，虚无一生，毫无价值。

第五节　其我独芒？

上一节，庄子说，世人为保命养生，一生疲于奔命，无法停下来，庄

---

① 《论语·为政》：子曰："吾十有五而志于学，三十而立，四十而不惑，五十而知天命，六十而耳顺，七十而从心所欲，不逾矩。"

子因此三次悲叹——不亦悲乎？可不哀耶？可不谓大哀乎？悲哀到极致的庄子，最后不禁怀疑自己，不敢相信自己的判断：世人真的是如此昏惑吗？究竟是普天之下的世人昏惑了，还是独有我一个人昏惑了呢？

庄子自我调侃地问自己：像我这样虚活着的人，天下还有第二个吗？

【郭注】言其（凡人）实与死同。言其心形并驰，困而不反，比于凡人所哀，则此真哀之大也。然凡人未尝以此为哀，则凡所哀者，不足哀也！

【郭注】的大意是说，凡人蝇营狗苟，魂不守舍，活着就是死了，从这个角度而言，的确悲哀；然而，凡人并不因此为自己悲哀，也就无所谓悲哀；庄子为这些不以为悲哀的凡人感到悲哀，其实大可不必。

【成疏】奚，何也。耽滞如斯，困而不已，有损行业，无益神气，可谓虽生之日，犹死之年也。世之悲哀，莫此甚也。

如何准确理解庄子这里的一悲一叹，【郭注】与【成疏】的解读，尽管各有偏颇，但都没有偏离庄子的原意——有人以昏惑为清醒，有人以清醒为昏惑。

【郭注】凡此上事，皆不知其所以然而然，故曰芒也。今夫知者皆不知所以知而自知矣，生者皆不知所以生而自生矣。万物虽异，至于生不由知，则未有不同者也，故天下莫不芒也。

【郭注】这一解读的大意是说，庄子与世人，无所谓谁清醒、谁昏惑；清醒和昏惑，都一样不知其所以然，所以都一样自然而芒，也就无所谓芒。

然而，【成疏】似乎无法完全接受【郭注】的这一说法，他纠偏说：

芒，暗昧也。言凡人在生，芒昧如是，举世皆惑，岂有一人不昧者？而庄子体道真人，智用明达，俯同尘俗，故云而我独芒。

郭注稍乖，今不依用。

【成疏】不理解【郭注】对庄子哲学悖论的洞见，更多的是出于对庄子智慧的崇拜，由此坚信庄子是清醒的，只不过谦卑地说自己与世人一道昏惑而已。

第五则：师心
——谁独且无师乎？

第一节　成心

这一则，讲"师心"的弊端。

这里的"心"，特指自以为是的见解，固执己见的偏执，似是而非的常理、常识，尤其是指儒、墨的仁义学说，庄子统谓之"成心"。庄子说：

> 夫随其成心而师之，谁独且无师乎？
>
> 奚必知代而心自取者有之？愚者与有焉。未成乎心而有是非，是今日适越而昔至也。是以无有为有。
>
> 无有为有，虽有神禹且不能知，吾独且奈何哉！

——"师"：师法，以……为公认准则。"奚必"：何必。"知"：懂得。"代"：事物变化及其道理。"心自取者"：心领神会的智者。

庄子这段话的大意是说，如果以一己之见教化天下，则任何人都可以用自己认为是正确的思想取代别人认为正确的思想而教化天下。任何人都有自己的主见，并非唯有智者才可以说出一套主张，愚人也有自己的一孔之见。

如果每个人的说法都是对的，那么天下就没有公认的是非标准可言，天下就只有成见和是非。像惠施那样巧舌如簧说"今天到越国去，昨天就到了"，也可以被认为是正确的，这无异于将无有说成是有。

面对这些层出不穷的诡辩，即便是能预知未来的神明大禹，也无法作出该由何种主张来教化天下的最佳选择。更何况我们这些凡夫俗子呢，面对各种是非学说，要想弄清楚谁是谁非，就更是无能为力了。

第二节 言者，特未定也

成心，或者说成见，是庄子的最恨，也是【郭注】的最恨。

【郭注】此前在天籁的注解上借题发挥，否认造物主的存在，其本意并非真的与庄子原意相左，而是借此极端之言，否认任何人以自然之道的名义而以自己的成心主宰天下。

换言之，【郭注】否认的，不是自然之道，不是造物主，而是假借自然之道和造物主之名推行的圣贤成心。

这一则，庄子痛批"师心"。【郭注】深以为同调。

【郭注】夫心之足以制一身之用者，谓之成心。人自师其成心，则人各自有师矣。人各自有师，故付之而自当。

夫以成代不成，非知也，心自得耳。故愚者亦师其成心，未肯用其所谓短（以他人为短），而舍其所谓长者也（以自己为长）。

理无是非，而惑者以为有，此以无有为有也。惑心已成，虽圣人不能解，故付之自若，而不强知也。

成心或者成见，无非是一家之言。庄子在这里特别指出：任何一家之言，都如风吹孔穴，飘忽不定，即起即逝。因此都是不可靠的。

庄子说：

夫言非吹也。

言者有言，其所言者，特未定也。

——"吹"：此指天籁，吹万不同。"非"：不是；也可以理解为"难道不是……吗？""其"：抑或。

庄子说，人言，或者说，一家之言，毕竟不是自然而然的天籁。任何一家之言，都如同吹过孔穴的风声，只不过是各自的执着和偏见，且反复无常，无法得到他人的认同，更无法成为天下的定则。

既然如此，该如何理解一家之言呢？

果有言邪？

其未尝有言邪？

庄子这句话的大意是说，凡是他人之言就是"非"，凡是自己之言就是"是"，如此没有是非定则的是非之言，究竟是是呢，还是非呢？是发过言了呢，还是没有发过言呢？

其以为异于鷇音，亦有辩乎，其无辩乎？

——"鷇"（kòu）：雏鸟。"辩"，通"辨"：区别。

庄子说，人们各执一词，都认为别人的言论只不过雏鸟之声，微不足道，而自己的言说，绝不同于这些雏鸟之声，是最应该被别人认同的真知灼见。如果人人都这样认为，那么，这些标新立异的言论，是有区别呢，还是没有区别呢？

第三节　道恶乎隐？

言说之辩的是非问题，也是言说之道的真伪问题。一家之言者，无不认为自己就是道的化身，是道的真谛。庄子不禁要问：道需要由人的言说来证明吗？道需要由圣贤来昭明吗？如果道需要被证明，那还是道吗？如果道不自明，那还是道吗？

道恶乎隐而有真伪？

——庄子质问道：天道难道是被什么隐蔽了，而有了真伪之别？

言恶乎隐而有是非？

——庄子追问道：真言难道是被什么隐蔽了，而有了是非之辩？

道恶乎往而不存？言恶乎存而不可？

——庄子近乎绝望地问道：天道究竟是因为什么，而不复存在呢？真言究竟是因为什么，而不被看作天则呢？

庄子在这里再三追问的"隐"，包含两重意思：其一，自然之道，被人间世的知识和常识遮蔽了；其二，世人自己被那些自以为是的学者以道的名义蒙蔽了。

综观"隐"的历史和现实，不难发现，一切辨别真伪的认知活动，其实质都是"隐"，都是无事生非，而儒、墨两家，尤其要对"隐"承担主要罪责。庄子说：

> 道隐于小成，言隐于荣华。故有儒墨之是非，以是其所非而非其所是。欲是其所非而非其所是，则莫若以明。

——"小成"：小成就，如上文中的小知小言。"荣华"：夸饰之词，如上文中的大知大言。

庄子尖锐地指出：按照儒、墨的言论法则，凡是对方认为不对的，我就认为是对的；凡是对方认为是对的，我就认为是不对的。可见，儒、墨之流，所有的言说，都只是为了指鹿为马，颠倒黑白——凡是别人认为错的，我就主张；凡是别人认为对的，我就反对。

庄子呼吁说，与其这样无端地争辩不已，不如各自清空自己的思想垃圾，让心灵重回空明之境，让虚静的明心观照万物。

第六则：莫若以明
——道通为一

上一则的结尾，庄子为天下万民解脱地籁般的人言混乱，提出了最终的解决方案："莫若以明"——真知其实就在那里，自然而然就可明而可知。这里的明，特指没有彼此是非的虚静本性，庄子表述为每一个人与生俱来的空明心境；这里的知，不是辨别真伪是非，而是心领神会，如明镜照物。

这一则，分七个层次（小节），展开论述为什么只能是**"莫若以明"**。庄子以这七个方面的论述，建构了属于他自己的系统完备的"齐物论"。

第一节　无彼此，也就无是非

这一节，庄子试图消解彼此是非。庄子说：

物无非彼，物无非是。

——庄子的大意是说：若以我观万物，万物都是彼；若以万物自观，则万物莫不是此。

由此可见，所谓彼此，只是换了不同的立场和观点产生的分别，这种分别之于万物，实际上是不存在的。

【郭注】物皆自是，故无非是；物皆相彼，故无非彼。无非彼也，则天下无是矣；无非是，则天下无彼矣。无彼无是，所以玄同也。

庄子说：

自彼则不见，自知则知之。故曰：彼出于是，是亦因彼。

——"自知"：一作"自是"。"是"：此。

庄子认为，彼此之分，是产生是非的根源，有彼此，就有是非。从对方的立场来看，我既然是彼，也必然是非，我一无是处；然而，从我自己的立场来看，我就是此，我就是是，我全知全能。

　　总之，因为有彼，才有此；因为有是，才有非。二者产生对方，也消解对方。从这个意义而言，彼此为一，是非全无。

　　【郭注】夫物之偏也，皆不见彼之所见，而独自知其所知。自知其所知，则自以为是。自以为是，则以彼为非矣。

　　故曰"彼出于是，是亦因彼"。彼是相因而生者也。

第二节　无死生，也就无可否

　　这一节，庄子辨析生死之明。

　　这里的生死，特指自然变化无常不定，不居不留。庄子说：

　　彼是方生之说也。

　　——这句话的大意是说，彼此是非关系，不是静态的、恒定不变的存在，而是动态的不确定性变化。

　　不仅如此，彼此是非这种感知，即生即灭，瞬间相反，如同生命现象，刚一出生，就意味着走向死亡；刚一死去，就意味着一个新的生命诞生。当此刻说可的时候，不可也同时出现了，否则，所谓可，就没有任何意义；当此刻说是的时候，非也同时产生了，否则，所谓是，便会让人不知所云。

　　庄子强调说，变化无常就是自然的常态，生死之于自然，无所谓可还是不可。

　　虽然，方生方死，方死方生；方可方不可，方不可方可；因是因非，因非因是。

　　【郭注】夫死生之变，犹春秋冬夏四时行耳。故死生之状虽异，其于各安所遇，一也。

　　今生者方自谓生为生，而死者方自谓生为死，则无生矣；生者方自谓死为死，而死者方自谓死为生，则无死矣。无生无死，无可无不可。

　　故儒墨之辩，吾所不能同也；至于各冥其分，吾所不能异也。

【成疏】故知因是而非，因非而是。因非而是，则无是矣；因是而非，则无非矣。是以无是无非，无生无死，无可无不可，何彼此之论乎。

庄子说：

是以圣人不由而照之于天，亦因是也。是亦彼也，彼亦是也。

彼亦一是非，此亦一是非。

——"不由"：不采用世人分彼此是非的思路，只遵循自然之道，按照事物本来的样子认知事物。

这段话的大意是说：圣人明白方生方死、方死方生这个道理，所以等生死，无彼此；齐万物，一是非。

【郭注】此亦自是，而非彼；彼亦自是，而非此。此与彼各有一是一非于体中也。

第三节　得其环中，一即无穷

这一节，庄子发明了"道枢"，这在古代中国思想史上，无异于一场方法论的革命，直到现在，依然影响着人们的思维方式。

否定有彼此是非，其逻辑前提是承认有彼此是非。无奈的是，庄子在以上两节中关于彼此是非的论述，都不可避免地落入了这个逻辑陷阱。换言之，庄子说，没有彼此是非，这在方法论上，与儒、墨一样，都是建立在"天下有彼此是非"这个常识性断定之上的。

庄子恍然大悟，对这个毋庸置疑的常识性断定，发出了颠覆性的质疑：

果且有彼是乎哉？果且无彼是乎哉？

彼是莫得其偶，谓之道枢。枢始得其环中，以应无穷。是亦一无穷，非亦一无穷也。故曰：莫若以明。

——"偶"：匹配。"枢"：门轴，旋转于环中之空。"环"：门上下承受枢旋转的空环。

常识意义上的彼此二元、是非对立，是一种有形、有限的空间关系。

庄子发现，除非能够跳出静态的空间关系，否则，无论如何都摆脱不了彼此是非的魔咒，最终只能落入彼此是非的陷阱，就像儒、墨之流那样，成为无法自拔的"天之戮民"。

为此，庄子发明了"道枢"，这得以让庄子将静态的彼此是非关系放到一个无始无终的动态的时间中予以消解，应该说，庄子成功了。

庄子发明的这个"道枢"，彻底颠覆了世人的线性时空观。

如果时间是线性的，则时间和空间都是有限的，或者说，是有始有终的，处于始终之间的时间变化，可以表现为空间的移动；那么，彼此、是非就可以在线性空间上标示为此端和彼端，这里和那里，现在和过去。

如果以这种线性且有限的时空观观万物和世界（不幸的是，世人心目中的时空正是这种线性的存在），则彼此是非的确截然有别，庄子的方生方死说的确难以成立，以此为基础的齐物论，也的确毫无道理可言。

现在的庄子，可以理直气壮了。他发明的"道枢"，与其说是一种哲学方法论概念，不如说是一种循环往复的时空模型，庄子谓之"环中"。这种环中的时空，没有起点，也就没有终点；永远旋转变化，也就无法对时空作静态的分割和固态的分离。

【郭注】*今欲谓彼为彼，而彼复自是；欲谓是为是，而是复为彼所彼，故彼是有无，未果定也。*

夫是非反覆，相寻无穷，故谓之环。环中空矣，今以是非为环而得其中者，无是无非也。无是无非，故能应夫是非；是非无穷，故应亦无穷。

庄子将这种变化不止的道枢环中法则，称之为"一"，用以齐物；看作"无穷"，用以超越生死，解释生命。

根据道枢的时空模型，以环中的思维方式，再来看庄子所谓"莫若以明"，这个"明"，可以理解为"虚心"：心如环中的虚空。

空在这里，就是明：空则明，明则空，《庄子·人间世》谓之吉祥所在的"虚室"：

瞻彼阕者，虚室生白，吉祥止止。

——《庄子·人间世》·【颜回曰吾无以进矣】

——"瞻"：观照。"阕"（què）：本义祭祀结束后关门，亦指空，此指空明心境。"虚室"：空明的内心。"生白"：从内心发出光明。"止止"：止息于凝静之心。

第四节 天地一指，万物一马

这一节，庄子强调求同存异。

在庄子而言，不是求同，而是本来就同；不是存异，而是根本就没有异。不幸的是，庄子时代的思想风潮，流于好辩，尤以儒、墨为最。辩，作为一种思维导向，恰恰在于求异，在于与众不同。

辩者为了独树一帜，往往不惜偷换概念，生造新词，故弄玄虚，玩逻辑游戏，所谓白马不是马，大拇指不是手指，就是这种求异之辩的极端例证。庄子批评说：

> 以指喻指之非指；不若以非指喻指之非指也。以马喻马之非马；不若以非马喻马之非马也。
>
> 天地一指也；万物一马也。

【成疏】指，手指也。马，戏筹也。喻，比也。言人是非各执，彼我异情，故用己指比他指，即用他指为非指；复将他指比汝指，汝指于他指复为非指矣。指义既尔，马亦如之。

【郭注】夫自是而非彼，彼我之常情也。故以我指喻彼指，则彼指于我指独为非指矣，此以指喻指之非指也。若复以彼指还喻我指，则我指于彼指复为非指矣，此以非指喻指之非指也。

将明无是无非，莫若反覆相喻。反覆相喻，则彼之与我既同于自是，又均于相非。均于相非，则天下无是；同于自是，则天下无非。

何以明其然邪？是若果是，则天下不得复有非之者也；非若果非，则天下亦不得复有是之者也。今是非无主，纷然殽乱，明此区区者，各信其偏见而同于一致耳！仰观俯察，莫不皆然。

是以至人知天地一指也，万物一马也，故浩然大宁，而天地万物各当其分，同于自得，而无是无非也。

第五节　可不可，然不然

这一节，庄子从伦理道德判断讲"道通为一"。

庄子主张齐物，在思维导向上趋于求同，与之相应，其思维方法，更多的是**混同**。

人们之所以不愿意混同是非，不完全是思辨认知问题，更是伦理道德的正义问题。通常，人们以自己的一己之见为正义，为行为准则，为理所当然。

混同，不是混淆是非，而是无视是非，透过各种是非的表象，寻求其天然的本质，在万物的本质处发现一。既然万物齐一，就无所谓可与不可。

庄子的这种思维方式，是以自然之道为绝对法则和最高法则，统摄天下的伦理道德判断，因此是混同，而不是混淆。混同，是本来如此；混淆，是刻意如此。庄子说：

可乎可，不可乎不可。

——这句话的意思是说：可与不可，是与非，没有定则可言。既可能是约定俗成，随机应变：人家认可的，我也认可，人家不认可的，我也不认可；也可能是固执己见、标新立异：人家认可的，我偏不认可；我认可的，就是可。

【郭注】可于己者即谓之可。不可于己者即谓之不可。

庄子接着说：

道行之而成，物谓之而然。

——"道"，指自然之道。这句话的大意是说：道之所在，可之所在。道是决定物是否可的唯一标准，然而，道不需要可这样的概念。道不以自己为任何标准，道只成就物，不成就可。

若以道观：物成，就是可。还是以道观：物就是成，无物不成，因此无物不可——万物各有自己存在的道理，各有自己适道的方式。万物各得其所，各有所成。

庄子这句话中的"道"，也可以理解为道路——道路本来没有，走出来了就是道路；物本来没有名称，叫出来了就是物名。这也就是说，道路和物名都不是自然之道，其可否只是人为的定则，而人为的定则从无定数。

总之，万物之名，因人而异；然而，万物并不因为人们的看法不同、赋予的称谓不同，就勉为其难地改变其自然本质。

庄子自问自答说：

恶乎然？然于然。恶乎不然？不然于不然。

物固有所然，物固有所可。无物不然，无物不可。

庄子一问：为什么如此？答：因为如此，所以如此。

庄子再问：为什么不是如此？答：因为不是如此，所以不是如此。

庄子三问：为什么可以这样回答问题？答：万物本来就有各自的所以然、各自的所以可。万物以其自然本质，没有所谓应不应该，没有所谓可不可以。

【郭注】各然其所然，各可其所可。

庄子举例说：

故为是举莛与楹，厉与西施，恢恑憰怪，道通为一。

——"莛"（tíng）：本义草茎，此指横梁。"楹"（yíng）：堂屋前部的柱子。"厉"：通"疠"，本义恶疮，此指丑人。"恑"（guǐ）：变，异。"憰"（jué）：伪诈。

这段话的大意是说：世界万物，林林总总，形态各异，无论怎样千奇百怪，无论多么不可思议，究其自然本质之道，都是一，都是同，都是齐。

【郭注】夫莛横而楹纵，厉丑而西施好。所谓齐者，岂必齐形状同规矩哉！故举纵横好丑，恢诡憰怪，各然其所然，各可其所可。则理虽万殊，而性同得，故曰"道通为一"也。

第六节　无分与成，无成与毁

此前第四节、第五节的举例，庄子从形态各异，看万物齐一。此处第六节的论述，庄子从万物构成，说万物皆同。

庄子说：

> **其分也，成也；其成也，毁也。**
> **凡物无成与毁，复通为一。**

【郭注】夫物，或此以为散，而彼以为成。我之所谓成，而彼或谓之毁。夫成毁者，生于自见而不见彼也。故无成与毁，犹无是与非也。

如此明显的事实，如此简单的道理，然而，要让世人明了，却并非易事。只有通情达理之人，才有可能避免无事生非的辩异徒劳，并因此获益。

庄子指出：

> **唯达者知通为一，为是不用而寓诸庸。庸也者，用也；用也者，通也；通也者，得也。适得而几矣。**
> **因是已。已而不知其然，谓之道。**

——"用"：不用而自用，自用而忘用。"几"：近，尽。"得"：自得。庄子认为：如能这样忘用而用，则无往而不自得，差不多就接近于道了。

【郭注】达者因而不作。夫达者之因是，岂知因为善而因之哉？不知所以因，而自因耳，故谓之道也。

难能可贵的是：作为一种策略，庄子主张以"庸"为用，可有效地解决万物齐一与功能各异的矛盾。要言之，在功用上，不妨随顺大众，物尽其用；在认知上，自然而然作齐物观，物无彼此。

庄子将这两个方面的不知其所以然的"适得"，谓之"知通"。通，就是至于一，尽于道。

第七节 朝三暮四，是谓两行

此前六节，从正面立论，讲自然本无是非、彼此、生死、可否、成毁。圣人知通为一，得其环中，几近于道，而不知其所以然。

这里第七节，举反面例子，揶揄好辩的儒、墨之徒，毕生致力于分彼此、辨是非，不惜劳神耗精，其荒唐可笑，恰如狙猴朝三暮四。何谓朝三暮四？庄子说：

> 劳神明为一，而不知其同也，谓之朝三。
>
> 狙公赋芧，曰："朝三而暮四。"众狙皆怒。曰："然则朝四而暮三。"众狙皆悦。

——"一"：此一不是指自然之道，而是指圣贤妄以一己之见，一统天下万民的认识。这种人注定了徒劳无益，他们不知道万物在自然天性上本来是同一的。"狙"（jū）：猕猴的一种。"赋"：付给。"芧"（xù）：栎实，橡实。

故事说：有位养猕猴的老翁给猴子们喂食栗子，告诉它们说：早上给你们吃三颗，傍晚给你们吃四颗。猴子们很愤怒，认为主人克扣了它们的粮食。于是主人改口说，那就早上给你们吃四颗，傍晚给你们吃三颗。聪明的猴子们听了很高兴。

庄子为此感叹道：

> 名实未亏，而喜怒为用，亦因是也。是以圣人和之以是非，而休乎天钧，是之谓两行。

——"和"：混同。"休"：止。"天钧"：《庄子·寓言》作天均，此指自然均等，自然变化。"两行"：名异而实同，即上文的知通适得和这个笑话中的朝三暮四。

【郭注】夫达者之于一，岂劳神哉！若劳神明于为一，不足赖也，与彼不一者无以异矣！亦同众狙之惑，因所好而自是也。莫之偏任，故付之自均而止也。任天下之是非。

第七则：知止至明
——恶乎至？

上一则，以"莫若以明"为题，分别从七个方面，逐一而系统论证"齐物"这一核心思想的要义，最后以"圣人和之以是非，而休乎天钧，是之谓两行"结束。其中的"休"，就是止。

这一则，讲"知有所至"。这里的至，同样也是止，用庄子在下一则中的话说，**"知止其所不知，至矣"**（《庄子·齐物论》·【夫道未始有封】）。

由此而言，这一则可看作上一则"莫若以明"的补充，继续论述内心吉祥止止的光明之道，深入揭示什么是虚室生白之"明"。

第一节　古之人

庄子认为，当今之世，天下到处都是自以为是的好辩者，他们共同的致命问题，是没有自知之明——不知道在应该止步的地方停止自己的认知活动。

庄子说，古人不是这样。古人相信：意识到人的智知是有极限的，就是最大的知；知道在不可知的地方适可而止，就是最大的智。

古之人，其知有所至矣。

【郭注】所不知者，皆性分之外也。故止于所知之内而至也[①]。

这里所谓"所不知者"，不是人不可知，不是人不想知，而是人没有必要知，人知了也没有用，因为"所不知者"是所以然，而人自然，人不需要知道也无法知道所以然。

————————

① 　按：【郭注】这段话，是对"故知止其所不知，至矣。孰知不言之辩，不道之道？"的注解。参见《庄子·齐物论》·【夫道未始有封】。

这里所谓"知有所至"，说起来很容易，做起来其实很难。难就难在一个人凭什么知道自己走到了可知的极限而达到了不可知的禁区边界。换言之，可知与不可知的分野究竟在哪里？

第二节　恶乎至?

上一节说，人的最高智慧，是知道自己应该在什么地方停止思考。这个停止思考的地方，谓之"至"。

这一节进一步探问：人的智慧，怎样才能到达这个"至"的极限。这个智识哲学的千古谜题，庄子表述为：

"恶乎至?"

——"恶"（wū）：何。庄子用在这里，既是问"何处"，又是问"怎样"。这个仅有三个字的设问，其实是一组天问似的猜想：

其一，人的智知如何知道何处是智知的极限？

其二，人如何既可以达到这个极限，又不越过极限之外的禁区？

其三，人达到其智知的极限，会是一种什么样境界？

其四，人如果闯入了不可知的禁区，会有什么样的后果？

接下来，庄子列举了前人的三种答案。看来，即便是先知先觉的前人，对"恶乎至"的看法，也不完全一致。

下面是前人的第一种答案：

有以为未始有物者至矣，尽矣，不可以加矣。

——"未始"：未曾。古人的第一种答案说：宇宙之初，没有物，这个无物之空，便是知识的极限，认知的尽头。

【**郭注**】此忘天地，遗万物，外不察乎宇宙，内不觉其一身，故能旷然无累，与物俱往，而无所不应也。

下面是前人的第二种答案：

其次以为有物矣，而未始有封也。

——"封"：边界，范围，分别。这是古人的第二种答案：宇宙之初，有物。不仅宇宙没有边界，宇宙中的物与物之间也没有彼此的分别。这类似混沌说。

【郭注】虽未都忘，犹能忘其彼此。

下面是前人的第三种答案：

其次，以为有封焉，而未始有是非也。

——宇宙之初，有物，物与物之间有彼此的分别，但是没有是非的概念。

【郭注】虽未能忘彼此，犹能忘彼此之是非也。

综上可见，前人关于"恶乎至"的三种答案，是三种宇宙观，也是三种认识论；是人类智识史的先后三个阶段，也是人类任何时代都同时并存的三种认知模式。

庄子的本义，旨在以此说明：人如何一步步远离自然之道的真相——智识越发达，离道的真相越远。这对整个人类是如此，无论过去还是未来；这对于每一个具体的个人也是如此，无论古人还是今人。

【郭注】将庄子引述前人的这三种答案，解读为三种智慧的高下境界——越古，越纯粹；越忘，越高明。

第三节 道亏爱成

上一节，庄子引述前人关于恶乎至的三种答案，清晰地呈现出道的真相是如何被人的智知一步步隐蔽和歪曲的过程——

从本来无物，到以为有物；从物无彼此，到物分彼此；从彼此相安，到彼非此是。距今愈近，离道愈远；智知越多，失道越多。之所以如此，都是是非惹的祸。庄子由此得出结论说：

是非之彰也，道之所以亏也。道之所以亏，爱之所以成。

——"亏"：污损不全。"爱"：偏私。"成"：此指以爱人为名的仁义大行其道。

庄子这两组话的大意是说：当是非判断决定一切的时候，自然之道就随之亏损了。当自然之道亏损的时候，人的偏私和偏爱就有了得以成立的正当理由。

当庄子洋洋洒洒论述到这里的时候，突然停住了。他似乎意识到，自己陷入了自己的悖论：道如果可以被亏损，就不是无穷无尽的自然之道。

可见，所谓道会因为人们分彼此、辨是非、存私爱而亏损，这种假设是无法成立的，充其量是一种假象。

然而，如果道真的不会亏损，人们又怎么可能堂而皇之地分彼此、辨是非、存私爱呢？

想到这里，无可奈何的庄子，不能不对此前的两大推论，提出了颠覆自己的再质疑、再设问：

果且有成与亏乎哉？果且无成与亏乎哉？

——是非彼此真的可以亏损道吗？仁义之爱真的可以成全道吗？

第四节　成与亏

上一节说，人以其智识分彼此、辨是非，成就了偏私之爱（一家之言），亏损了无爱而普惠的自然之道。可是，论述到最后，庄子却突然发现，自己的这种说法，存在根本性缺陷，因为道自身是无所谓亏损的。

作为理论修补，这一节，庄子举昭氏鼓琴、师旷枝策、惠子据梧为例，说明常识所谓"成"，其实是不成，是无法成。

既然如此，所谓成，就无损于道——道无所亏，事无所成。一切知识，都只是人自以为是的一厢情愿；一切智慧，都只是人以其无知的认知导致的无明。庄子如是说：

有成与亏，故昭氏之鼓琴也；无成与亏，故昭氏之不鼓琴也。

这句话中的"亏"，有两种情形：

其一，任何一次发出的任何一种乐音（成），都只是无数乐音之一，所以凡是发音，就是五音不全（亏）。

其二，任何一种乐音，一旦发出（成），随即消散，不复完存（亏）。

【郭注】夫声，不可胜举也。故吹管操弦，虽有繁音，遗声多矣（此可谓挂一漏万）。而执龠鸣弦者，欲以彰声也。彰声而声遗，不彰声而声全，故欲成而亏之者，昭文之鼓琴也；不成而无亏者，昭文之不鼓琴也。

庄子继续举例说：

昭文之鼓琴也，师旷之枝策也，惠子之据梧也，三子之知几乎！皆其盛者也，故载之末年。

唯其好之也以异于彼；其好之也欲以明之。彼非所明而明之，故以坚白之昧终。而其子又以文之纶终，终身无成。

若是而可谓成乎？虽我亦成也；若是而不可谓成乎？物与我无成也。

——"枝策"：击琴。"据梧"：倚靠着梧桐树与人辩论不休。"几"：极致。"盛"：或指年轻气盛，或指技艺精湛。"载之末年"：以其所长，终身为业。"异于彼"：向人炫耀，以示与众不同。"明之"：好为人师，强人所难，以己之长，补人之短。"纶"：绪，此指子承父业。"我"：此指大众。

"坚白"：本为公孙龙的坚白论和白马论，此喻固守自己一套艰涩的学说或技能，想要传授给对此不感兴趣的人，最终失传。此外，孔子也有坚白的说法。①

【郭注】几，尽也。夫三子者，皆欲辩非己所明以明之，故知尽虑穷，形劳神倦，或枝策假寐，或据梧而瞑。言此三子，唯独好其所明，自以殊于众人。明示众人，欲使同乎我之所好。是犹对牛鼓簧耳！彼竟不明，故己之道术，终于昧然也。昭文之子又乃终文之绪，亦卒不成。此三子虽求明于彼，彼竟不明，所以终身无成。若三子而可谓成，则虽我之不成，亦可谓成也。

物皆自明而不明彼。若彼不明即谓不成，则万物皆相与无成矣。故圣人不显此以耀彼，不舍己而逐物，后而任之，各宜其所能，故曲成而不遗

---

① 参见《论语·阳货》：佛肸（xī）召，子欲往。子路曰："昔者由也闻诸夫子曰：'亲于其身为不善者，君子不入也。'佛肸以中牟畔，子之往也，如之何！"子曰："然。有是言也。不曰坚乎，磨而不磷（磨不坏）；不曰白乎，涅而不缁（染不黑）。吾岂匏瓜也哉？焉能系而不食？"

也。今三子欲以己之所好，明示于彼，不亦妄乎！

在经过了多维度、多层次、正反两方面的论述和举例说明之后，庄子终于可以自圆其说，为他的"莫若以明"主张，作出最后的定论了：

是故滑疑之耀，圣人之所图也。为是不用而寓诸庸，此之谓"以明"。

——"滑"（gǔ）：扰乱人心。"疑"：惑乱认知。"耀"：炫耀德行。"图"：一说应为"鄙"，鄙弃。"滑疑之耀"：一说可以整体理解为和光同尘。

圣人韬光养晦，不刻意分彼此、辨是非，也听任众说纷纭，不随波逐流，由此得以保守空明的心境，照见万物齐一的自然本性。

【成疏】夫圣人者，与天地合其德，与日月齐其明。故能晦迹同凡，韬光接物。终不眩耀群品，乱惑苍生；亦不矜己以率人，而各域限于分内。忘怀大顺于万物，为是寄用于群才。而此运心，可谓圣明真知也！

第八则：止于三
——至于道

第一节　类与不类

这一则开宗明义：讨论"人类"这个概念——人类真的是类吗？

换言之，人类的类别是否存在？人类的分类是否可能？

进一步而言：我属于哪一类？或者，我本无类，而与万物齐一。庄子设问道：

今且有言于此，不知其与是类乎？其与是不类乎？

类与不类，相与为类，则与彼无以异矣。虽然，请尝言之。

——庄子这段话的大意是说：我下面要说的话，与其他辩者的话，都是话，所以同类。然而，我的话与辩者的话不一样，所以又不是同类。

然而，我的话只有与辩者的话相互对应才能成立，这样一来，我与辩者的话又同类无异。

第二节　有始与未始

上一节，庄子自言自语说，我与辩论的对方都在言说，所以是同一类，但我们说的不是同样的话，所以又不是同一类。那么，人与人，言说与言说，究竟有类还是无类呢？

接下来的这一节，庄子说了三句不伦不类的话，从论说人的类与不类，转到了宇宙的有始与未始。

有始也者。

有未始有始也者。

有未始有夫未始有始也者。

——"未始"：未曾开始。

这三句话，是关于宇宙是否有始的三种猜想，也是思考宇宙是否有始的三重推论——

如果说，宇宙最初有开始，那么，就有未曾开始的开始。

如果说，有未曾开始的开始，那么，就有未曾开始的开始的开始。

可见，所谓宇宙之始，就是不可穷尽的开始，也就是没有所谓开始。

第三节　有有与有无

此前两节，庄子分别探问了人类的类与不类、宇宙的有始与未始。这两个命题，分别涉及人和宇宙的空间性存在与时间性存在。这两种存在，都可归结为有和无。

如果可以将存在定义为有，那么，作为一种存在的无，也是一种有。因此，庄子接下来，用有有和有无的概念，继续对宇宙的虚实奥秘，作生命哲学的探问：

有有也者，有无也者。有未始有无也者。
有未始有夫未始有无也者。

——"未始"：未曾。

有和无的关系，其本质是虚空与实在的关系，在人的感觉上体现为有形与无形。

与此前关于宇宙是否有始的猜想一样，这里关于宇宙是否有有，也提出了三种猜想，这三种猜想也同样是三重推论——

如果说，宇宙最初有有形，就有最初没有形。

如果说，宇宙有未曾有形和没有形，就有未曾有的有形和未曾有的没有形。

可见，所谓宇宙之形，没有所谓形。宇宙既没有有形，又没有没有形。如果强名之，可谓无形。庄子继续推演道：

俄而有无矣，而未知有无之果孰有孰无也。

今我则已有谓矣，而未知吾所谓之其果有谓乎？其果无谓乎？

——"俄而"：顷刻。

不知从什么时候开始，宇宙忽然间有了时间上的开始，有了空间上的有形，但很难说，所谓开始不是没有开始，所谓有形不是没有形。为什么可以这样认为呢，以我此刻说话为例，我究竟是说了这些话呢，还是什么也没有说呢？

第四节 万物与我为一

此前三节，庄子探讨了类与不类、有始与未始、有有与有无。

这三组概念也是当时学者们热衷于论辩的辩题。在不同的答案后面，有着同样的理论假设：宇宙可能并非无限，人类可能并非自然。

庄子发现，基于这种理论假设的辩论毫无意义，甚至连他自己完美论述这三组概念也毫无价值。

于是，在这一节，庄子用了一组相对而言的例子，为的是特别说明——人的智慧和知识，止于相对性存在，而不能进入绝对王国。

换言之，人的所有认知，都只是相对正确，且这种相对正确，在时间上无法恒定，即刻就会随着时间的流逝而毫无认知价值，甚至转而为谬误。庄子说：

天下莫大于秋豪之末，而太山为小。

莫寿乎殇子，而彭祖为夭。

天地与我并生，而万物与我为一。

——"秋豪"：秋天鸟兽新生的毫毛。"太山"：泰山。"殇子"：死于襁褓的婴儿。"夭"：未成年时死去，夭折，短寿。

【郭注】苟各足于其性，则秋豪不独小其小，而太山不独大其大矣。若以性足为大，则天下之足未有过于秋毫也。若性足者非大，则虽太山亦可称小矣。苟足于天然，而安其性命，故虽天地，未足为寿，而与我并生；万物未足为异，而与我同得。则天地之生，又何不并；万物之得，又何不一哉！

庄子接着说：

既已为一矣，且得有言乎？既已谓之一矣，且得无言乎？一与言为二，二与一为三。

自此以往，巧历不能得，而况其凡乎！

——庄子这段话，特别提醒言说者，千万不要说出下面这句正确的话：**天地万物与我同在，与我一体。**

一旦这样说：就将我与天地万物分辨开来了，原本的一，便成了二，所以不能言说一。一旦言说一，就变成言加一等于二。如此言说"言加一等于二"，就变成"言说加言加一定于二"，也就是三。

庄子发现，这样推演下去，没完没了，即便是工于推算年月日的高人（"巧历"），也难以胜任。于是赶紧止住如脱缰野马的思绪，赶紧终结这种没完没了的推论游戏。

此刻，他安静下来，简单地说道：

故自无适有，以至于三，而况自有适有乎！无适焉，因是已。

——"自"：从。"适"：往。

庄子说，无论是从无到有，还是从有到更多，终极之处都是三。不要再往前求知了。顺应自然，到三为止。

【郭注】各止于其所能，乃最是也。

至此，庄子终于用一个可以量化的公式，界定了人的认知应该而且可以在哪里止步，这就是"三"。三，是人的认知极限。

第九则：六合不辩
——圣人怀之

第一节　八德，为是有畛

这一则，为本辑《齐物论》关于"齐物"的全部讨论作全面总结和最后陈述。庄子再一次强调：道不可穷尽，言没有定则——

夫道未始有封，言未始有常。

——"未始"：未曾；"封"：边界，分界，限制，专属。"言"：对道的理解和解释。"常"：常识，定论。

庄子这句话的大意是说：自然之道，本来是没有分别的整体。宇宙万物，本来是没有类别的自在。世人关于自然万物的认知，从来没有也不可能有统一的定则。

庄子以此否定了以人的智知和意志齐同万物、统治天下的合法性，也以此奠定了齐物论的合道基础——源于自然，本于大道。

那么，天下的纷乱，是什么原因造成的呢？用现在的话来说，人类苦难的根本原因，是天灾还是人祸呢？

庄子的回答很干脆：没有天灾，只有人祸——

为是而有畛也。

——"畛"（zhěn），本义田间小路，田界，此指对自然万物人为的分门别类。"为是"：因为人人自以为是。根据上下文，以及《庄子》全书的语境，此处"为是"，可以理解为古人或者圣人自以为是，以其一己之见，解释宇宙万物，并通过世代教化，成为天下约定俗成的常识。由此可知：天下一切所谓分别，都是人，尤其是圣人、贤人伪造的有关万物的知识，而非自然万物的本原真相。

庄子说，人以其分别心，将本来齐一的自然万物，分成了八种知识或者常识——

请言其畛：有左有右，有伦有义，有分有辩，有竞有争，此之谓八德。

——道本来为一，没有分别，没有差异，没有是非，没有善恶。圣人为治理天下，将本来没有分别的道分出是非，于是就有了这里列举的八德。所谓八德，主要是指儒、墨争执不已的八种道德伦理概念，他们从实用功利的角度，论证利弊取舍，以得为德，而不是从人的天性出发，追求大道之德。

第二节 六合不辩

此前一节说，以儒、墨为代表的好辩之徒，各以其自以为是的一家之言，将原本齐一的自然宇宙，从认识上分割成了八种常识，当作自然宇宙的真相，以此统一人们的思想和认知。

这一节说，人所在的天地四方，其实是一个闭合的黑箱，庄子谓之六合。人在其中，只能进行有限的摸索和探问，根本无法知道六合之外的任何事情。

庄子说：

六合之外，圣人存而不论。六合之内，圣人论而不议。

春秋经世，先王之志，圣人议而不辩。

——"春秋"：此指古代史书。"经"：治理。"志"：记载。庄子请出圣人为他的不辩之论做证：

第一，无形无穷的宇宙中存在有自然之道，但其道理不可知、不可言，所以不论。

第二，争辩作为认识六合之内的方法，不足为取，因为任何以分辩为目的的认知活动，都无法把握六合的整体，都无法穷尽其深远的道理，除了徒生是非，了无意义，所以不争不辩不议。

第三,圣人与世人一样尊重古代历史,但如何评价历史,却是仁者见仁、智者见智,且如何借用、借鉴古人智慧,世人往往各取所需,甚至不惜伪造历史。有鉴于此,圣人不辩。

庄子将圣人与世人相比较,得出结论说:既然连高明的圣人都不辩,我们这些鄙俗的世人有什么资格和理由热衷于辩呢——

故分也者,有不分也;辩也者,有不辩也。曰:何也?

圣人怀之,众人辩之,以相示也。故曰辩也者,有不见也。

——"怀之":保存记忆,默然用心体会;保守真心,保持天性。"相示":竞相夸耀。"不见":不见己短,无视人长。

【郭注】夫物物自分,事事自别,而欲由己以分别之者,不见彼之自别也。不见彼之自辩,故辩己所知以示之。

综上可见,在庄子的语境中,辩论之"辩"与辨别之"辨",这两个字不仅相通,而且两种字义在任何一个字的结构中都同时存在,也就是说,无论是辩,还是辨,都同时具有辩论和辨别的双重含义。庄子这段话中这里的"辩",是指为了辨别而辩论。

庄子以圣人为榜样劝诫并劝慰世人:要想知道哪里是认知的极限,其实并不难,只要像圣人那样"怀之"——不分、不辩即可。圣人不分、不辩,准确地说,不是怀之,而是"无所怀"。

【郭注】以不辩为怀耳,圣人无怀。

第三节 五园几方

上一节说,圣人不辩,圣人怀之。那么,不辩的圣人怎样获得真知灼见呢?不怀、无怀的圣人,如果只是将自己的真知灼见放在心里,又如何造福天下,裨益人间呢?

这一节,就是回答这些疑惑。

庄子说:

夫大道不称。

大辩不言。

大仁不仁。

大廉不嗛。大勇不忮。①

道昭而不道，言辩而不及，仁常而不成，廉清而不信，勇忮而不成。

——"称"：名称。"言"：言说。"仁"：偏私，偏爱。"廉"：清廉正直。"嗛"（qiān）：一说通"谦"，谦让；一说通"崖"，显露。"忮"（zhì）：害。"常"：固定，此指伦常。"成"：一说应为"周"。

庄子说，道，能说得简单明白的，就是不真道。言，能辩得头头是道的，就达不到正道。仁，如果只施与既定的对象，就不是普遍的大爱。廉洁，如果毫无瑕疵，反而不可信。勇敢，如果刚愎自用，反而不能成事。

庄子由此得出结论说：

五者园而几向方矣。

——"五"：指以上五种"分辩"：道昭、言辩、仁常、廉清、勇忮。"园"：圆，一说应为"弃"。"方"：方形，一说指道。

【郭注】此五者，皆以有为伤当者也。不能止乎本性，而求外无已。夫外不可求而求之，譬犹以圆学方、以鱼慕鸟耳。虽希翼鸾凤，拟规日月，此愈近彼愈远，实学弥得而性弥失。故齐物而偏尚之累去矣。

按照【郭注】的理解，所谓"五圆"，是指五种自圆其说的方式、方法，用这种方式方法求取真知，无异于将圆木放入方孔中，徒劳无益。

---

① 参见《老子》第五章：天地不仁（"不仁"：不偏爱，无偏私，不带任何好恶感情），以万物为刍狗（按：此句大意是说天地任万物自生自灭。"刍"chú：喂牲畜的草。"刍狗"：特指祭祀时用草扎的狗，用过即弃，亦可理解为草和畜生，象征自然界的植物和动物）；圣人不仁（"不仁"：等量齐观，一视同仁），以百姓为刍狗。天地之间，其犹橐龠乎（"橐"tuó：囊，此指鼓风吹火的皮囊。"龠"yuè：本义竹管三孔乐器，此指中空）？虚而不屈（"不屈"：不亏，无尽），动而愈出。多言数穷（"多言"：此指相对于"无言"和"无为"的有为。"数穷"：一说为"速穷"。"数"：术数，道法，一说通"速"。"穷"：困厄，相对于上文"不屈"，可解读为穷尽），不如守中（"中"：中空，虚静）。

第四节 天府葆光

此前第二节说，圣人不分不辩，而止于智知的至境。

此前第三节说，世人只要以圣人为榜样，遵循五圆法则或者禁则，同样可以止于智知的至境。

那么，当一个人达到了智知的至境之后，会是一种怎么样的生命状态呢？这里的第四节，就是回答这个好奇的探问。庄子描绘说：

> 故知止其所不知，至矣。
>
> 孰知不言之辩，不道之道？若有能知，此之谓天府。
>
> 注焉而不满，酌焉而不竭，而不知其所由来，此之谓葆光。

——"止"，此指放弃此前列举的五种分辨之心：称道之道、辩言之言、偏爱之仁、自恃之廉、刚愎之勇，最终得到了彻底解脱，从此不再自欺欺人，不再害己害人。

"不知"，可以两解：其一，不知（zhī），以人的认知不能知；其二，不知（zhì），以人的智能不能为。

"至"，此指解脱了自以为是之后重归本性的光明境界，即庄子下面所谓"天府""葆光"。

"有能知"：人可以知道自己的认知极限，这是庄子对人可以明道的信念。"而不知"：人终究无法知道所以然、所由来，这是庄子为人的认知设定的禁区。

庄子以此再一次强调：人的智知可以做到的，仅在于知其然，永远也不可能知其所以然。换言之，人的智知，绝不可能进入自然的必然王国。

"葆光"：收敛隐蔽外显的光芒，得以保持内心的光明。这是庄子意义上的保命哲学。"葆"：隐藏，保持，保命。

综上可见，庄子齐物，其旨趣不在认识论，不在认识外物；其大用不在干君，不在齐一天下；其用心只在内心：一心复性保命。

【郭注】所不知者，皆性分之外也，故止于所知之内而至也。

【成疏】夫境有大小，智有明暗，智不逮者，不须强知，故知止其分，学之造极也。

第十则：十日并出
——万物皆照

这一则小故事，相对独立，与上下两则都没有密切的关联，充其量可以看作一种结构性过渡。

故事的要义，可以理解为"**大仁不仁**"。

故事说，尧想要征伐周边的三个小国，征伐的理由很简单，就是看不惯其存在，可谓如鲠在喉，芒刺在背，这让他寝食难安。

庄子讲述说：

故昔者尧问于舜曰："我欲伐宗脍胥敖，南面而不释然。其故何也？"

舜曰："夫三子者，犹存乎蓬艾之间。若不释然，何哉？昔者十日并出，万物皆照，而况德之进乎日者乎！"

——"宗"：同族。"脍"（kuài）：本义细切的肉。"胥"：本义蟹酱。"敖"，通"熬"：煎熬。"进"：胜过。

尧是仁王，却无普遍的大爱。舜恭维尧，夸赞他的仁德之光，胜过普照天地的太阳。这看似赞誉和劝勉，其实是莫大的讽刺。尧、舜是儒家仁王的完美典范，庄子借此刺儒。

【郭注】夫日月虽无私于照，犹有所不及，德则无不得也。

而今欲夺蓬艾之愿而伐使从己，于至道岂弘哉！故不释然神解耳。若乃物畅其性，各安其所安，无远迩幽深，付之自若，皆得其极，则彼无不当，而我无不怡也。

第十一则：三问三不知
——恶乎知之？

第一节　三问三不知

这一则故事，神乎其神。故事的主角，是两位相互问答的神人。提问者啮缺，字面本义是：缺牙漏齿。"啮"（niè）：牙齿咬合。答问者王倪，字面本义是：漫无边际。"倪"：边际。

故事说，啮缺以四问给王倪设置语义陷阱。王倪一概以"恶乎知""庸讵"（何以知）作答。

王倪的这种回答，其实是个悖论：知道自己不知，就是知。可怜的王倪，因此被啮缺穷追不舍，一次次落入啮缺的游戏圈套。

庄子讲述说：

啮缺问乎王倪曰："子知物之所同是乎？"曰："吾恶乎知之！"

——"同是"：普遍性质，共同准则，这里指万物齐一。"恶乎"：反问语，岂、何、怎么。

啮缺一问王倪：万物齐同这种说法，你知道吗？你赞同吗？

王倪说：我怎么知道呢。于是，啮缺再问王倪：

"子知子之所不知邪？"曰："吾恶乎知之！"

——你知道你为什么不知道吗？或者说，你既然知道你不知，就一定知道你为什么不知。

王倪说：我怎么知道我为什么不知呢？于是，啮缺三问王倪：

"然则物无知邪？"曰："吾恶乎知之！"

——这就是说，你知道物不可知？

王倪说：我怎么知道物可知还是不可知呢？

第二节　知与不知

上一节，啮缺以请教的方式，诱导王倪，让他再三陷入知与不知的概念陷阱。

这一节，王倪跳出啮缺给他设下的陷阱，直接否定知与不知的分别。这样一来，所有关于知与不知的问题就都成了伪命题。

庄子借王倪之口说：

虽然，尝试言之。

庸讵知吾所谓知之非不知邪？庸讵知吾所谓不知之非知邪？

——王倪被啮缺穷追不舍，无可奈何之下，只好实话实说：不是我不回答你，是我无法回答你，我无论怎样回答你，都无法摆脱知就是不知，不知就是知的语义怪圈：我何以（"庸讵"）知道我所谓知是不是不知，我又何以知道我所谓不知是不是知。

这可以说是王倪第四次说自己不知。

但这次说不知，是为他论证"不知就是知，知就是不知"作铺垫。

如果说，以上三次与啮缺直来直去的问答，容易掉进对方设置的语义陷阱；以下举例说明，王倪变被动为主动，改为自问自答，似乎安全了许多。

然而，王倪接下来所举的例子，无一不是人间世无处不在的真实陷阱。王倪会不会掉进自己描述的这些陷阱中呢？

第三节　孰知正处？

这一节，王倪逐一列举人间世的三类陷阱。

相比啮缺这类好辩之徒的概念陷阱，现实生活中的常识陷阱，更加恐怖凶险，也更为触目惊心。

第一类陷阱：**正处**。

庄子说：

且吾尝试问乎女：

民湿寝则腰疾偏死，鳛然乎哉？木处则惴慄恂惧，猨猴然乎哉？三者孰知正处？

——"偏死"：偏瘫。"鳛"（qiū）："鳅"的异体字，泥鳅。"木处"：居于高树之上。"惴"（zhuì）：因恐惧而忧心忡忡。"慄"（lì）：因害怕而发抖。"恂"（xún）：惶恐不安。"惧"：担心。"猨"（yuán）："猿"的异体字。

【成疏】揣栗恂惧，是恐迫之别名。然乎哉，谓不如此也。言人湿地卧寝，则病腰跨偏枯而死，泥鳛岂如此乎？人于树上居处，则迫怖不安；猨猴跳踯（zhí），曾无所畏。物性不同，便宜各异。故举此三者，以明万物谁知正定处所乎。是知蓬户金闺，荣辱安在！

庄子意犹未尽，借王倪之口再度举例说：

民食刍豢，麋鹿食荐，蝍蛆甘带，鸱鸦耆鼠。

四者孰知正味？

——刍豢（chú huàn）：泛指牛羊猪狗等牲畜。"荐"（jiàn）：美草。"蝍蛆"（jí jū）：蜈蚣。"甘"：嗜好。"带"：小蛇。"耆"（shì）：亦作"嗜"。

【成疏】刍，草也，是牛羊之类。豢，养也，是犬豕（shǐ）之徒，皆以所食为名也。麋（mí）与鹿，而食长荐茂草，鸱鸢鸥鸟，便嗜腐鼠；蜈蚣食蛇。略举四者，定与谁为滋味乎？故知盛馔（zhuàn）蔬食，其致一者也。

接下来，王倪第三次举例说：

猨猵狙以为雌，麋与鹿交，鳛与鱼游。

毛嫱丽姬，人之所美也，鱼见之深入，鸟见之高飞，麋鹿见之决骤。

四者孰知天下之正色哉？

——"猵狙"（piàn jū）：类似猿猴的野兽。"游"：游戏。"嫱"（qiáng）：女官名，此指越王宠妾。"丽姬"：春秋小国丽戎的美女，宠于晋献公。"决"（xuè）：急速。"骤"（zhòu）：快跑。

【成疏】举此四者，谁知宇内定是美色耶？故知凡夫愚迷，妄生憎爱。以理观察，孰是非哉！

第四节　自我观之

这一节，庄子在上一节三次举例的基础上，得出结论说：天下所有的纷争，都源于自以为是的分辨，而分辨之恶的罪魁祸首，是"**自我观之**"。

自我观之，仁义之端，是非之涂，樊然淆乱，吾恶能知其辩！

——"涂"：路径。"樊"：纷杂。"淆"（xiáo）：混杂。"辩"，通"辨"：分别。

由此可见，此前三次列举的正处，正味，正色，都是辩者为自己正名的道德标签。各家自以为正，天下莫衷一是。

最令庄子深恶痛绝的是，儒家以仁义为天下正而正天下，鼓惑世人以仁义谋取功名利禄，将其所"得"标榜为"德"，于是是非关系就成了利害关系，是非之辩就成了利害之分。

【郭注】夫利于彼者或害于此，而天下之彼我无穷，则是非之境无常。故唯莫之辩而任其自是，然后荡然俱得。

第五节　不知利害

此前啮缺与王倪的三次答问，都归结为无所谓知与不知，因此也就无所谓是与非、正与不正。然而，这对啮缺这一形象所象征的儒、墨之类学者而言，已经不再是玩弄概念的文字游戏，而是切切实实的利害关系了。

如前所见，如果不正处，就会有坐以待毙的危险；如果不正味，就只能忍饥挨饿而性命难保；如果不正色，就会被同类视为异类，天下难容。

所以，啮缺早就按捺不住了，他顾不得文雅礼貌，直言批评王倪，所谓不知是非，其实是不知利害。他毫不客气地质问王倪，连同王倪所代表的至人，也一并遭到了啮缺的抨击——

啮缺曰："子不知利害，则至人固不知利害乎？"

面对啮缺的第四次发难，王倪不再转弯抹角地说自己不知，而是直接告白：**至人至知、至人神知，所以不知**。此时的王倪，俨然就是他描述的至人——

王倪曰："**至人神矣：大泽焚而不能热；河汉冱（hù）而不能寒；疾雷破山、风振海而不能惊。若然者，乘云气，骑日月，而游乎四海之外，死生无变于己，而况利害之端乎！**"

【**成疏**】至者妙极之体，神者不测之用。夫圣人虚己，应物无方，知而不知，辩而不辩，岂得以名言心虑，亿（臆）度至人耶？

按照王倪的说法、【成疏】的解释，庄子心目中的至人，不是不知道利害，而是根本就没有利害可知——游乎世事之外，忘乎生死之变，不知利害为何物。其实，庄子并不是说至人有多么超凡脱俗；恰恰相反，他是说，任何俗人都可以成为至人、神人、圣人。可见，庄子这段话，既是王倪给啮缺的最终回答，更是庄子对啮缺这类俗人的忠告与劝勉。

其实，在《庄子》全书中，啮缺与王倪一样，也是至人和神人，庄子这次让他故作俗人，挑起话题，引发讨论，借王倪之口启发世人。

第十二则：和之以天倪
——忘年忘义

第一节　丘也何足以知之！

这一节，有好事者与一心想要成圣的孔子讨论何为圣人。这里的圣人，也指神人和至人。

故事说，有一个名叫瞿鹊子的人，与孔子展开了一场何为圣人的争辩。两人都无法说服对方，于是瞿鹊子来请长梧子作裁判。

"瞿鹊子"，字面直义是：一只惊恐不安的短尾巴鸦鹊。"长梧子"，字面直义是：高大的梧桐树。这两个人的名字关联起来，意思是：一只短尾巴小鹊，惊恐地落在一棵高大的梧桐树上。梧桐只属于凤凰，此可谓鸦鹊占凤巢。

> 瞿鹊子问乎长梧子曰：
> "吾闻诸夫子，'圣人不从事于务，不就利，不违害，不喜求，不缘道，无谓有谓，有谓无谓，而游乎尘垢之外。'
> 夫子以为孟浪之言，而我以为妙道之行也。吾子以为奚若？"

——"夫子"：此指孔子。"就"：趋就。"违"：躲避。

"求"：奢求。"尘垢"：此指世俗、常规、成见、礼法。"孟浪之言"：无稽之谈；"孟浪"：轻率，鲁莽。"吾子"：先生您。

瞿鹊子神乎其神地说：圣人不以物累，不被世事所役使，不做功利的奴隶，没有恐惧，甚至没有什么欲求，不拘泥于法则，行道无迹。没说，就像说过了；说了，就像什么也没有说。身在人间世，心在天外游。

孔子嘲笑说：这是无稽之谈。瞿鹊子争辩说：这是神通妙道。那么，谁的看法是对的呢？

下面是庄子借长梧子之口给出的评判——

长梧子曰：

"是皇帝之所听莹也，而丘也何足以知之！

且汝亦大早计，见卵而求时夜，见弹而求鸮炙。"

——"是"，指瞿鹊子描述圣人的夸张语言。"皇帝"：黄帝。"听莹〔荧〕"（yíng）：惶惑，困惑。"大早计"：太早谋划，太急于求成。"卵"：鸡蛋。"时"，通"司"。"时夜"：司夜的公鸡。"弹"：打鸟的弹丸。"鸮"（xiāo）：俗称猫头鹰，夜行猛禽，被认为是不祥之鸟。"鸮炙"：烤鸮肉。

长梧子各打五十大板——论辩双方，都是痴人在梦中梦见痴人说梦。

长梧子说：如此不食人间烟火的圣人，即便黄帝听起来，也会不知所云。更何况汲汲于现实功利的孔子，他又怎么能够理解呢！而你与孔子一样，太急于求成。

你们判断何为圣人的标准，都同样是为我所用——孔子不相信这种神乎其神的圣人，是因为他认为这种圣人对他无用；你认为神乎其神的圣人很奇妙，是因为你相信这样的圣人对你有用。你们这两种人都误入了伪圣人的歧途。

第二节　姑妄言之，姑妄听之

这一节，庄子借长梧子之口，表面上是教训夸夸其谈的瞿鹊子，实际上是隔空对孔圣人说圣人之道。

一开始，长梧子心平气和地谦虚了一番：

"予尝为汝妄言之，汝以妄听之奚。"

——"尝"：试着。"妄言"：胡说，随便说。

长梧子这句开场白，可谓循循善诱，他首先回答瞿鹊子：何为真正的圣人，为接下来洋洋洒洒发表"人生如梦"的梦语，做必要的基础知识扫盲，也让听者做好必要的思想准备——

旁日月，挟宇宙，为其吻（wěn）合，置其滑涽（hūn），以隶相尊。

【成疏】旁，依附也。挟，怀藏也。吻，无分别之貌也。置，任也。滑，乱也。涽，暗也。隶，皂仆（差役）之类也，盖贱称也。

【郭注】以死生为昼夜，旁日月之喻也；以万物为一体，挟宇宙之譬也。以有所贱，故尊卑生焉，而滑涽纷乱，莫之能正，各自是于一方矣。故为吻然自合之道，莫若置之勿言、委之自尔也。

长梧子继续说：

众人役役，圣人愚芚（chūn，浑然无所知），参万岁而一成纯。万物尽然，而以是相蕴。

【郭注】纯者，不杂者也。夫举万岁而参其变，而众人谓之杂矣。故役役然劳形怵心，而去彼就此。

唯大圣无执，故芚然直往而与变化为一，一变化而常游于独者也。故虽参揉亿载，千殊万异，道行之而成，则古今一成也；物谓之而然，则万物一然也。

无物不然，无时不成；斯可谓纯也。蕴，积也。积是于万岁，则万岁一是也。积然于万物，则万物尽然也。故不知死生先后之所在、彼我胜负之所如也。

第三节　三个恶乎知

上一节，长梧子将圣人与众人对比，明确无误地说，二者的区别，既没有瞿鹊子描述得那么玄乎，也没有孔子自恃得那么悬殊。二者的不同，仅仅在于：圣人愚芚，大而化之，以杂为一；众人役役，无事生非，以一为杂。

这一节，长梧子话锋一转，反过来质疑自己：刚刚说过的那些话，不知道是不是自惑惑人。他一口气问了自己三个"恶乎知"：

予恶乎知悦（yuè）生之非惑邪！

予恶乎知恶（wù）死之非弱丧而不知归者邪！

丽之姬，艾封人之子也。晋国之始得之也，涕泣沾襟；及其至于王所，与王同匡床，食刍豢，而后悔其泣也。

予恶乎知夫死者不悔其始之蕲生乎？

【郭注】死生一也而独悦生，欲与变化相背，故未知其非惑也。少而失其故居，名为弱丧。夫弱丧者，遂安于所在，而不知归于故乡也。焉知生之非夫弱丧？焉知死之非夫还归而恶之哉？

【成疏】昔秦穆公与晋献公共伐丽戎之国，得美女一玉环二，秦取环而晋取女，即丽戎国艾地守封疆人之女也。匡，正也。初去丽戎，离别亲戚，怀土之恋，故涕泣沾襟。后至晋邦，宠爱隆重，与献公同方床而燕处，进牢馔以盈厨。情好既移，所以悔其先泣。一生之内，情变若此，况死生之异，何能知哉！庄子寓言，故称献公为王耳。蕲，求也。

第四节　大觉大梦

上一节，长梧子以三个"恶乎知"，质疑生死有别。

这一节，长梧子将人生看作一场梦境——无论生死，都是一场梦。

长梧子举例说：

梦饮酒者，旦而哭泣；梦哭泣者，旦而田猎。方其梦也，不知其梦也。梦之中又占其梦焉，觉而后知其梦也。

——夜里梦见寻欢作乐，早上起来却遇见伤心的事；夜里梦见伤心的事，早上起来却高兴地去打猎。梦中的事与醒来的事，究竟哪个是觉，哪个是梦呢？没有人能够分辨得清。

梦与觉的关系是如此，生与死的关系又何尝不是如此。人活着，或许不过是死者梦见自己活着；反之，人死了，或许不过是活人梦见自己死了。

【成疏】夫死生之变犹觉梦之异耳。夫觉梦之事既殊，故死生之情亦别。而世有觉凶而梦吉，亦何妨死乐而生忧耶？是知痛痒之间，未足可系也。方将为梦之时，不知梦之是梦；亦犹方将处死之日，不知死之为死。各适其志，何所恋哉！

众人自以为觉醒，其实是在梦中，众人与圣人最大的不同，就在于此。为此，长梧子不禁感叹说——

且有大觉而后知此其大梦也。而愚者自以为觉，窃窃然知之。"君乎！牧乎！"固哉！

——"君"：圣王。"牧"：治理。"固"：固执。

这段话的大意是说：人在梦中，并不知道自己是在做梦。只有大觉大悟者才能明白，人的一生，其实就是一场大梦；而愚昧无知的人，反倒认为自己一直都是清醒的觉悟之人，整日叫喊着"圣明君主啊！""治理天下啊！"这类陈词滥调。实在是冥顽不化，执迷不悟。

【郭注】夫大觉者，圣人也。大觉者乃知夫患虑在怀者皆未寤也。夫愚者大梦，而自以为寤，故窃窃然以所好为君上，而所恶为牧围，欣然信一家之偏见，可谓固陋矣！

按照【郭注】的这一解读，长梧子为庄子代言，定义所谓梦，是指整天思虑如何圣治天下，整晚为此难以入眠，一生为此疲于奔命的偏执妄念状态。

显然，如此长梦不醒而自以为长醒不梦的"众人"，尤其是指鼓吹仁义圣治的儒、墨之流。

第五节　予谓女梦，亦梦也

上一节，庄子假托长梧子，将儒家圣治天下的妄念，比作痴人说梦，他们自以为先知先觉，其实是沉迷于梦中的愚昧之徒。

这一节，庄子反躬自省——按照他梦觉难分的说法，他自己对儒家梦寐的批判，也同样适用于自己。或许，长梧子这里的言说，相比儒家的辨言，更像是痴人说梦。

丘也与汝皆梦也。予谓汝梦亦梦也。是其言也，其名为吊诡。

——这段话中的"丘"，一般注家都看作孔丘，而【成疏】却说："丘是长梧名也"。

【成疏】的这一说法，或许更有道理。尽管如此，这里仍不妨将此长梧之丘，看作彼圣人之孔丘。

长梧子不无自嘲地说：孔丘与瞿鹊子都是梦中之人，说的都是梦话。其实，我长梧子也一样，在梦中说着你们的梦。我的这番话，似梦非梦，听起来荒诞不经，不可思议，无法定义，姑且谓之"吊诡"（诡异）吧。或许，要等到万世之后，偶尔遇到一位超级圣人，能够将这种梦一样的人生说得清楚。

长梧子的这番话，不仅没能够为瞿鹊子和孔夫子解惑，反而引出了更多的疑惑：人的一生，如何才能走出醒着就是沉睡的梦境？人的认知，如何知道什么是梦，什么是醒？

于是，庄子将拯救众生于梦境的希望，寄托给了梦中的圣人，寄希望于梦中见到圣人为天下解梦——

万世之后而一遇大圣知其解者，是旦暮遇之也。

不幸的是，庄子说，这个梦中的圣人，要等一万代才能出现。所幸的是，庄子说，无论怎样，有梦，就有希望，有梦总比没有梦好。更何况，按照庄子对梦的定义，人们要想与万世才出现一次的圣人相遇，其实并不需要等万世那么久，只要今晚进入梦境就行。

在庄子的梦境中，所谓万世之遇，不过就是朝夕相处而已。

第六节　化声不相待，恶能正之？

上一节，庄子断绝了圣人治理天下梦想；同时，也给出了在梦中与圣人相遇的希望。但是，这个希望要等一万代。

这一节，庄子的代言人长梧子，重新将瞿鹊子从梦寐中带回到现实中。这个现实，是一个人人争辩是非，不决胜负决不罢休的竞技场。

这种彼此是非的争辩，庄子称之为徒有其名的"化声"。

长梧子启发瞿鹊子思考：如果人人都以自以为是的化声争说自己正确，指责别人错误，那么，谁来当裁判？谁有资格当裁判？谁的裁判可以让所有的人都信服？

至此，或许瞿鹊子终于明白：为什么长梧子始终没有在他与孔夫子之间当裁判，为什么长梧子不判定谁是谁非，而是各打五十大板。

面对若有所悟的瞿鹊子，长梧子抓住机会，发起了连珠炮式的四个追问，显然，要让瞿鹊子幡然醒悟，必须如此穷追不舍，不能留有任何狡辩的余地——

> 既使我与若辩矣，若胜我，我不若胜，若果是也？我果非也邪？我胜若，若不吾胜，我果是也？而果非也邪？
>
> 其或是也，其或非也邪？其俱是也，其俱非也邪？

【成疏】若、而：皆汝也。或：不定也。

按照长梧子的推论：无论什么样的辩论，无非**四种结果**：或者一方对，或者一方错，或者双方都对，或者双方都错。那么，可以由谁来作这四种判定，才能让人口服心服呢？无奈的是，辩论双方都是运动员，不能同时担任自己的裁判员，那么，第三方适合吗？

长梧子不等瞿鹊子回答，甚至不等他缓过神来，一步步紧逼，一口气发出了六连问——

> 我与若不能相知也，则人固受其黮（dàn）暗，吾谁使正之？使同乎若者正之，既与若同矣，恶能正之？
>
> 使同乎我者正之，既同乎我矣，恶能正之？
>
> 使异乎我与若者正之，既异乎我与若矣，恶能正之？使同乎我与若者正之，既同乎我与若矣，恶能正之？然则，我与若与人俱不能相知也，而待彼也邪？

——"黮"（dàn）：黑。"彼"：彼此之外的第三者，也指非人为的绝对标准。

庄子借长梧子之口，提出了一个迄今为止人类没有完美回答的孤独问题——人与人是否可以无障碍沟通？

庄子的回答显然是否定的，却不是悲观的。尽管人与人不能通过语言和辩论相知，但是，人可以因为自然天性而心灵相通。

庄子因此相信，以上四种无法断定是非的问题，在似梦非梦中都可以化解；与之相应地，以上六个证明和证伪的悬疑，都只有在智识不起作用的梦中才能一梦了之。

于是，作为以上所有追问的答案，庄子总结说：

化声之相待，若其不相待。

——"化声"：一说指是非之辩。"相待"：相对。"若其"：其实是。

【郭注】各自正耳，待彼不足以正此，则天下莫能相正也，故付之自正而至矣。是非之辩为化声。夫化声之相待，俱不足以相正，故若不相待也。

【成疏】夫是非彼我，相待而成。以理推寻，待亦非实，故变化声说，有此待名；名既不真，待便虚待。待即非待，故知不相待者也。

第七节　和之以天倪

上一节，庄子将争辩是非的人言，表述为"化声"。

化声，需要有彼此对立的双方，才能产生。彼此对立，也是彼此互为条件，庄子谓之"相待"。如果没有相待，就没有彼此；没有彼此，就不可能发生争辩。

那么，如何才能让人与人不分彼此而消弭争辩呢？

庄子的回答是：人本来就没有彼此，因为人本来就没有相待。人各自独立自在，并不依赖别人而得以存在。

这一节，庄子将这种不依赖别人而独自存在，表述为"天倪"。庄子说：

和之以天倪，因之以曼衍，所以穷年也。

"和"：自然混合，自然混同，而不是人为地调和，人为的和谐。"之"：此指彼此之分、是非之辩。"天倪"：一作"天均"。"因之以曼衍"：任其自然变化。"穷"：尽，此指享尽，不中道夭折。"年"：自然赋予的寿命。

【成疏】天，自然也。倪，分也。曼衍，犹变化也。因，任也。穷，

尽也。和以自然之分，所以无是无非；任其无极之化，故能不滞不著。既
而处顺安时，尽天年之性命也。

对庄子而言，人的一切困惑，都因为分别彼此、分辨是非而产生，要
消除人的困惑，根本的办法，就是消除彼此是非。

然而，儒、墨和诸子各家，他们之所以争辩，不也都是为了消除彼此
是非吗？庄子指出，要想通过争辩消除争辩，就像用战争消灭战争，是绝
对不可能的。

要想以自己的一家之言，统一天下人的思想；要想通过分别彼此，来
不分彼此；要想通过分辨是非，来不分是非，更是绝无可能。

庄子说，从根本上消除彼此是非，只有一种可能，这就是一切归零，
重返清静——将彼此是非这些仁义礼智的文明垃圾，交给自然之道，自
然而然地处理，让这些争辩不已的化声，在自然变化中自行化解，混合
一气。

庄子将这种自然消解彼此是非的自然方法，表述为"和之以天倪"。
庄子自问自答说：

何谓和之以天倪？

曰：是，不是；然，不然。

是，若果是也，则是之异乎不是也，亦无辩；

然，若果然也，则然之异乎不然也，亦无辩。

【郭注】是非然否，彼我更对，故无辩。无辩故和之以天倪，安其自
然之分而已，不待彼以正之。

庄子这段话的大意是说：如果"是"，约定俗成为"各自自以为是"
（"果是"）；那么，分辨谁是谁非就没有任何必要。同样，如果"然"，约
定俗成为"我认为是这样，所以就是这样"（"果然"）；那么，辩论何以
为然，就没有任何意义。

由此可以说，一切是非争辩，最终都只能归结为"和之以天倪"。"和
之以天倪"，因此可以表述为：既是，也不是；既然，也不然。

如此一来，留给世人的事情，就不再是无事生非，没完没了地争辩，
人们只需安心梦乡，享尽天年即可。庄子向世人建议说：

忘年忘义，振于无竟，故寓诸无竟。

——"忘年忘义"：忘记生死之虑，不知仁义是非。"振"：此指逍遥游心。"无竟"：无穷，无限时空。"竟"，通"境"：边界，界限。

【郭注】夫忘年，故玄同死生；忘义，故弥贯是非。是非死生，荡而为一，斯至理也。至理畅于无极，故寄之者不得有穷也。

【成疏】振，畅也。竟，穷也。寓，寄也。夫年者，生之所禀也（"禀"：自然天赋）。既同于生死，所以忘年也。义者，裁于是非也。既一于是非，所以忘义也。

第十三则：然
——所以然

第一节　所以然，所以不然

上一则说，要想天下无争，唯一可行的出路，就是"和之以天倪"。这里的"天倪"，是指自然之分，准确地说，是指宇宙万物各自与生俱来的唯一性。

对于任何一物自身而言，既然独存，就无所谓差异；对于物与物而言，各种独有之物的差异，既不是人为造成的，也不是人可以消除的。这种自然之分的自然差异，庄子表述为"然"：自然如此。

"然"，不只是人与物各自独存的状态，也是人与人、人与物相互对待的状态。

与人为的彼此相待、是非对立不同，自然而然相互依存的二者，谁都不知道为什么会是这样。庄子将这种无法知道的"为什么会是这样"，表述为"所以然"。

自然的所以然，与人为的"果然"不一样。"果然"是人的目的如愿实现，是人的预设终被证实。如前所论，庄子认为，自然的天下，没有果然。

这一节，庄子用"罔两问景（影）"的奇幻故事解释什么是自然而然，什么是所以然。

按照"影子"的说法，然，就是所以然，没有然之外的所以然。

故事的主角"罔两"：字面直义是影子边的影子，亦指心神恍惚，此外，它也是传说的精灵鬼怪。①

_____

① 《左传·宣公三年》：楚子伐陆浑之戎，遂至于雒（"雒"：今洛水），观兵于周疆（"观兵"：阅兵示威）。定王使王孙满劳楚子，楚子问鼎之大小轻重焉（"鼎"：此指九鼎，相传为

这个故事说，恍惚不定的罔两，好奇地问变动不居的影子：为什么总是飘忽不定。

影子给这位影子的影子的回答是：我是他物的影子，没有他物就没有我，就像蛇没有蚹就不能动，蜩没有翼就无法飞。况且，他物也不是特立独行的，他物没有他物的他物，就没有其他物。至于为什么会是这样而不是那样，我就不知道了。

罔两问景曰："曩子行，今子止；曩子坐，今子起，何其无特操与？"

景曰："吾有待而然者邪？吾所待又有待而然者邪？吾待蛇蚹、蜩翼邪？恶识所以然？恶识所以不然？"

——"曩"（nǎng）：此前，往日。"特操"：独立自主、特立独行的操守。"蛇蚹（fù）"：蛇蜕。"蚹"：一说蛇腹下的横鳞。

【成疏】罔两，景外之微阴也。曩，昔也，向也。特，独也。

庄子寓言以畅玄理，故寄景与罔两，明千独化之义。即今解蚹者，蛇蜕皮也。蜩翼者，蜩甲也。言蛇蜕旧皮，蜩新出甲，不知所以，莫辩其然。独化而生，盖无待也。而蛇蜩二虫，犹蜕皮甲，称异诸物，所以引之。夫待与不待，然与不然，天机自张，莫知其宰，岂措情于寻责而思虑于心识者乎！

第二节 造物者有邪？无邪？

"罔两问景"这个故事，也见于《庄子·寓言》。所不同的是，这里的

大禹所制）。对曰：在德不在鼎。昔夏之方有德也，远方图物（边远地区，图画各地奇异之物，献给中央），贡金九牧（九州之牧进贡铜材），铸鼎象物（将各种奇物的图像铸在鼎上），百物而为之备，使民知神奸（"神奸"：善恶之物）。故民入川泽山林，不逢不若（避开不利的怪物）。"不若"：不顺，螭魅罔两（"罔两"：又作"罔阆""魍魉"），莫能逢之。用能协于上下（"用"：因此），以承天休（"休"：保佑）。桀有昏德，鼎迁于商，载祀六百（"载祀"：纪年，此指享国）。商纣暴虐，鼎迁于周。德之休明（"休明"：美善光明），虽小，重也；其奸回昏乱，虽大，轻也。天祚明德（"祚"zuò：福，赐福），有所厎止（"厎"dǐ/zhǐ：致，至，通"砥""底"）。成王定鼎于郏鄏（"郏鄏"jiá rǔ：周朝东都，在今洛阳），卜世三十（"卜"：占卜问得国运），卜年七百，天所命也。周德虽衰，天命未改。鼎之轻重，未可问也。

一个罔两，在那里变成了众多罔两。故事说——

　　众罔两问于景曰："若向也俯，而今也仰；向也括，而今被发；向也坐，而今也起；向也行，而今也止。何也？"
　　景曰："搜搜也，奚稍问也？予有而不知其所以。予，蜩甲也，蛇蜕也，似之而非也。火与日，吾屯也；阴与夜，吾代也。
　　彼，吾所以有待邪？而况乎以有待者乎！彼来，则我与之来；彼往，则我与之往；彼强阳，则我与之强阳。强阳者，又何以有问乎！"

　　　　　　　　　　　　　　——《庄子·寓言》·【众罔两问于景】

　　——"若"：你。"向"：往昔。"括"：一说应为"括撮"，束发。"被"，通"披"。"搜搜"：区区。"奚稍问"：何足问。"有"：有所为。"蜩甲"：蝉壳。"火与日"：晴天及白天。"屯"：聚集。"阴与夜"：阴天及夜晚。"代"：本义谢，此指消散。"彼"：光与有形之物。"待"：依赖，凭借。"况乎以有待者"：更何况光和有形之物的运行，也是要依凭自然之道。"强阳"：徜徉，形影相随。《庄子·知北游》·【舜问乎丞】、《庄子·寓言》·【颜成子游谓东郭子綦】，分别有"强阳"和"生阳"的说法，可参照。
　　【郭注】世或谓罔两待景，景待形，形待造物者。请问夫造物者有邪？无邪？无也则胡能造物哉！有也则不足以物众形。故明众形之自物，而后始可与言造物耳！
　　是以涉有物之域，虽复罔两，未有不独化于玄冥者也。故造物者无主，而物各自造。
　　物各自造而无所待焉，此天地之正也。故彼我相因，形景俱生，既复玄合而非待也。
　　明斯理也，将使万物各反所宗于体中，而不待乎外。外无所谢，而内无所矜，是以诱然皆生而不知所以生，同焉皆得而不知所以得也。
　　今罔两之因景，犹云俱生而非待也，则万物虽聚，而共成乎天，而皆历然莫不独见矣。
　　故罔两非景之所制，而景非形之所使，形非无之所化也。则化与不化，然与不然，从人之与由己，莫不自尔，吾安识其所以哉！
　　故任而不助，则本末内外，畅然俱得，泯然无迹。若乃贵此近因，而忘其自尔，宗物于外，丧主于内，而爱尚生矣。虽欲推而齐之，然其所尚已存乎胸中，何夷之得有哉！

【郭注】借这一则极短的寓言大发宏论，以"庄子注我"，强调物各自化，不待任何外物。按照【郭注】的推演，罔两问景的寓意，就有了完全相反的解读：

其一，影有所待。影只是不知此待是何物，不知为什么要待、何时要待。

其二，影无所待。至于是否有待无待，是否为他物所待，这既不是影所关心的事，也不是影能够关心的事。有待无待、被待与不被待，既然不是影自己说了算，就不属于影。影独化而无待。

其三，造物无主，物各自造。造物主如能造物，首先要将自己造出来，如果造物主连自己都造不出来，又怎能造他物。物各自造，影也是物，自动随形，不待他物。

【郭注】这一注解，显然大大超越了庄子的本义，但也合乎庄子寓言的逻辑。无论庄子还是【郭注】，他们都一样主张自然天赋的人生权利——不被他人齐同，才是齐物大同；不因他人而存在，才是真正的存在。

第十四则：庄周梦蝶
——蝶梦庄周

上一则的故事说"影"，这一则的故事说"梦"。

无论是影还是梦，都有影外之影，梦中之梦。这也就是说，即便是如此虚幻的影和梦，也都有相待的对象，也都不是孤独的存在。——人独立，但不孤独。

人如何既独立自在而无彼此，又与他人相待而无是非？

庄子在本辑《齐物论》第十二则中提出的解决之道，是"和之以天倪"。"和之以天倪"的基本常态，庄子表述为"忘年忘义，寓诸无竟"。

无境，在《庄子》的语境中，可以等同影子的飘忽和梦乡的穿越。人的形骸，无法脱离浑浊的人间世，但人的精神，可以不受尘世的限制，就像影子一样，随时飞往无境的梦乡。

人似乎只有在梦中，才能游心于梦中的无穷，才能与万物齐同于梦中。然而，可悲的是，白天汲汲于功名利禄的凡夫俗子，夜晚的梦也常常是白天的继续，甚至比白天更惊恐，更不安——"其寐也魂交，其觉也形开"（《庄子·齐物论》·【大知闲闲小知间间】）。

人如何可以做一个好梦，甚或能够像古之真人那样，"其寝不梦，其觉无忧"（《庄子·大宗师》·【何谓真人】）？

《庄子·齐物论》最后的这则寓言，犹如催眠术一般，或许可以让世人安然进入无境的梦乡，一窥庄子的古之真人如何无梦有梦，走进梦一般的"无何有之乡"（《庄子·逍遥游》·【惠子谓庄子曰吾有大树】），随梦变化而逍遥，就像《齐物论》开头的南郭子綦那样："吾丧我"于无声而有声的自然天籁。

下面是梦中的庄子，讲述他的庄子之梦——

昔者庄周梦为胡蝶。栩栩然胡蝶也。自喻适志与，不知周也。俄然

觉，则蘧蘧然周也。

不知周之梦为胡蝶与？胡蝶之梦为周与？周与胡蝶则必有分矣。此之谓物化。

——"昔"：从前，亦通"夕"，此指前一天晚上。"栩栩"：一作"翩翩"。又：栩栩，忻畅貌也（【成疏】）。"自喻"：自明，自以为。一说："喻"，通"愉"。"适志"：惬意。"适"：舒适。"志"：心情。"与"：通"欤"（yú），语尾助词。"俄然"：忽然。"蘧"（qú）：惊觉，一说惊喜。

【郭注】夫觉梦之分，无异于死生之辩也。今所以自喻适志，由其分定，非由无分也。夫时不暂停，而今不遂存，故昨日之梦，于今化矣。死生之变，岂异于此，而劳心于其间哉！

方为此则不知彼，梦为胡蝶是也；取之于人，则一生之中，今不知后，丽姬是也。而愚者窃窃然自以为知生之可乐、死之可苦，未闻物化之谓也。

结题：化梦齐物

《庄子·齐物论》的最后一则，讲庄子的蝴蝶梦，准确地说，是托梦"蝴蝶梦"——化梦齐物。

庄子用梦一般的天籁语境，为《齐物论》结题，对生命哲学作出"吾丧我"（《庄子·齐物论》·【南郭子綦隐几而坐】）的玄妙思考，其要义大致有五：其一，梦与觉，如同死与生，四者各是生命的一种形态和状态，谓之"有分"。

庄子认为，在生安生，在死乐死，自然有分，这是对待生命的合适方式，庄子谓之"自喻适志"，而不是反之：贪生怕死，醉生梦死。

其二，由梦到醒，自醒入梦，与出生入死一样，都是生命形态和状态的自然变化，谓之"物化"，【成疏】解读为物理变化。

庄子将生死变化也定义为物化："其生也天行，其死也物化"。①

其三，物化就是有分。换言之，有分是物化的结果，物化是有分方式。二者这种自然而然的关系，是万物之所以自然有分别的基本法则——万物通过形体和形态的变化而不同，而丰富多彩，而无穷无尽。

其四，万物变化，只是形体的变化和形态的分别，无关乎生命的本体和本质。生命作为一种精神，其实质是道，与道同在而不穷，强名之曰：精神永生，灵魂不死。

其五，万物无论怎样变化、怎样分别、怎样差异，其生成变化的法则都是一样的——因道而生，循道而动，随道而变，与道同化。正是在这个意义上，庄子说："万物一齐"（《庄子·秋水》·【河伯曰然则我何为乎】）。

按照以上五点要义，回答"谁梦见了谁？谁在梦中成了谁"这个庄子式的梦之问，可有两种答案：

其一，万物不同，万物因变化而分别。从这个意义而言，蝴蝶是蝴蝶，

---

① 参见《庄子·天道》·【庄子曰吾师乎】，《庄子·刻意》·【故曰圣人之生也天行】。

庄子是庄子。梦中的蝴蝶，是庄子的梦；醒来的庄子，是梦蝴蝶的人。这之于普通常识，谓之"有分"，世人不难理解。

其二，万物生于道，同于道，道不变，万物也因此不变而齐一。从这一不变之道而言，蝴蝶，就是庄子；庄子，就是蝴蝶。做梦的蝴蝶，就是蝴蝶梦见的庄子；梦见蝴蝶的庄子，就是庄子梦见的蝴蝶——人生如梦，人生就是梦，反之亦然。

以上两种答案，按照庄子的逻辑，其实是一种答案——庄子与蝴蝶同化。同，是说庄子与蝴蝶同于万物；化，是说庄子与蝴蝶各自变化。同化，是《庄子·齐物论》的主旨。蝴蝶梦，是这一同化思想的极端例证。

这则最后的寓言，与此前长梧子（《庄子·齐物论》·【瞿鹊子问乎长梧子】）感叹你我皆梦的说法相呼应——梦，为齐物提供同化万物的无穷空间，也为齐物提供超越万物具象的变化方法，更为齐物提供超越生死的生命主体。非如此，齐物之说，难以成立；非此梦，齐物之功，难以显现；非此影，齐物之妙，难以服人。

第三辑 《养生主》

——生也有涯，知也无涯

【第三辑要目】

题解：薪火续命

《养生主》，顾名思义，讲养生之道。

如果有一种养生之道，不仅能让人活出自然天性的精彩，也因此能够让天下自然安宁，何乐而不为呢？于是，人间世就有了对养生之道的向往和期待，也因此有了庄子这篇《养生主》。

这样一种养生之道，不只具有养护个体生命的作用，更具有清除罪恶、净化人间世、守护天下太平的政治价值与历史意义。

《养生主》的旨归，不止于个人生命意义上的养生或者养神，更提出了人类如何通过"养生"得以代际续命而薪火相传的人类命运问题。

《养生主》以"吾生也有涯，而知也无涯"开篇，揭示有限人生之于无限时空的无可奈何。作为呼应，最后用"不知其尽"来为人类命运意义上的养生之道作定义——

指穷于为薪，火传也，不知其尽也。

——"指"：通"脂膏"，涂在火把上的动物油脂。

庄子以薪火象征人的精神。人生苦短，但人的精神可以如薪火世代相传；若精神可以世代相传，则人生无所谓苦短。在精神意义上说，人的确可以永生。

第一则：缘督
——养生真经

第一节 为知——殆而已矣

这一则，庄子主张缘督养生。

第一节，先从反面立论。世人受到智者的鼓惑，沉迷于以智养生。庄子认为，人生最大的危险、对生命最大的危害，莫过于以智养生。

庄子如是说：

吾生也有涯，而知也无涯。以有涯随无涯，殆已。

已而为知者，殆而已矣。

——"生"：寿命，禀赋。"知"：智知，性能，此指世人的非分欲求。"殆"：困乏，危险。"已而"：既然如此，由此可见。"为"：孜孜不倦地追求。

【郭注】所禀之分，各有极也。夫举重携轻，而神气自若，此力之所限也。

而尚名好胜者，虽复绝脊，犹未足以慊其愿（"慊"qiè：满足），此知之无涯也。故知之为名，生于失当而灭于冥极。冥极者，任其至分而无豪铢之加。

是故虽负万钧，苟当其所能，则忽然不知重之在身；虽应万机，泯然不觉事之在己。此养生之主也。

以有限之性，寻无极之知，安得而不困哉！已困于知而不知止，又为知以救之，斯养而伤之者，真大殆也。

【成疏】涯，分也。夫生也，受形之载，禀之自然，愚智修短，各有涯分。而知止守分、不荡于外者，养生之妙也。然黔首之类，莫不称吾。则凡称吾者，皆有极者也。

按照【郭注】和【成疏】的解读，庄子所谓生之"涯"，不只是指天赋的寿命，更是指每一个人命定的各种禀赋，包括身体形状、音容笑貌、智知体能。正是这些与生俱来的天然禀赋，决定了每个人各有所分，各不相同，庄子谓之**"有涯"**。

有涯而养生，其要义在于安守各自的本分。不幸的是，人之所以要养生，恰恰是因为不安本分，总想要突破有涯，追求无涯——在自己的天性禀赋之外，攀比他人他物，谋求更多的身体功能和更好的心智性能，并将这种贪求妄念名之为**"知"**。

这里的知，更是指**求知**。世人在儒家之类俗学智者的鼓惑下，对求知趋之若鹜。他们之所以求知，不是为了认知自然万物、认识自己，而是为了改造自然万物，为我所用。

庄子指出，这种贪求无涯的求知，其实质是用知改造自己的天性，伪造自己的形骸，而美其名曰"养生"，人们为此备受欲望的煎熬，劳神费力，日夜不宁。如此养生，无异于害命。

以庄子的自然哲学观，自然之人，本不需要养生，更无所谓养生之道。人的自然天性本来完美，人的自然寿命由自然决定，任何以知养生的伪造，都只会折减人的自然寿命，销蚀人的自然禀赋。

第二节 为善——为恶

上一节，庄子告诫世人：以智养生，不仅不能养生，反而会害命。

这一节，庄子劝诫世人：如果人们依然坚持要以智养生，为了尽量减少对生命的危害，要尽可能远离圣贤政治的名和刑。这里的刑，既是指刑罚，又是指道德楷模。

庄子说：

为善无近名，为恶无近刑。

——"无"：无一不是，不要。"近"：追求，趋近。"刑"，刑罚，杀戮；通"形"：形容，形体；亦通"型"：法式，模范，榜样。

庄子这句话，从字面意义上看，无非是说：世人行善的目的，无一不是为了求名；世人作恶的后果，无一不是触犯刑罚。

庄子认为：对于生命而言，为求名而行善，就是戕害性命的作恶；对于政治而言，为治理天下的作恶，无一不是以行善为名。

庄子因此告诫世人：保命行善的基本准则，是不为求名；不得已犯错的基本底线，是不触犯刑罚。

庄子的这句话，无论怎样解释，都涉及庄子前后时代的社会背景：当时的天下治理，推行重赏严罚——得重赏者，美名传扬；受刑罚者，声名狼藉。在这样的社会风气下，人们求名行善，并非完全出于务虚或者虚伪，在很大程度上只是为了安身立命；人们为恶自保，的确是一种不得已的养生之道。

一方面，庄子对世人这种善恶保命的养生之道深表理解，所以并不一概反对，只是告诫世人说：这不是生命意义上的养生之道，这种看似保命的养生之道，其实对生命是有害的。

另一方面，庄子对重赏严罚的政治法则深恶痛绝，与这一法则的设计者和鼓吹者势不两立。庄子认为，重赏严罚，作为天下治理的第一法则，其实是圣贤明君以一己之见，为仁义之道，以仁义之道，僭越自然之道，而对万民的自然生命行使生杀予夺大权，不具有自然法的合法性。庄子说：

> 故举天下以赏其善者不足，举天下以罚其恶者不给，故天下之大不足以赏罚。自三代以下者，匈匈焉终以赏罚为事，彼何暇安其性命之情哉！
>
> ——《庄子·在宥》·【闻在宥天下】

第三节　俗学——俗知

上一节，庄子将重赏严罚的圣贤政治看作对人的生命最大的危害。在重赏的激励下，世人汲汲于为善求名；在严罚的威慑下，人们惶惶不可终日，不得已为恶保命。为善求名，让人疲于奔命；为恶多端，终究落入法网。前者失魂落魄，后者残害身体，二者都不是真正意义上的养生之道，然而却是世人趋之若鹜的养生之道。

那么，这种伤神害己的养生之道为什么能够大行其道呢？庄子没有说明，但【成疏】的注解，结合《庄子》全书，给出了答案：造成世人错用养生之道的罪魁祸首，正是以儒家为首的俗学。

【成疏】夫有为俗学，抑乃多徒，要切而言，莫先善恶。故为善也无不近乎名誉；为恶也无不邻乎刑戮。是知俗智俗学未足以救前知，适有疲役心灵，更增危殆。

【成疏】这里的指控，将世人为知、为善、为恶这一套害命的养生之道，与当时大行其道的学者授徒的俗学现象联系了起来。这样一来，所谓求知之知，就有了特定的内涵，"为善无近名，为恶无近刑"这句话，就可以进一步理解为："以仁义的名义行善，无不是为了欺世盗名；为仁义的功利作恶，无不是自投罗网"。

这样的扩充，基于"俗学"的定义。【成疏】所谓俗智、俗学，出于《庄子·缮性》开篇第一句话：

缮性于俗。

俗学以求复其初，滑欲于俗，思以求致其明，谓之蔽蒙之民。

古之治道者，以恬养知；知生而无以知为也，谓之以知养恬。知与恬交相养，而和理出其性。

《缮性》篇这段话中的"俗学"，特指仁义礼乐。这段话的大意是说：俗不可耐的学者之流，试图以俗学、俗思完善人性，其实是以蒙蔽除蒙蔽，只能蒙上加蒙，蔽上加蔽。他们用扰乱人心的仁义礼乐，来引导世人复归性命，作为养生之道，其荒唐无知，用《庄子·人间世》【颜回见仲尼请行】的话说，无异于"以火救火，以水救水"——人越是被仁义修饰、修缮，其自然天性越是被遮蔽、被损毁，人离开原本的自然之道也就越远。

由此看来，【成疏】这一看似牵强附会的解说，并非完全没有道理。

第四节 缘督——尽年

此前三节，庄子对世人受到儒家俗学的鼓惑，迷恋于以智养生的陋习，既提出了尖锐的告诫，也退而求其次，给出了温和的劝诫。

这一节，庄子正面立论，直接献出他的养生法宝——以缘督为养生真经。何为缘督？庄子欲擒故纵，先不作任何解释，只说缘督养生有四大好处，看起来比儒家的俗学更务实，更实惠。

缘督以为经，可以保身，可以全生，可以养亲，可以尽年。

——"缘"：顺从。"督"：古人认为任督二脉主导人的气血循环，身前中脉为任，身后中脉为督。"经"：常。"生"：性。"养亲"：此指死在父母之后。"尽年"：终享天年不夭寿。

【成疏】缘，顺也。督，中也。经，常也。夫善恶两忘，刑名双遣，故能顺一中之道，处真常之德，虚夷任物，与世推迁。养生之妙，在乎兹矣！

生，在庄子这里，不是指有形的身体，而是指无形的精神。所以，养生，在庄子这里，特指养神，或者说，主要是指养神。与之相应，庄子所谓"养"，不是营养身体之养，而是保守天性之"保"，复归天性之"复"。

如前所言，人之所以需要养生，是因为贪婪的求知欲望让短暂的人生成了一个不断丧失自然天性而自我戕害的可怕过程。

庄子对症下药，将他的养生之道从功效上分为四个方面：保身，全生（性），养亲，尽年。这让玄而又玄的道术具有了现实而实惠的可实践性。

第二则：神遇
——吾得养生

第一节 庖丁解牛——黄尧舞乐

上一则，庄子正反言说，告诉世人：如果放弃以智养生，改为缘督养生，可以得到四大好处：保身，全生（性），养亲，尽年。

然而，如果养生之道仅止于这种现实功效的层面，那就不是道术而是法术或者方术了，这显然不是庄子的本意。可见，庄子所谓缘督养生四大好处，只不过是不得已而随俗从众的权宜之计。可知，缘督养生的真正妙处，显然不止于此。这一则，庄子不再随俗从众，而是化俗为神，通过一介屠夫以身示范，显现缘督养生的神通，以此提醒文惠王，警醒世人：真正意义上的养生之道，不能指望凡夫俗子假仁义的名义身体力行，而要等待出神入化的神人因循自然之道来大显神通。

这个神人，就是众人——每一个人只要养神，都可以成为庖丁一样的神人。庄子这个故事中的"文惠君"，考据家们一说指梁惠王。其实，大可不必如此对号入座。"文惠君"这个虚构的人名，用在庄子这个故事中，有两种暗喻：其一，这是一位自以为文明的王者；其二，这是一位自以为爱人惠民的仁君。

庄子将他与粗野的庖丁对比，可见屠夫比明君更文明，草民比仁王更懂得仁爱之道。

庄子讲述说，这位连自己的姓名都不知道的庖丁，其宰牛的节奏，居然符合黄帝的音乐、圣尧的舞蹈。换言之，从这位庖丁身上，居然可以看见黄帝和圣尧的音容笑貌——

庖丁为文惠君解牛，手之所触，肩之所倚，足之所履，膝之所踦，砉然向然，奏刀騞然，莫不中音。合于《桑林》之舞，乃中《经首》之会。

文惠君曰："嘻！善哉！技盖至此乎？"

　　庖丁释刀对曰："臣之所好者道也，进乎技矣。"

　　——"庖"：读作 páo。"为"：读作 wèi。"踦"（yǐ）：用膝顶住。
"砉"：读作 xū，另读作 huā，疾速。"向"：通"响"，此指声音交响。
"奏"（zòu）：进。"騞"：读作 huō。"中"：读作 zhòng，合乎。"音"：音
乐的节奏。"桑林"：殷乐。"经首"：《咸池》中的乐章，系黄帝之乐，一
说为尧乐。"会"：节奏。"盖"，通"盍"：何。"好"：读作 hào。"进"：
此指进献，亦指超越。

　　【郭注】直寄道理于技耳，所好者非技也。

　　【成疏】舍释鸾刀，对答养生之道，故倚技术进献于君。进，过也。
所好者，养生之道，过于解牛之伎耳。

第二节　圣贤问技——不知问道

　　上一节说，文惠君以俗人之见，将庖丁解牛之道，看作宰杀牲口之
技。这样的人，在《庄子》中不只这位文惠君，几乎所有自以为圣明的王
者、学者，面对各种各样的庖丁，都只是惊叹其技高一筹，都只知问术，
而不知求道。

　　仲尼适楚，出于林中，见痀偻者承蜩，犹掇之也。仲尼曰："子巧乎？
有道邪？"

　　曰："我有道也。"

　　　　　　　　　　　　　　　　　　　　　　　　——《庄子·达生》

　　——"痀偻"（jū lóu）：驼背。"承蜩"：用竿粘蝉。"蜩"（tiáo）：蝉。
"掇"（duō）：拾取，采摘。

　　孔子这里问道，问的是技巧；痀偻者回答的道，是指入神而忘记
技巧。

　　颜渊问仲尼曰：

　　"吾尝济乎觞深之渊，津人操舟若神。吾问焉，曰：'操舟可学邪？'

曰：'可。善游者数能。'"

——《庄子·达生》

——"操舟若神"：摆渡人驾船，气定神闲。"善游者数能"：会游泳的人，只需几次练习很快就会在风浪中驾船。"数"：一说通"速"。

孔子观于吕梁，县水三十仞，流沫四十里，鼋鼍鱼鳖之所不能游也。见一丈夫游之，以为有苦而欲死也，使弟子并流而拯之。数百步而出，被发行歌，而游于塘下。

孔子从而问焉，曰："吾以子为鬼，察子则人也。请问：蹈水有道乎？"曰："亡，吾无道。"

——《庄子·达生》

——"县"，通"悬"：此指瀑布。"仞"：一说八尺曰仞。"鼋"（yuán）：大鳖。"鼍"（tuó）：扬子鳄。"鳖"（biē）：通"鳖"。"被"，通"披"：散。"行歌"：行吟。"塘"：堤岸。"亡"（wú），通"无"：没有。

孔子这里所问之道，与此前问痀偻者一样，仍然是在问技巧和方法。丈夫回答说"无道"，具有双重含义：其一，他没有孔子所谓的技巧；其二，没有技巧，忘记技巧，这样的无道，就是真正的道。

梓庆削木为鐻，鐻成，见者惊犹鬼神。鲁侯见而问焉，曰："子何术以为焉？"

对曰："臣工人，何术之有！虽然，有一焉。"

——《庄子·达生》

——"梓"（zǐ）：木工。"鐻"（jù）：装置在架台上的钟乐器，为猛兽形，本为木制，后改用铜铸；同虡（jù）：悬挂钟鼓的架子两侧的柱子。"鬼神"：鬼斧神工。

鲁侯问术，梓庆回答说无术，又回答说有术。梓庆的意思是说，无术（忘记术），就是术；无术之术，就是道。

北宫奢为卫灵公赋敛，以为钟，为坛乎国门之外，三月而成上下之县。王子庆忌见而问焉，曰："子何术之设？"

奢曰："一之间，无敢设也。"

——《庄子·山木》

—— "敛"（liǎn）：募捐。"县"：通"悬"；此指两层钟架立于坛上。"庆忌"：【成疏】认为是周王之子，周之大夫。

"一之间"：一任自然，不强为之，不强求人。"无敢设也"：不敢执着于筑坛铸钟这件事一定要成。

【郭注】泊然抱一耳，非敢假设以益事也。

大马之捶钩者，年八十矣，而不失豪芒。大马曰："子巧与？有道与？"

曰："臣有守也。"

——《庄子·知北游》

—— "捶"（chuí）：打锻也。"钩"：腰带也。一说："钩"为兵器。"失"：差。

【成疏】"大马"：官号，楚之大司马也。

"有道与"：如此精工，你是因为技巧高超呢，还是因为有道呢？

第三节　无牛——不以目视

上文说，文惠君向庖丁问宰牛的技巧，庖丁回答说，他没有刻意用任何技巧，只是全神贯注于道。并且说，众庖的雕虫小技，与他的神通之道不可同日而语。那么，这位神乎其神的庖丁所谓神通，究竟是一种什么样的境况呢？庄子让庖丁为文惠君娓娓道来——

始臣之解牛之时，所见无非牛者；三年之后，未尝见全牛也。

从下文可以得知，庖丁学习善刀之术，已经十九年。这十九年学习解牛技艺的过程，更是修炼养生之道的过程。

在《庄子》中，不少人也都和庖丁一样，日积月累地修道养生，可是，其他人或者中道而反，或者一生无果，唯独庖丁一如既往，一以贯之。

据庄子说，孔子和蘧伯玉这样的圣贤，花了六十年求道，都没有圆满；而有一位名叫子游的人，只花了九年，就达到了与庖丁类似的得道境界。

蘧伯玉行年六十而六十化，未尝不始于是之，而卒诎之以非也，未知今之所谓是之，非五十九年非也。万物有乎生，而莫见其根；有乎出，而莫见其门。人皆尊其知（智）之所知（知晓，知识），而莫知（知道，懂得）恃其知（智）之所不知（知道）而后知（有所知），可不谓大疑乎！

已乎已乎！且无所逃。此所谓然与，然乎？

——《庄子·则阳》

——"诎"（qū）：本义屈，语塞。"知"：在不同的上下文语境中，其字义微妙有别，或为智，或为知晓，或为知识，或为知道，或为懂得。"大疑"：大惑。

"且无所逃"：这种大惑是注定不可避免的。"然乎"：或许这样说是对的，真的对吗？

庄子谓惠子曰："孔子行年六十，而六十化，始时所是，卒而非之，未知今之所谓是之，非五十九年非也。"

——《庄子·寓言》

颜成子游谓东郭子綦曰："自吾闻子之言，一年而野。二年而从。三年而通。四年而物。五年而来。六年而鬼入。七年而天成。八年而不知死、不知生。九年而大妙。"

——《庄子·寓言》

——"闻"：此指领教。"野"：返璞。"从"：随俗，不执着。"通"：通达，不固守一己之见。"物"：与物齐同，随物变化。"来"：本性复归，众人来归。"鬼"：心领神会。

【郭注】一年而野，外权利也。二年而从，不自专也。三年而通，通彼我也。四年而物，与物同也。五年而来，自得也。六年而鬼入，外形骸也。七年而天成，无所复为。八年而不知死、不知生，所遇皆适而安。九年而大妙，妙，善也。善恶同，故无往而不冥。此言久闻道，知天籁之自然，将忽然自忘，则秒累日去以至于尽耳。

同样是修道中人，其过程和结果为何有如此大的差别？道理尽在庖丁解牛的体会之中，用庖丁自己的话说，关键在于能否聚精会神而忘乎所以——

方今之时，臣以神遇，而不以目视。

官知止，而神欲行。依乎天理，批大郤，导大窾，因其固然，技经肯綮之未尝（微碍），而况大軱乎！

——"天理"：牛的天生结构。"批"：击。"郤"（xì），通"隙"。"窾"（kuǎn）：空洞。"技"，通"枝"：分支。"经"：脉。"肯"：附在骨头上的肉。"綮"（qìng）：筋骨结合处，一读作qǐ。"軱"（gū）：大骨。

【成疏】遇，会也。经乎一十九年，合阴阳之妙数，率精神以会理，岂假目以看之！亦犹学道之人，妙契至极，推心灵以虚照，岂用眼以取尘也！官者，主司之谓也。谓目主于色、耳司于声之类是也。既而神遇，不用目视，故眼等主司悉皆停废，从心所欲，顺理而行。善养生者，其义亦然。

第四节　无刀——游刃有余

上一节，庖丁讲述他不见全牛，也就是没有宰杀的对象，没有"彼"。

这一节，庖丁讲述他不知自己在用刀，也就是没有宰杀的主体，没有"此"。

既然没有，就无所谓折损，所以庖丁无须更换牛刀。庖丁踌躇满志地说：

良庖岁更刀，割也；族庖月更刀，折也。

今臣之刀十九年矣，所解数千牛矣，而刀刃若新发于硎。

彼节者有间而刀刃者无厚，以无厚入有间，恢恢乎其于游刃必有余地矣。是以十九年而刀刃若新发於硎。

虽然，每至于族，吾见其难为，怵然为戒，视为止，行为迟，动刀甚微，谋然已解，（牛不知其死也），如土委地。

提刀而立，为之四顾，为之踌躇满志，善刀而藏之。文惠君曰："善哉！吾闻庖丁之言，得养生焉。"

——"割"：用刀切割骨肉。"族"：众。"折"：用刀砍骨肉。"发"：磨。"硎"（xíng）：磨刀石。"间"（jiàn）：间隙。"恢恢"：广阔。"族"：骨节交集处。"怵"（chù）：小心谨慎。"谋"：读作 huò。"委"：堆积。"善"：通"缮"，此指擦拭，收拾。

故事的最后，庄子让文惠君为庖丁的故事做总结，让他自己说出听了庖丁故事后的深切感受，这比庄子自己总结庖丁故事的意义，更有说服力；对世人明白什么是真正的养生之道，更有权威性。

那么，文惠君的这一句话养生感言，究竟可以怎样解读呢？结合庖丁的讲述，可知文惠君所谓"得养生"，是说他从庖丁这里，明白了通神养生的三重境界——

其一，"游刃有余"之神行。

其二，"怵然为戒"之神遇。

其三，"善刀而藏"之神运。

这三重境界，都不只是使用力气和运用技术所能达到的，其所养都不是身，而是神，且只能心领神会，用庖丁自己的话说："**所好者道也，进乎技矣**"。庖丁的亲身经历告诉文惠君，也告诉世人："神"，是生之主。既然如此，所谓养生，就只能是养神，庄子谓之"养生主"。这里的生，是性，特指自然天性。

文惠君从庖丁的故事得知：养神作为任何人都可以获得的一种生活方式，并不是非得要像《庄子·齐物论》开篇的南郭子綦那样——形同槁木，心如死灰；而只需要像这位善刀的庖丁即可。

庖丁尚且能以屠宰养神，天下就没有人不能以活着的方式养神、以养神的方式活着，更何况还是这些为人师表的"文惠君"们呢？

第三则：一足
——天与之独

这一则，以两个人的简短答问，讲"知足"的养生之道。

对话中的两个人，一位是公文轩，其字面本义是：堂而皇之，文质彬彬，气宇轩昂；另一位是右师，作为官名，为六卿之长，其字面本义是：右翼部队，用在这里作人名，暗喻偏废。根据上下文得知，这位右师，的确只有一只脚，且很有可能只有右脚，并因此而得名。

故事说——

公文轩见右师而惊曰："是何人也？恶乎介也？天与，其人与？"

——"介"：独，特异，此指一足。"其"：抑或。"与"：通"欤"。公文轩提出的问题是：右师只有右脚，是天生不足呢？还是后天失足呢？这看似右师的个人问题，其实是一个具有普遍性的天大的问题，是天下所有人的本质问题，右师以自己的回答，为天下人作答——

曰："天也，非人也。
天之生是使独也，人之貌有与也。以是知其天也，非人也。"

【郭注】偏刖曰独。夫师一家之知而不能两存其足，则是知之所无奈何。

若以右师之知而必求两全，则心神内困，而形骸外弊矣，岂直偏刖而已哉！两足共行，曰有与。有与之貌，未有疑其非命也。以有与者，命也，故知独者，亦非我也。是以达生之情者，不务生之所无以为；达命之情者，不务命之所无奈何也。全其自然而已。

【成疏】夫智之明暗，形之亏全，并禀自天然，非关人事。假使犯于王宪，致此形残，亦是天生顽愚，谋身不足。直知由人以亏其形，不知由天以暗其智，是知有与独，无非命也。与，共也。凡人之貌，皆有两足共行，禀之造物，故知我之一脚，遭此形残，亦无非命也。欲明穷通否泰，愚智亏全，定乎冥兆，非由巧拙。达斯理趣者，方可全生。

按照【郭注】和【成疏】的解读，"天也，非人也"，这句话的大意是说：无论是天生不足，还是后天失足，都是天与之命。如果明白且安于天命，则即便是独脚之人，也与双脚之人一样，是身体和精神上的全人；如果不明白这是天意，不安于这样的事实，则独脚之人，就真的是身体上不健全的残疾人，更是精神上自惭形秽的卑贱之人。

按照右师自己的感悟，所谓天生不足，其实是天以此独特的样貌赋予右师与众不同的独特性，如同天下所有人一样，没有一个人与另外一个人相同，右师无右脚，不是比别人少了一只脚，只是与别人不同而已。

由此而论，所谓后天失足，无论是由于意外灾祸，还是因犯罪受刑刑，都不是右师自己可以掌控的。用如前所见【成疏】的话来说："假使犯于王宪，致此形残，亦是天生顽愚，谋身不足。"

第四则：野鸡
——不蕲乎樊

这个短章，是一个孤句，可谓前言不搭后语，放在哪里都自成语境，不是用来说明上下文的，也无须被上下文所说明。

庄子似乎突发奇想，又似乎神来之笔，于是有了泽雉独步的自在，尽管艰辛，倒也惬意——

泽雉十步一啄，百步一饮，不蕲畜乎樊中。

——"雉"（zhì）：野鸡。"蕲"：通"祈"。

庄子说，沼泽中的野鸡，在优雅之人看来，似乎活得很艰难，整天为了活着而活着，吃了上顿没下顿。不过，在野鸡自己而言，它们似乎很愉快，接受天赋的形体和能力，在适合自己的地方繁衍生息，而不屑于被人类欣赏，更不祈求被豢养在笼子里，成为人的宠物。

庄子为此感叹说——

神虽王，不善也。

——"王"：一说通"旺"。"不善"：不自以为善，不知道是善。"善"：美，好，此指自适自在。这句话可以有两种解读。

其一：作为上句话的下半句，回答为什么野鸡不屑于入樊笼，其大意是：关在笼子里被人豢养，看似精力旺盛，羽毛丰满，光鲜亮丽，其实一点也不愉快，不如在笼子外无拘无束，虽然苦一点，却也自在。

其二：与上句话没有语义结构关系，只有语意上的关联，其大意是：旷野中的野鸡，自适自在，全然不知是善。

【郭注】蕲，求也。樊，所以笼雉也。夫俯仰乎天地之间，逍遥乎自得之场，固养生之妙处也，又何求于入笼而服养哉！

夫始乎适而未尝不适者，忘适也。雉心神长王，志气盈豫，而自放于清旷之地，忽然不觉善之为善也。

第五则：悬解
——安时处顺

第一节 三号而出——各哭其哭

这一则故事，假托老子的葬礼，讲庄子超越生死的养生之道。

故事的主角，名叫秦失。秦失不以失为失，参加老子的葬礼，却毫不悲痛。

按照秦失的生死观，养生的目的，不是延年益寿，而是将人从贪生怕死的困苦中解脱出来。

按照庄子的说法：人死不是解脱，活人不为死人悲哀才是解脱。如此解脱，谓之"安时处顺"。故事说：

老聃死，秦失吊之，三号而出。弟子曰："非夫子之友邪？"曰："然。""然则吊焉若此可乎？"

曰："然。始也吾以为其人也，而今非也。

向吾入而吊焉，有老者哭之，如哭其子；少者哭之，如哭其母。彼其所以会之，必有不蕲言而言，不蕲哭而哭者。"

——"失"：一作"佚"（yì），本义隐逸。"号"（háo）：大声长呼，大声哭。"其"：一作"至"。"向"：刚才。"彼"：这些来吊唁的人。"不蕲"：不是死者所想要听到的。"言"：一说通"唁"。

【郭注】人吊亦吊，人号亦号。至人无情，与众号耳，故若斯可也。

【成疏】秦失初始入吊，谓哭者是方外门人，及见哀恸，逎（乃）知非老君弟子也。

按照【郭注】的说法，秦失三号而出，没有什么失礼之处，他只是随俗从众：人哭我也哭，人不哭我也不哭。

按照【成疏】的说法，起先，秦失三号，以为是与老子的众弟子一道在哭；后来发现，这些哭老子的人，哭的都不是老子想要他们哭的。可见，这些人并非老子的弟子，也就不是秦失的同道。既然如此，秦失就不再与这些哭丧的人同流合污，不再与他们一道看似哭老子，其实各哭自己心里的苦。

第二节　忘其所受——遁天之刑

上一节说，老子死了，他的朋友秦失为之吊丧，只随和众多哭丧的人哭了三声。秦失的弟子问秦失，这样做是否失礼。秦失给出的理由十分模糊，大致意思是说：我与这些哭丧的人不是同一路人。

这一节，是秦失对他的弟子给出的明确回答。这个回答，已经不是在说哭丧，而是在剖析：人们为什么要为死去的人哭丧？

以秦失在老子葬礼上所见，人们哭丧，无非是因为人们害怕死亡。这些哭丧的人，或者为老子的死感到痛苦；或者，兔死狐悲，为自己终将要死感到害怕。可见，这些看似哭老子的人，其实是在哭自己。

秦失作为老子的朋友，深知老子超越生死，死与生一样，无所谓丧，无所谓失，也就无所谓痛苦，也就不值得哭。

一方面，死去的老子，并不以死为死；另一方面，活着的人们，却为他的死大哭特哭。这种事与愿违的现象，是对死者老子的亵渎，也是对活着的世人的讽刺。这种可悲的场面，只是世人无一不害怕死亡的缩影。

人们害怕死亡，其实是想逃避自然天命，想永生不死；所有追求以智养生的人，都是这种对抗天命的亡命之徒，等待他们的，是无法逃脱的天刑。

上天无形无言，不可能直接对人施以刑罚。所谓天刑，是指人们自设陷阱，自困天性，自己折磨自己的精神。

秦失说——

是遁天倍情，忘其所受，古者谓之遁天之刑。

——"遁"：逃遁。"倍"：加倍；一说通"背"：背弃。"情"：实情。"受"：人的自然禀赋、自然寿命、自然命运，用在这里，亦指哭丧者与死者生离死别的既成事实。"遁天之刑"：因逃避自然法则而受到自然的惩罚。"刑"：刑罚。

【郭注】天性所受，各有本分，不可逃，亦不可加。感物太深，不止于当，遁天者也。将驰婺于忧乐之境，虽楚戮未加，而性情已困，庸非刑哉！

【郭注】的意思说是，寻求养生之道的人，即便因为"为善无近名，为恶无近刑"的保命之术，得以免受政治刑罚，得以养尊处优，但是，其精神早已自困陷阱而无以自拔了。这句话中的"楚戮"，是一种被称为"捶（chuí）楚"的杖刑——以荆楚制作的捶杖鞭笞犯人。此指受辱于外物。

第三节　适来——适去

此前两节，秦失为自己在老子的葬礼上不哭辩解。

按照秦失的说法，人死了，未必不是生，未必不是可喜可贺的事。进一步说，人死了，不但没有必要为之痛苦，为之哭丧；而且，这种痛苦和哭丧还是自己惩罚自己，是上天对不接受自己命定的人实施的天刑。

那么人究竟如何对待死亡、对待生命中的痛苦、对待生活中的挫折呢？换言之，人如何在注定了并不如意的一生中，避免自掘陷阱；或者说，人如何从自设的痛苦牢笼中解脱自己，而解除天刑呢？

下面，是秦失的回答，也是庄子的告诫——

适来，夫子时也；适去，夫子顺也。

安时而处顺，哀乐不能入也，古者谓是帝之县解。

——"适"：适时，适当。"来"：出生。"夫子"：指老聃。"去"：入死。"帝"：上帝，天帝。"县"，通"悬"。

【郭注】时自生也。理当死也。夫哀乐，生于失得者也。今玄通合变之士，无时而不安，无顺而不处，冥然与造化为一，则无往而非我矣！将何得何失、孰死孰生哉！故任其所受，而哀乐无所措其间矣！

以有系者为县，则无系者县解也。县解而性命之情得矣。此养生之要也。

综上可见，庄子借秦失的故事，用荒诞之言，将"安时处顺"之法，提升到"帝之县解"——人的自我拯救——这一哲学高度。

庄子由此说明：养生的目的，并非延年益寿，而在解脱人的精神困苦——解人生于自我倒悬，而得以自然尽年。

此处"帝之县解"的表述，也见于《庄子·大宗师》。

且夫得者时也，失者顺也。安时而处顺，哀乐不能入也。此古之所谓县解也，而不能自解者，物有结之。

——《庄子·大宗师》·【子祀子舆子犁子来四人相与语】

结题：指穷火传

本辑《养生主》第一则说，生命的个体通过养生，可以尽年。

本辑到这里最后说，整个人类因为世世代代的个人养生尽年，而得以无穷无尽地繁衍生息下去。

如果说，一个人的养生尽年，可以将自己从倒悬于知的深渊这一危险困境中解脱出来；那么，一代接一代人的养生尽年，则有希望最终将整个人类从知的无崖深渊中拯救出来，进入自然之道的无限时空，随自然之道"不知其尽"。

庄子充满希望地说——

指穷于为薪，火传也，不知其尽也。

——"指"：脂膏。"穷"：尽。"为"：前。"薪"：火把。

【**郭注**】夫时不再来，今不一停，故人之生也，一息一得耳。向息非今息，故纳养而命续；前火非后火，故为薪而火传。火传而命续，由夫养得其极也，世岂知其尽而更生哉！

按照【郭注】的解读，庄子所谓"不知其尽"，就是不尽之尽，就是尽之不尽——油脂作为火的燃料，犹如一个人的寿命，终会燃尽；薪柴作为火的载体，犹如人的躯体，终会烧毁，但火既不会因为油脂燃尽而熄，也不会随薪柴烧毁而灭，而是会随着一个又一个接着点燃的火把传承下去，永不穷尽。

这种"薪火相传"的生命逻辑，之于每一个人的人生，既残酷又现实，既悲壮又伟大——人类的每一个个体，作为传递生命之火的油脂和薪柴，最终都会毁灭，但最终又都会与生命之神一道不死而长生、不朽而永恒。此可谓不死之死，死而复生，生生不息。

这样一种超越个人生死的人类整体生死观和人类历史生死观，无疑是以个体的牺牲乃至一代人的牺牲为代价的。因此，一个人是否长寿，与生命是否永恒没有关系；但一个人是否在其有限的"天年"养护好了寄寓其形的神，却直接关系到生命之神之于人类历史的价值与意义。这里的关键词是**"天年"**，而不是**"延年"**。

庄子的养生之道，由此具备了神圣的道德使命。

人类生命得以天然繁衍，人类精神得以世代传承，一个人的人生，因此可以不再苦短：生死都是永恒——人的生命，因养生重归于道，与自然为一，与自然同化，于宇宙中永恒。

第四辑 《人间世》

——山木自寇，膏火自煎

【第四辑要目】

题解：人间世道

人间世，是庄子创造的一个特定概念，顾名思义：人间和世道。人间，是一个空间概念，相对于上天，指天下四方。

世道，是一个政治概念，相对于天道，指人道圣治。

人间世，之于天下之人，指受治于圣王之下的臣民处境，这一处境，几乎总是乱世和凶险的同义词。

人间世，是人无法逃离的所在，注定是庄子生命哲学的归宿。庄子生命哲学的全部意义，在于拯救人间世的众生于倒悬。

以庄子的生命哲学观，人在人间世，如同倒悬于水深火热之中，无时无刻不遭受着欲望的煎熬，直到哪一天自然的本性丧失殆尽。

人以自己的聪明才智为自己构建思想的牢笼，为自己设置欲望的陷阱，为自己精心打造并自行戴上人性的枷锁。

不认识如此的人间世，不如此认识人间世，就无法理解庄子的生命哲学。

《人间世》全篇讲了六个大故事，大故事中套小故事，用二十多个关键词揭示了人在人间世的生存险状：不得已存在，但可以自在；别无选择地活着，但可以自然；无法逃离自我枷锁，但可以自救；一切都是命义两难，但一切两难都可以知止而化。化，所以无。

第一则：颜回见仲尼请行

第一节 人间世——民其无如

庄子的哲学思想，基于自然宇宙；庄子之所以思考哲学，是要拯救世人于人间世的水深火热之中，显然，人间世在庄子这里，是相对于自然宇宙的险恶之地。在庄子的哲学图像中，人们赖以生存的这个人间世，究竟有多险恶？这一节，颜回向孔子描述的卫国，可以说是人间世的可怕缩影：暴君肆虐，生灵涂炭，死无葬身之地。

故事说，颜回要去卫国实现自己的政治抱负，行前向老师告辞并请教。孔子问颜回为什么偏偏要出仕卫国，颜回给出的理由是：卫国国君是一个刚愎自用的残忍暴君。

颜回见仲尼，请行。曰："奚之？"曰："将之卫。"曰："奚为焉？"曰："回闻卫君，其年壮，其行独，轻用其国，而不见其过。轻用民死，死者以国量乎泽若蕉，民其无如矣。"

——"独"：独裁。"不见其过"：无人敢谏。"轻用民死"：视民命为草芥，置人民于死地。"以国"：遍及全国。"量"：填满。"蕉"：此指草芥。"无如"：无处安生，无所依归。

【成疏】卫君，即灵公之子蒯聩（kuǎi kuì）也。荒淫昏乱，纵情无道，其年少壮而威猛可畏，独行凶暴而不顺物心。

强足以距谏，辨足以饰非，故百姓惶惧而吞声，有过而无敢谏者也。或征战屡兴，或赋税烦重，而死者其数极多。语其多少，以国为量，若举为数，造次难悉。纵恣一身，不恤百姓，视于国民，如薮泽之中草芥者也。君上无道，臣子饥荒，非但无可奈何，亦乃无所归往也。

【成疏】这段注释，在颜回叙述的基础上，以更加具体的画面，描绘了一幅自古至今人间世的惨状图：暴君恶政，人心惶恐，民如草芥，无处安身立命。

第二节 治乱——医门多疾

上一节说，颜回要去卫国辅佐卫国的暴君。

【成疏】注释说，颜回要去的可怕卫国，是险恶人间世的缩影。明知卫君是暴君，颜回偏偏要去担当辅佐之臣，这是为什么呢？颜回的理由是："医门多疾。"这是老师孔子对他们的教导。

> 回尝闻之夫子曰："治国去之，乱国就之，医门多疾。"[①]
> 愿以所闻思其则，庶几其国有瘳乎！

——"治"：本义治理，其对象是乱。"瘳"（chōu）：病愈。

"乱"，既是治理的对象，又是治理本身——《论语·泰伯》说："武王曰：予有乱臣十人。"这句话中的乱臣，指的是治理天下的贤能。

颜回的大意是说：先生平时总是教导我们：国家治理好了就应该辞官，国家有难时就应该赴任，这就像医生总是出现在病人最多的地方，病人治好了，就不需要医生了。按照先生的说法，君子的使命，就是治乱，君子注定与乱同在，越是乱的地方，就越需要君子。我想将先生传授给我们的这一套政治法则用于治理卫国，或许这样，能让病入膏肓的卫国得救。

颜回的这段话，无意间揭示了人间治乱的根源：人间之所以乱，是因为总是有像颜回这样的人，按照像孔子这样的老师的教导，治国平天下，天下因此越治越乱，越乱越治，颜回们乐此不疲，人间世痛苦不堪。

因乱而治，因治而乱，是人间世的怪圈，并非卫国一国的偶然特例，也非卫君一世的短暂现象。只要有人间世的地方，就有治；凡是治，都是乱；凡是治者，都是暴君；凡是辅佐暴君的贤能，都是助纣为虐的乱

[①] 按：颜回引述孔子的这段话不见经传。《论语·泰伯》中孔子有一段话，与颜回这里的说法恰恰相反：子曰："笃信好学，守死善道。危邦不入，乱邦不居。天下有道则见，无道则隐。邦有道，贫且贱焉，耻也；邦无道，富且贵焉，耻也。"在这个故事中，孔子随后对颜回的劝诫，或基于此，但庄子借用的用意却不在此。

臣——乱世乱心，害人害己。

　　孔子深知颜回如此引述老师的治乱学说的荒谬，极力劝阻他，不要冒险前往，否则只有死路一条。

　　仲尼曰："谮！若殆往而刑耳！"

　　——"谮"：通"嘻"，表示惊叹、悲叹。"若"：你。"殆"：恐怕。"刑"：此指受刑，被杀。

　　【郭注】其道不足以救彼患。

　　【成疏】谮，怪笑声也。若，汝也。殆，近也。孔子哂（shěn）其术浅，未足化他。汝若往于卫，必遭刑戮者也。

第三节　道杂——忧而不救

　　上一节说，孔子劝阻颜回，不要去卫国辅佐暴君，不要幻想暴君会接受儒家学说，改邪归正，实施仁政。如果颜回执意前往，无异于自取其辱，绝无好下场。

　　孔子凭什么可以作出如此武断的预见呢？

　　这一节，孔子给出的最大理由是：**道杂**。

　　夫道不欲杂，杂则多，多则扰，扰则忧，忧而不救。①

　　——"道"：治国法术。"扰"：烦乱，扰乱。"忧"：堪忧，祸患，此指各种治国之术的思想毒害深入骨髓。"不救"：无可救药，无以自救。

　　这里的**"道"**，主要是指颜回想要向卫君推销的仁义之道。这里的**"杂"**，既是指各种治国之术五花八门，更是指仁义之道扰乱人心。

　　【郭注】宜正得其人。若夫不得其人，则虽百医守病，适足致疑，而不能一愈也。

　　【成疏】夫灵通之道，唯在纯粹；必其喧杂，则事绪繁多。事多则心

────────────

　　① 参见《庄子·在宥》：（老聃告诉崔瞿）昔者黄帝始以仁义撄人之心，尧、舜于是乎股无胈，胫无毛，以养天下之形，愁其五藏以为仁义，矜其血气以规法度。然犹有不胜也。

中扰乱，心中扰乱则忧患斯起。药病既乖，彼此俱困。己尚不立，焉能救物哉！

按照【郭注】和【成疏】的解读，所谓道杂，首先是指人的心思杂乱。

在这个故事中，医患双方都是心杂者：颜回以其仁义忧患之术扰乱自己，卫君以其贪婪欲望之心烦乱自己。杂乱之君，心不纯一，极易生疑，颜回若以仁义矫正卫君，只会让卫君更加烦乱，更加暴戾，而颜回自己则更加危险。

孔子的这个预判，基于对仁义之道历史的深刻反思。仁义之道，本来就是乱世之术，自古乱世，无一不是推行仁义之道的结果。

与天下各国一样，卫国不是缺少治国法术，而是治国法术太多；与天下各类暴戾之人一样，年轻气盛的卫君，不是不知道仁义之道，恰恰是因为深谙仁义之道，所以刚坐上王位，就成了暴君。

颜回此行，欲以仁义之杂辅佐年轻暴君之杂，只能为暴君实施暴行提供更多的理由，最终既救不了乱世，也救不了自己。

第四节 德知——二者凶器

这一节，孔子继续向颜回解释为什么赴卫国之难必然凶多吉少。

孔子给出的第二条理由是：**德荡知争**。

孔子先从正面立论，援引古人为镜鉴，然后从反面陈述危害，再三警诫颜回。意味深长的是，孔子给出的范例，是备受庄子青睐的古之至人，而不是孔子自己向来推崇的古代贤人。

古之至人，先存诸己而后存诸人。

所存于己者未定，何暇至于暴人之所行！

【成疏】诸，于也。存，立也。古昔至德之人，虚怀而游世间，必先安立己道，然后拯救他人，未有己身不存而能接物者也。

孔子这里说"所存于己者未定"，既是指颜回自己尚未立德，更是指颜回赖以立德的仁义之道尚未能在天下立得住。

一个站不住脚的人，倚靠一个靠不住的法术，要想去说服暴君，劝他停止暴行，如果不是痴人说梦，就是与虎谋皮，这怎么可能呢？

　　既然如此，颜回为什么还要铤而走险呢？

　　孔子一针见血地指出：还是仁义惹的祸。仁义是志士仁人争名夺利的最美利器，是干君求禄之徒走向成功的最佳捷径，当然也是最可怕的死亡之路，孔子谓之"德荡、知争"。

　　且若亦知夫德之所荡，而知之所为出乎哉？

　　德荡乎名，知出乎争。名也者，相轧也；知也者，争之器也。二者凶器，非所以尽行也。

　　——"荡"：溢出，耗损。"出"：显现，泄露。"知"：通"智"。"轧"（yà）：碾压，排挤，伤害。"尽行"：滥用。

　　【郭注】德之所以流荡者，矜名故也；知之所以横出者，争善故也。虽复桀跖，其所矜惜，无非名善也。

　　夫名智者，世之所用也。而名起则相轧，知用则争兴。故遗名知而后行可尽也。

　　【郭注】这段话的意思是说：即便是盗跖，也不甘心被人污名为盗，而要为自己正名，更何况是行善之人呢，人们为求美名，趋之若鹜，也就不难理解了。然而，一旦用行善换取美名，行善就成了作恶。

　　看来，还是孔子最了解自己的学生。他知道，此时的颜回，自以为有德，而欲为干君者；自以为有智，而欲为谏言者。如此炫耀德行，实为争名；借此卖弄智慧，实为争利。殊不知德和智，都是人与人相争的凶器，不可滥用，更何况是用于暴君之前！滥用者必祸自身。

　　看来，还是孔子最关心他的学生，面对执迷不悟而大难临头的颜回，他不能不用最严厉的话语警醒面前这只迷路的羔羊——

　　且德厚信矼，未达人气；名闻不争，未达人心，而强以仁义绳墨之言术暴人之前者，是以人恶有其美也，命之曰"菑人"。

　　——"矼"（gāng）：坚实，确实。"绳墨"：规范，此指仁义礼治。"术"：一作"炫"。"人恶"，可有两指：其一，暴君的暴行；其二，在暴君面前指陈他人的恶行。"有"：一作"育"。"命之曰"：被暴君认为是，被众人理解为。"菑人"：专事害人的人，给人带来灾祸的不祥之人。"菑"，通"灾"：害。

【成疏】绳墨之言，即五德圣智也。回之德性，卫君未达，而强用仁义之术行于暴人之前，所述先王美言，必遭卫君憎恶，故不可也。

孔子这段话的大意是说：在恶人面前吹嘘自己的善良，在丑人面前炫耀自己的美丽，无异于以对方的过失和丑恶反衬自己的美德和智慧，只会招来致命的嫉恨。更何况尚未成器的颜回，此时气势不足以压人，名望不足以服人，却还要在暴君面前卖弄仁义，兜售圣智，这无异于自寻死路。

孔子深知：颜回执迷于"德荡知争"，不只是他一个人的危险，不只是卫国一国的灭顶之灾，自古以来，就是导致天下动荡不安的巨大祸患：

其一，**德荡必显**。炫耀自己的人容易招致嫉妒，在暴君面前炫耀自己的治国妙法，无异于让愚蠢的暴君相形见绌，很容易让暴君恼羞成怒，变得更加暴戾、更加肆无忌惮。

其二，**德荡必争**。好争善辩，既扰乱人心，迷惑愚众，又激发暴君的兽性，不惜滥杀无辜，那些敢于劝谏暴君的德荡之士，往往首当其冲，就是可怕的历史教训。

第五节 菑人——人反菑之

此前两节，孔子诲人不倦地向颜回反复申述了赴卫必凶的两大理由。[1]

这两大理由之间，存在一种因果序列关系：道杂，所以德荡；德荡所以知争；德荡知争，所以害人；害人，所以最终害己。

孔子将颜回这类道杂而德荡、而知争、而害人害己之人称为"菑人"。

这一节，孔子向颜回进一步揭示菑人是如何害人害己的。

菑人者，人必反菑之。若殆为人菑夫！

且苟为悦贤而恶不肖，恶用而求有以异？

若唯无诏，王公必将乘人而斗其捷。而目将荧之，而色将平之，口将

---

① 参见《论语·述而》：子曰："若圣与仁，则吾岂敢？抑为之不厌，诲人不倦，则可谓云尔已矣。"公西华曰："正唯弟子不能学也。"

营之，容将形之，心且成之。

孔子这段话的大意是说：如果卫君本来就喜爱贤良，憎恶庸劣之辈，又何必用得着你另来一套主张。这样一来，你所能做的，就只是保持沉默，不表明自己的意见和态度（"无诏"）。如果是这样的话，卫君就一定会反过来向你宣扬他自己的那一套，而你所能做的，就只能是满怀敬意地仰望君王，诚惶诚恐，唯唯诺诺，不得不服。

【成疏】殆，近也。夫，叹也。汝若往卫，必近危亡，为暴人所灾害，深可叹也。

且卫侯苟能悦爱贤人，憎恶不肖，故当朝多君子，屏黜小人，已有忠臣，何求于汝？汝至于彼，亦何异彼人！既与无异，去便无益。

诏，言也。王公，卫侯也。汝若行卫，唯当默尔不言；若有箴规，必遭戮辱。

且卫侯恃千乘之势，用五等之威，饰非距谏，斗其捷辩，汝既恐怖，何暇匡扶也。

荧，眩也。卫侯虽荒淫暴虐，而甚俊辩聪明，加恃人君之威，陵借忠谏之士，故颜回心生惶怖、眼目眩惑者也。纵有谏心，不敢显异，颜色靡顺，与彼和平。卫侯位望既高，威严可畏，颜生恐祸及己，忧惧百端，所以口舌自营，略无容瑕。

形，见也。既惧灾害，故委顺面从，擎跽曲拳（"擎跽"：拱手跪拜。"跽"jì：长跪），形迹斯见也。岂直外形从顺，亦乃内心和同，不能进善而更成彼恶故也。

第六节　益多——以火救火

上一节，孔子将辅佐暴君行仁义的颜回之流，定义为害人害己的菑人。

这一节，孔子举历史上的菑人为例，说明颜回辅佐暴君行仁义的妄念愚行，实际上是以火救火，助纣为虐，只能让暴君更加暴虐，让人间更加悲惨，孔子谓之"益多"。

是以火救火，以水救水，名之曰"益多"，顺始无穷。

——"益多"：以乱添乱，以惑增惑。"无穷"：此指贻害无穷。

孔子告诉颜回：干君谏言的谞人，如果想要在刚愎自用的暴君面前活下来，只有一个办法，那就是投其所好，为虎作伥，助纣为虐。

然而，即便是如此，伴君如伴虎，只要是在暴君的眼皮底下，无论多么顺从，任何时候都有可能因为暴君看不顺眼而被无端虐杀，没有任何侥幸可言。

孔子想到这里，更加为自己的学生恐遭不测而焦虑不安：

若殆以不信厚言，必死于暴人之前矣。

——"若殆"：你要是。"厚言"：忠言，忠告。

【郭注】未信而谏，虽厚言为害。

孔子的这句话，可作两种解读：其一，你如果仍然听不进我的这些中肯规劝，执意前往卫国，必定会为暴君所戮。其二，你如此迫不及待，几乎等不到被卫君信任的时候就以忠言相谏，必定很快就会死在暴君面前。无论是哪种说法，颜回如果真要赴卫国之难，可以预见的下场，都同样注定了逃不出下面这些灾人的历史命运：

且昔者桀杀关龙逢，纣杀王子比干，是皆修其身，以下伛拊人之民，以下拂其上者也。

故其君因其修以挤之。是好名者也。

——"伛拊"（yǔ fǔ）：怜悯。"拂"（fú）：违背。

为什么谞人必死无疑？孔子说，从根本上说，是因为谞人好名；从事实上说，谞人以仁义辅佐暴君，其实是与暴君争名——辅佐暴君的忠臣名声越好，对暴君的名声威胁越大。君臣争名，两败俱伤，臣先死，无道之君随之以国相殉。

【郭注】龙逢比干，居下而任上之忧，非其事者也。

【成疏】伛拊，犹爱养也。拂，逆戾也。此二子者，并古昔良佐，修饰其身，伏行忠节，以臣下之位，忧君上之民。臣有德而君无道，拂戾其君，咸遭戮辱。

孔子接着旁征博引，进一步劝导颜回说：

昔者尧攻丛枝胥敖，禹攻有扈，国为虚厉，身为刑戮。其用兵不止，其求实无已。

是皆求名实者也，而独不闻之乎？

名实者，圣人之所不能胜也，而况若乎！

——"丛、枝、胥敖"，《庄子·齐物论》作"宗、脍、胥敖"，或为庄子虚构的三个国名，其隐喻耐人寻味："宗"：同族。"脍"（kuài）：本义细切的肉。"胥"：本义蟹酱。"敖"，通"熬"：煎熬。

即便是尧和禹这样的大圣，在名实面前，都未能免俗，更何况是你这样的凡夫俗子呢？所以要格外警惕自己道杂德荡，弄不好给自己惹来杀身之祸。[1]

孔子这里，提及了一桩历史公案，直接涉及对尧的历史评价。尧灭三国，三个小国的城池成为废墟，被杀戮的无辜成为厉鬼，国君性命不保。如此惨绝人寰，究竟谁是罪魁祸首？是三国君主自作孽的报应，还是尧行仁义之道的为所欲为？答案可以截然相反，但无论什么答案，共同的根源都是**"好名求实"**。

其一，这个主凶，是三个小国的国君自己，是他们既求美名，又贪实利，为此相互争战不已，最后不得不由尧以征伐主持正义，将三国夷为平地："国为虚厉"。

【成疏】宅无人曰墟，鬼无后曰厉。言此三国之君，悉皆无道，好起兵戈，征伐他国。岂唯贪求实利，亦乃规觅虚名，遂使境土丘墟，人民绝灭，身遭刑戮，宗庙颠陨。

其二，这个主凶，是尧，而三个小国及其国君则是无辜的受害者。他们之所以受害，只是因为他们将自己的领地治理得比尧的天下还要好，这

---

① 参见《庄子·齐物论》：故昔者尧问于舜曰："我欲伐宗、脍、胥敖，南面而不释然。其故何也？"舜曰："夫三子者，犹存乎蓬艾之间。若不释然，何哉？昔者十日并出，万物皆照，而况德之进乎日者乎！"

让以善治名扬天下的尧十分难堪，于是尧随便找了个什么理由，灭掉了三国。

【郭注】惜名贪欲之君，虽复尧禹不能胜化也，故与众攻之。而汝乃欲空手而往化之以道哉？

按照【郭注】的这一说法，尧、禹不是暴君，而是以仁义化天下而不得不征伐暴君的大好人。

【郭注】夫暴君非徒求恣其欲，复乃求名，但所求者非其道耳。

——不仅圣贤求名所以为圣贤，暴君也同样因为求名所以为暴君。

【郭注】此言，超越了只是针对某一个暴君具体暴行的道德谴责，转而从人丧失自然本性这一更高也是更深的观察思考，提出了暴君贤臣现象及其仁义暴行背后具有普遍性的问题：

人何以为美而作恶，为善而施暴？

人的动机和行为结果，何以如此相反而相悖？

庄子正是在这个思考的维度上，以自然之道的名义，彻底否定了任何人为的动机，以此从根本上消弭动机和后果相悖的一切可能。

不理解庄子齐物的这一思想基础，一切对《庄子》的解读，都难以接近庄子。

第七节　端而虚，勉而一，则可乎？

上一节，孔子将历史上辅佐暴君而害人害己的菑人之菑，归结为求名。

孔子告诉颜回，即便是圣人，也无法改变暴君既要美名、又要实利的贪求，更何况你颜回自己也是贪求名利之徒呢。

孔子说到这里，似乎意识到：这样的说教，对于颜回来说，过于深刻了一些。善于因材施教的孔子，于是不再继续阐发名实现象背后的大道理，转而倾听颜回内心深处的真实想法，以便对症下药。

（仲尼曰）："虽然，若必有以也，尝以语我来。"

显然，颜回要去卫国辅佐暴君，还是做了充分准备的。那么，他到卫国之后，会采用那些策略和方法，既能够感化暴君，又能够免遭历史上那些忠臣的灾人之灾呢？

下面是颜回自以为是的陈述和孔子针对性的评点——

颜回曰："端而虚，勉而一，则可乎？"

曰："恶！恶可？

夫以阳为充孔扬，采色不定，常人之所不违，因案人之所感，以求容与其心。名之曰日渐之德不成，而况大德乎！将执而不化，外合而内不訾，其庸讵可乎！"

——"恶"（wū）：安，何，大失所望的哀叹。"阳"：亢奋，刚猛。"充"：满。"孔"：甚。"扬"：张扬。"采"：神采。"色"：气色。此指喜怒无常。"案"：压抑。"容与"：纵乐。"执"：固执。"合"：附和。"訾"（zī）：非议；一说通"资"：取用，采纳。"庸讵"（yōng jù）：岂，何以。

【郭注】正其形而虚其心也。言逊而不二也。

颜回问孔子：如果我举止端肃，内心真诚；言语谦虚，勤勉专一，还不足以感化暴君吗？

孔子回答道：这怎么可能呢！血气方刚，飞扬跋扈，盛气凌人，喜怒无常，是暴君的常态。一般的人对他敢怒不敢言，而这正是暴君所乐见的。暴君以压制别人的感受和意见为快事，自我感觉良好，而那些敢怒不敢言的人，则将自己这种苟且顺从美其名曰为"日渐之德"——在日常的细微之处逐渐影响暴君采纳自己的主张。即便这样，我在历史上也没有看见成功的案例，而你颜回居然还想一步到位，直接向暴君灌输圣王仁义大道（"大德"），这绝无可能。暴君要么听了你的大道理，依然我行我素；要么表面接受，但内心反感。无论是哪种情况，你都很危险。即便不危险，你在暴君面前也不能不恭敬顺从，暴君的淫威又将你的内心驯服，这样一个里外被扭曲的你，又怎么敢直言訾病暴君呢？如果不能这样，你此行以仁义教化暴君的目的又何以能够实现呢？

【成疏】卫侯无道，其来已久，日将渐渍之德尚不能成，况乎鸿范圣明，如何可望也！外形擎跽，以尽足恭；内心顺从不敢訾毁，以此请行，行何利益？化卫之道，庸讵可乎！

第八节 内直、外曲、上比，可乎？

上一节，颜回问孔子：如果他能做到正形、虚心，言逊、不二，是否可以感化暴君呢？颜回的这个策略，是从自我修养而言的，他相信君子的榜样力量，可以让暴君通过学习和模仿而成为仁君。

孔子断然否定了颜回的这一幼稚设想。

殊不知君子的榜样作用，只适合谦谦君子，而颜回面对的，不是君子，而是暴君。更何况颜回所谓正形、虚心，言逊、不二，根本算不上君子美德，只是为了干君而卖弄个人德行，为了趋炎附势而善于周旋，未免卑琐庸俗，在不讲游戏规则的暴君面前，如儿戏般可笑，当然难以奏效。

为了让颜回明白伴君如伴虎的危险，孔子为颜回画了一幅暴君画像，从内到外，将暴君变态的性格和无常的嘴脸揭示得体无完肤。

然而，越是知道了暴君的真面目，越是激发颜回改造暴君的灵感，颜回想要辅佐暴君的欲望也因此愈加强烈，更何况他相信自己从孔子这里学到了足够多的办法，足以让暴君在仁义面前乖乖就范。

接下来，他改从三个方面提出三大行动，期待孔子为他做精彩点评。这三大行动分别是：内直，与天为徒；外曲，与人为徒；上比：与古为徒。这样一来，颜回就不再是一个人与暴君作战，而是携暴君一道，与古代圣贤同行，与天下百姓共进——

> **然则，我内直而外曲，成而上比。内直者，与天为徒。**
> **与天为徒者，知天子之与己，皆天之所子，而独以己言蕲乎而人善之，蕲乎而人不善之邪？**
> **若然者，人谓之童子，是之谓与天为徒。**

——"直"：正直，刚正不阿。"曲"：恭敬，委曲求全。"成"：援引约定俗成的常识，不成文法则，成文的经典。"上比"：比照上古圣贤。"与天为徒"：与暴君在天性上同源，都是自然之子。"天子"：人君，此指暴君。"童子"：婴儿。

【郭注】物无贵贱，得生一也。故善与不善，付之公当耳，一无所求于人也。

颜回说：我是这样想的：我内心刚强，外表柔顺；成法在胸，圣贤在我。况且我与天子乃至天下人的天性都是相通的，我发自天性的一家之言，就不必在乎别人赞同还是反对。这样一来，天下生民就和我一样，都是单纯的自然之子，都是遵循自然之道的同路人。

颜回解释了什么是内直的与天为徒者，紧接着解释了什么是他所谓外曲的与人为徒者——

外曲者，与人之为徒也。

擎跽曲拳，人臣之礼也，人皆为之，吾敢不为邪！为人之所为者，人亦无疵焉，是之谓与人为徒。

——"擎"：一说此指在朝廷上执笏（hù），朝见君王，北面称臣，俯首听命的礼节。"跽"（jì）：挺直上身两膝着地，谓之长跪。"曲拳"：鞠躬行礼。"疵"（cī）：毛病，诽谤，非议。

【成疏】夫外形委曲、随顺世间者，将人伦为徒类也。擎手跽足、磬折曲躬、俯仰拜伏者，人臣之礼也。而和同尘垢，污隆任物，人皆行此，我独不为耶？是以为人所为，故人无怨疾也。

颜回的这段陈词滥调，主要讲儒家的臣道，夹杂一点老庄的牙慧——作为臣民，按照人臣之礼，我本来就应该臣服于天子，这是天下臣民的本分，我当然不能破例免俗。因此，无论多么卑躬屈膝，都算不得耻辱和过错，而是贤臣的君子风度，无可指责。

那么，什么是颜回所谓上比而与古为徒呢？颜回说——

成而上比者，与古为徒。

其言虽教，讁之实也。古之有也，非吾有也。

若然者，虽直不为病，是之谓与古为徒。若是则可乎？

【郭注】成与今而比于古也。

【成疏】忠谏之事，乃成于今；君臣之义，上比于古。故与古之忠臣比干等类，是其义也。讁，责也。

颜回自信：用古代圣王的范例，比照当下，批评时政，劝谏暴君，这不仅没有贬低今王，反而是将今王提升到了与先王一样圣明的高度，况且出典有据，并非凭空捏造，这只能让暴君高兴，而不会病我（怪罪我）直言不讳。

第九节 大多政——犹师心者也

此前两节，颜回分别从君子自我修养的榜样作用和君子遵循天道人道古道平治天下的历史使命两个方面，提出了感化暴君的具体策略，而这些都是他从孔子这里学来的儒家仁治法术，但都遭到了孔子的否定。

从另一方面看，颜回对儒家仁治法术的这些阐释，可以看作与孔子一样画了一幅天下治乱元凶的画像，只不过孔子此前画的是暴君，颜回此时画的是辅佐暴君的贤臣。师徒二人的两幅画，合在一起，刚好是一幅完整的"仁义天下治乱图"。

所幸的是，此时的孔子，早已超越此前的自己，而颜回还是当初那个颜回。

超越了自己的孔子，显然不满意这幅儒家治乱的理想画卷——

仲尼曰："恶！恶可？大多政法而不谍，虽固，亦无罪。虽然，止是耳矣，夫胡可以及化！犹师心者也。"

——"大多政"：即上文所说"道杂"。"大"，通"太"。"政"，通"正"，此指治国主张，一说指纠正暴君的方法。"固"：固执鄙陋。"亦无罪"：或许可以幸免于罪。

孔子说，颜回的这一套游说暴君的法术，好听不好用，只是重弹老师的老调，重复古人的成说，毫无新意。尽管看上去十分完美，挑不出什么毛病，然而，恰恰是挑不出毛病，才是最可怕的毛病，如此毛病，谓之"师心"。

师心，顾名思义，以自我为师。"师心"之"心"，可以理解为颜回自己的成见，也可以理解为古人的成说，还可以同时理解为孔子传授给弟子们的那套"一以贯之"的教条：以仁义礼制维护的君臣之道。①

【成疏】谍，条理也，当也。法苟当理，不俟多端。政设三条，大伤繁冗。于理不当，亦不安恬，故于何而可也。胡，何也。颜回化卫，止有是法，才可独善，未及济时，故何可以及化也！又解：若止而勿行于理，便是如其适卫，必自遭殆也。

第十节　心斋——唯道集虚

上一节，孔子发现，颜回执迷不悟，执意要辅佐暴君，其病根在于师心。

字面意义上的师心，是指自以为是，以自己为师；师心的要害，在于无法忘记自己。

【郭注】挟三术以适彼，非无心而付之天下也。

按照【郭注】的解释，孔子说颜回还没有超越师心的俗套，言下之意是说，如此放不下自己的人，是不可能将天下托付给他的。②

这一节，孔子告诉颜回，要想治天下，就必须学会从心里放下天下，放下自己。放下自己的最好办法，就是从师心转而为心斋，通过心斋，将自己从师心的危险迷途中解救出来。

颜回曰："吾无以进矣，敢问其方。"

---

① 参见《论语·里仁》：子曰："参乎！吾道一以贯之。"曾子曰："唯。"子出。门人问曰："何谓也？"曾子曰："夫子之道，忠恕而已矣。"

参见《论语·八佾》：定公问："君使臣，臣事君，如之何？"孔子对曰："君使臣以礼，臣事君以忠。"

参见《论语·卫灵公》：子贡问曰："有一言而可以终身行之者乎？"子曰："其恕乎！己所不欲，勿施于人。"

② 参见《庄子·在宥》：故君子不得已而临莅天下，莫若无为。无为也，而后安其性命之情。故曰："贵以身为天下，则可以托天下；爱以身为天下，则可以寄天下。"

按：这句话中的"贵"与"爱"为互文，"托"与"寄"为互文。语出《老子》第十三章：宠辱若惊，贵大患若身。何谓宠辱若惊？宠为下，得之若惊，失之若惊，是谓宠辱若惊。何谓贵大患若身？吾所以有大患者，为吾有身，及吾无身，吾有何患？故贵以身为天下，若可寄天下；爱以身为天下，若可托天下。

我想不出更多、更好的办法了——颜回使尽浑身解数，也没有找到既可以辅佐暴君又可以避免因助纣为虐而成为菑人的两全之策。无可奈何的颜回，只得回到孔子身边，继续向老师请教。

仲尼曰："斋，吾将语若！有（心）而为之，其易邪？易之者，皞天不宜。"

——"皞"（hào），通"昊"：夏天（《尔雅·释天》：春为苍天。夏为昊天。秋为旻天。冬为上天），广大，此指普天之下。

【郭注】夫有其心而为之者，诚未易也。以有为为易，未见其宜也。

你先去斋戒，回头我再告诉你。凡是有心为之，就一定会如愿以偿吗？普天之下没有这种容易的事。

孔子特别提醒颜回：所谓斋戒，只是一个比方，只是让他先把道杂、德荡、知争的心放下来，并非真的要他像敬神那样，先去沐浴斋戒了再来见老师。

看来，颜回没有听明白。

颜回曰："回之家贫，唯不饮酒不茹荤者数月矣。如此则可以为斋乎？"曰："是祭祀之斋，非心斋也。"

——"茹"：吃。颜回家贫，已经有好几个月没进酒，没食荤，这正好当作斋戒。孔子说，那是祭祀之礼，不是我所说的心斋。

心斋，是孔子的发明，是他为保护自己的学生在乱世得以安身立命的法宝，其要义在处虚守静，其秘籍在于止。

回曰："敢问心斋。"
仲尼曰："若一志。
无听之以耳而听之以心；无听之以心而听之以气。听止于耳，心止于符。
气也者，虚而待物者也。
唯道集虚。
虚者，心斋也。"

——"若"：你。"一志"：专心致志。"符"，可理解为"德充符"之"符"：内心充实，与命相符。

【成疏】心有知觉，犹起攀缘；气无情虑，虚柔任物。故去彼知觉，取此虚柔，遣之又遣，渐阶玄妙也。符，合也。心起缘虑，必与境合。庶令凝寂，不复与境相符。

按照孔子的描述，作为一种放心、静心、虚心、养心的技巧，所谓"心斋"，可谓养气，或曰保气——以虚为养，以虚为保，是为"集虚"。

既然是集，虚心就不只是为了清空，而清空是为了集气。这里的气，就是道。

【郭注】虚其心，则至道集于怀也。

正是在"集虚"这个意义上，可以认为，所谓"心止于符"，是指让心在符合自然之道的地方安顿下来。或者说，当心止于与名利之实相符的时候，就是与道之虚相符。

心斋当然不只是一种修心运气的技巧，通过心斋所要达到的，是一种清澈爽朗的精神状态，或者说，一种空无一念的心境，如同空谷足音不见人迹，空山鸟语不现踪影。如此集虚之气，大不同于孟子善养的"浩然之气"，不是义薄云天，而是幽深静寂。①

颜回曰："回之未始得使，实自（有）回也；得使之也，未始有回也。可谓虚乎？"

——颜回心领神会，顿悟得道。他这句话的大意是说：在没有得到心斋之法之前，颜回是颜回；在得到了心斋之法后，颜回不再是颜回。这种忘我状态，算得上是进入了"虚"的境界吗？

夫子曰："尽矣。"

——的确是这样的。孔子终于为自己的学生松了一口气。

---

① 《孟子·公孙丑上》：我善养吾浩然之气。……其为气也，至大至刚，以直养而无害（"直"：正直，刚直不阿。"养"：养成，养护。"无害"：使气不受到损害），则塞于天地之间。其为气也，配义与道（"配"：配备，配合，相配。"义"：发自内心的义。"道"：来自天性的命）。无是，馁也（"馁"něi：丧气）。

第十一节　虚室——寓于不得已

这一节，孔子为颜回深入讲解如何在人间世这个险恶的政治环境中运用心斋这一法宝，其要义有三：**不得已，无迹，虚室。**

其一，**不得已**。心斋可以说是一种密室逃脱术，能让不得已身在樊笼中的人，通过不得已而免受樊笼的桎梏之苦。

（夫子曰）：吾语若！

若能入游其樊，而无感其名，入则鸣，不入则止。无门无毒，一宅而寓于不得已，则几矣。

——"樊"：孔子以藩篱之内，喻指凶险的人间世，实指暴君肆虐的天下，而人无处可逃。"无感其名"：不为名利所动。"入"：接受，采纳。"鸣"：此指谏言。君主愿意接纳你的意见就说，否则就不说。

【郭注】 放心自得之场，当于实而止。譬之宫商，应而无心，故曰鸣也。夫无心而应者，任彼耳，不强应也。

使物自若，无门者也；付天下之自安，无毒者也。毒，治也。

【成疏】 宅，居处也。虚心至一之道，不得止而应之，机感冥会，非预谋也。几，尽也。应物理尽于斯也。

参照【郭注】和【成疏】，孔子给颜回传授的心斋第一法则是：既不强为强求，也不抗命逃避。不得已而为之，泰然处之，以此寄托自己的心身，不给人可乘之机，不留后患。如能这样，差不多就是用好了心斋，从此待人接物就可以免祸无忧了。

其二，**无迹**。心斋可说是一种隐身保命术，不仅能够让心斋者忘记自己，更能够让别人不知道自己的存在。孔子说——

绝迹易，无行地难。

为人使易以伪；为天使难以伪。闻以有翼飞者矣，未闻以无翼飞者也。闻以有知知者矣，未闻以无知知者也。

——"有翼"：此喻凭借自然的本性、本能。"飞者"：此喻趋向道，接近道。"有知"：此指凭借天赋的心智。"知者"：此指认识道，达到道的境界。

【郭注】不行则易，欲行而不践地不可能也。无为则易，欲为而不伤性不可得也。言必有其具，乃能其事，今无至虚之宅，无由有化物之实也。

不行走所以不留痕迹，这当然容易，但人不可能不行走，行走而不留痕迹，才是最难的。孔子这句话中的"迹"，喻指人为之伪。受人的欲望和意志驱使，必然造伪而欺世盗名；自然而然为之，天真朴实，无须炫耀，则无后患。

孔子的这段话及其【郭注】，提出了一个现象是否真实的问题：鸟展翅飞翔，是翅膀让鸟在飞，还是鸟让翅膀在飞？人们都以为，会飞者之所以会飞，是因为有翅膀，殊不知真正让会飞者飞起来的，不是翅膀，而是那个让翅膀飞的所以然；同样，人们都以为，人认知万物，是因为人有智知，是人自觉运用人的智知的结果，殊不知人认知万物，其实是无意识的，是自然而然的"以无知知"。

其三，**虚室**。心斋犹如内心世界的安宁良方，不仅意味着终止纷扰杂念，更承载深度的静谧与平和。心斋中人，懂得人的认知是"以无知知"，因此不会无止境地追求知识，而会适可而止。

瞻彼阕者，虚室生白，吉祥止止。

——空境生辉，透彻光明。虚静之心，吉祥所在。"瞻"：观瞻，仰视。"阕"：止，尽，门开，空室，此指心宅。"彼阕"：结合上下文，可谓"空虚之门"，亦可理解为庄子发明的"宇宙天门"。①

【郭注】夫视有若无，虚室者也。室虚，而纯白独生矣。夫吉祥之所

---

① 参见《庄子·天运》·【孔子行年五十有一而不闻道】：怨、恩、取、与、谏、教、生、杀，八者，正之器也，唯循大变无所湮者，为能用之。故曰："正者，正也。其心以为不然者，天门弗开矣。"

参见《庄子·庚桑楚》·【出无本】：出无本，入无窍：有实而无乎处者，宇也；有长而无本剽者，宙也。有乎生，有乎死；有乎出，有乎入。入出而无见其形，是谓天门。天门者，无有也，万物出乎无有。有不能以有为有，必出乎无有，而无有一无有。圣人藏乎是。

集者，至虚至静者也。

【成疏】吉者，福善之事。祥者，嘉庆之征。止者，凝静之智。言吉祥善福，止在凝静之心。

庄子假托孔子重言，所谓"止"，之于心斋，特指"至"——在人的认知的极限处停下来，在不可知的禁区门口止步。

《庄子·齐物论》·【夫道未始有封】谓之"故知止其所不知，至矣"，《庄子·庚桑楚》·【宇泰定者发乎天光】谓之"知止乎其所不能知，至矣"。

这里的"不知"，可以两解：其一，不知（zhī）：以人的认知不能知；其二，不知（zhì）：以人的智能不能为。

第十二节　坐驰——夫且不止

此前两节，讲心斋：心斋的**妙法**在于集虚，心斋的**神通**在于吉祥，心斋的**妙道**在于止。

如果一个人不能止，会有什么样的后果？这一节就回答这个问题。

孔子将不能止、不知止、不愿止的人心，谓之"**坐驰**"——

夫且不止，是之谓坐驰。
夫徇耳目内通而外于心知，鬼神将来舍，而况人乎！

——"坐驰"：如果心神静不下来，则心驰神往，魂不守舍。"徇"：顺从，使。"外"：心气外泄，一说排除外面的干扰。"舍"：归附。

坐驰是人不在心斋的状态，类似失重，悬浮在半空中，上天不得，落地不能。坐驰的不幸，在于无法止。

不幸的是，颜回挟持古代圣贤的成见，有恃无恐，为其一己之见拉大旗作虎皮——"成而上比者，与古为徒"（《庄子·人间世》·【颜回见仲尼请行】），以此辅佐暴君，推行仁义之道，惑乱人心，害人害己，其要害正在于不止。

不止，是一种病态人生，犹如中山公子牟"身在江海之上，心居乎魏阙之下"，①扰乱了万物均衡的自然秩序，败坏了人的自然平和的内在天性，"天钧败之"（《庄子·庚桑楚》·【宇泰定者发乎天光】）。

【郭注】若夫不止于当，不会于极，此为以应坐之日而驰骛远不息也。故外敌未至而内已困矣，岂能化物哉！

夫使耳目闭而自然得者，心知之用外矣。故将任性直通，无往不冥。尚无幽昧之责，而况人间之累乎！

按照【郭注】的解读，以上两句，是对比关系。前一句是坐驰的定义：不知止。后一句是没有坐驰的得道境界：无需心知，物我皆忘。

【郭注】的这一解读，在《庄子·天道》和《庄子·刻意》两篇中都可以找到相应的依据，这两篇都有"无人非，无鬼责"之类的表述。②

《庄子·寓言》·【颜成子游谓东郭子綦曰】故事中的颜成子游，说他"一年而野，二年而从，三年而通，四年而物，五年而来，六年而鬼入，七年而天成，八年而不知死、不知生，九年而大妙。"可见孔子这里说心斋而后"鬼神将来舍"，的确是近乎得道的佳境。

不过，从《庄子》全书语境来看，鬼神并非都是上天的善良使者。有

---

① 《庄子·让王》：中山公子牟（魏公子，名牟，封于中山，故称）问瞻子曰："身在江海之上，心居乎魏阙之下（"魏"：高大。"魏阙"：宫门上的台阙，其下悬布法令，因此代指朝廷），奈何？"瞻子曰："重生（以生命为重，重视养生保命之道）。重生则利轻（生命高贵于国家）。"中山公子牟曰："虽知之，未能自胜也。"瞻子曰："不能自胜则从（"自胜"：自我克制；"从"：通"纵"，此指放任自己），神无恶乎（这样就不会有罪恶感而厌烦自己了。"神"：心神）？不能自胜而强不从者，此之谓重伤（"重伤"：重复伤害）。重伤之人，无寿类矣（不属于长寿一类的人）。"

按：魏牟懂得重生的道理，但就是做不到。瞻子说，与其强迫自己做到，还不如放任自己，这样至少可以避免二次伤害——做不到重生，是对天性的伤害；强迫自己做到，是再次伤害、反复伤害。

② 参见《庄子·天道》·【庄子曰吾师乎】：庄子曰："故知天乐者，无天怨，无人非，无物累，无鬼责。故曰：其动也天，其静也地，一心定而王天下；其鬼不祟，其魂不疲，一心定而万物服。言以虚静推于天地，通于万物，此之谓天乐。天乐者，圣人之心，以蓄天下也。"

参见《庄子·刻意》·【故曰圣人之生也天行】：故曰："圣人之生也天行，其死也物化；静而与阴同德，动而与阳同波；不为福先，不为祸始；感而后应，迫而后动，不得已而后起。去知与故，循天之理，故无天灾，无物累，无人非，无鬼责。"

时候，是专司惩罚的恶鬼。①

有时候，是指人活着但精神已死的行尸走肉。②

有时候，是指心神不宁的心鬼。《庄子·达生》说，"桓公田于泽，管仲御，见鬼焉"，这个鬼，就是心鬼，或者说，就是因为坐驰而使得鬼神来舍。可见，所谓心鬼，并不是鬼，而是人，特别是精神病态的人。

如果孔子这里的鬼神和人都可以理解为类似齐桓公病态的心鬼，那么，他关于坐驰的这两句话，就可以看作一个整体，而作另一种解读：

前一句，**"徇耳目内通，而外于心知"**，是对坐驰的定义，是说内在的心神不知止，导致向外求知不止，坐驰是如此心神疲惫的极端状态。

后一句，**"鬼神将来舍，而况人乎"**，是说坐驰的后果，是对坐驰状态及其后果的描述——坐驰，是因为不知止，不知止是因为坐驰。坐驰导致心气外泄，神不守舍，外物乘虚而入，内心被外来的鬼神和人侵占。

这里的鬼神，是指不属于内在精神的一切神乎其神的外部知识和喧嚣繁杂的人事俗务。可见，所谓坐驰，其"坐"，正是孔子一开始指出的"道杂"；其"驰"，正是道杂导致的"德荡"和"知争"。

孔子说，坐驰中人，在追求虚名的仁义之道上，永远也停不下来；在贪求功利的险恶乱世，疲于奔命。自古圣贤，莫不如此；当今俗子，执迷不悟——

是万物之化也，禹舜之所纽也，伏羲几蘧之所行终，而况散焉者乎！

——"纽"：枢纽，心机。"几蘧"，一说为"燧人"之误。"蘧"：读作 qú：传说中的远古帝王。"散"：放牧，平凡，粗俗，此指普通人，乌合之众。孔子最后这段话，究竟是为劝导颜回做总结性陈述，还是为心斋这一救世法宝作历史反思和哲学反证？这关乎如何解读庄子本意的问题。

【郭注】故世之所谓知者，岂欲知而知哉？所谓见者，岂为见而见哉？

---

① 参见《庄子·庚桑楚》：不见其诚，已而发，每发而不当，业入而不舍，每更为失。为不善乎显明之中者，人得而诛之；为不善乎幽闲之中者，鬼得而诛之。明乎人、明乎鬼者，然后能独行。

② 参见《庄子·庚桑楚》：故出而不反，见其鬼；出而得，是谓得死。灭而有实，鬼之一也。

若夫知见可以欲为而得者，则欲贤可以得贤，为圣可以得圣乎？固不可矣！而世不知知之自知，因欲为知以知之；不见见之自见，因欲为见以见之；不知生之自生，又将为生以生之。故见目而求离朱之明，见耳而责师旷之聪，故心神奔驰于内，耳目竭丧于外，处身不适而与物不冥矣。不冥矣，而能合乎人间之变、应乎当世之节者，未之有也。

【郭注】借题发挥，在"**知止**"这一洞见上大发宏论，显然是在接近庄子要旨上切中历代圣贤要害，而不只是在辨析心斋与坐驰。

【郭注】与【成疏】，有一个有趣的现象：

大凡《庄子》原文可做多种解读的时候，【郭注】就会十分谨慎，逃出字斟句酌的藩篱，转而从义理层面弘扬庄子大义。

【成疏】则恰恰相反，更愿意在琐屑处较真追究，这里对孔子最后一句话的解读，就是如此。

【**成疏**】是，指斥之名也。此近指以前心齐等法，能造化万物，孕育苍生也。伏牛乘马，号曰伏羲，姓风，即太昊。几蘧者，三皇已前无文字之君也。言此心斋之道，夏禹虞舜以为应物纲纽，伏羲几蘧行之以终其身，而况世间凡鄙疏散之人，轨辙此道而欲化物。

按照【郭注】的说法，古往今来，历代圣贤都是不知止的坐驰客，都以其坐驰扰乱自己而扰乱天下。

按照【成疏】的看法，伏羲、几蘧、禹、舜这些古代帝王，都是心斋的典范，而自古以来所谓善治，就是圣王们用心斋治理天下。

显然，【成疏】的说法，或许更符合这段文字的字面语义。【郭注】的说法，似乎更符合《庄子》总体上对自古以来圣贤治理的历史哲学判断。

于庄子而言，圣贤治天下，无不是乱天下，其中最重要的原因，就是世世代代圣王只有师心，没有心斋；只有坐驰，没有虚室；只有有为，没有无为；只有仁义之道，没有自然之道。①

---

① 参见《庄子·缮性》：当是时也，莫之为而常自然。逮德下衰，及燧人、伏羲始为天下，是故顺而不一。德又下衰，及神农、黄帝始为天下，是故安而不顺。德又下衰，及唐、虞始为天下，兴治化之流，浇淳散朴，离道以善，险德以行，然后去性而从于心。心与心识知而不足以定天下，然后附之以文，益之以博。文灭质，博溺心，然后民始惑乱，无以反其性情而复其初。

颜回自以为可以教化卫君，凭借的三大法宝之一，就是上比这些古代圣贤的成法。

孔子正是因此批评颜回师心而坐驰，引导他通过心斋将这些乱世成法忘得一干二净。

第二则：叶公子高将使于齐

第一节　忧惧——成败两患

这一则，是本辑《人间世》讲述人间地狱的第二个故事。

故事的主角，叶公子高，姓沈，名诸梁，字子高，楚庄王玄孙，封于叶，僭称"公"。

故事说，叶公子高将要出使齐国，与本辑第一个故事的主角颜回将赴卫国一样，临行前，特地来向孔子讨教。

叶公与颜回，都是恪守臣道的智者贤能，且都因为守臣道而不能，弃臣道而不忍，陷入两难困境。不一样的是：颜回满怀信心，不知卫国之行有去无回；叶公心怀忧惧，明知齐国之使凶多吉少。

叶公子高将使于齐，问于仲尼曰：

"王使诸梁也甚重。齐之待使者，盖将甚敬而不急。匹夫犹未可动，而况诸侯乎！吾甚栗之。"

——"待"：对待。"动"：感化。"栗"：战栗，恐惧。

【郭注】重其使，欲有所求也。恐直空报其敬，而不肯急应其求也。

叶公向孔子求助的这段话，大意是说：楚王让我出使齐国，这个使命实在是太重大了，压得我喘不过气来。我明知齐国的外交作风，表面上特别恭敬，实则敷衍拖延，无论使用什么外交手段，都无法让齐国立刻改变对楚国的态度。要说服一个普通百姓改变既定的生活习惯尚且无法做到，更何况是要说服一个诸侯强国呢。所以，我尚未出发，就已经知道了此行无法完成楚王交办的任务，一想到有辱使命的可怕后果，就让我不寒而栗。

忧患与恐惧，是乱世中人的普遍命运，无论君主臣民，无论贫富贵贱，无人能够幸免。叶公子高尽管身为贵族且荣居高位，也一样惶惶不

可终日，他将自己的恐惧归结为人道之患和阴阳之患，身体和心神交相
摧残。

他说——

> 子常语诸梁也，曰：
> "凡事若小若大，寡不道以欢成。
> 事若不成，则必有人道之患。事若成，则必有阴阳之患。
> 若成若不成而后无患者，唯有德者能之。"

——"人道"：人事。"人道之患"：遭受人们的责难，此指被人君追
责问罪。"阴阳"，此指身体机能的调和。"阴阳之患"：此指身陷政治斗争
的旋涡，或因功高盖主，让君主感到威胁；或因出类拔萃，惹来人嫉妒。
无论哪种情形，都让人惶恐不安而身心失调。

【郭注】夫以成为欢者，不成则怒矣，此楚王之所不能免也。成败若
任之于彼，而莫足以患心者，唯有德者乎！

【成疏】在【郭注】的基础上，对叶公子高的忧惧根源，有另一种解读：

> 喜则阳舒，忧则阴惨。事既成遂，中情允惬，变昔日之忧为今时之
> 喜，喜惧交集于一心、阴阳勃战于五藏。冰炭聚结，非患如何。

按照【成疏】的这一说法，事成之喜，似乎比事败之忧更令人恐惧；
或者说，成败交替，喜忧交互，才是真正的祸患。

备受煎熬的叶公子高向孔子诉苦说：

> 吾食也执粗而不臧，爨无欲清之人。今吾朝受命而夕饮冰！我其内
> 热与！吾未至乎事之情而既有阴阳之患矣。事若不成，必有人道之患，是
> 两也。
> 为人臣者不足以任之，子其有以语我来！

——"臧"（zāng）：本义善，好。"不臧"：此指饭菜不求精细。"爨"
（cuàn）：本义生火做饭，此指伙夫。"清"：凉。

这段话的大意是说：我本来是寡欲清静之人，阴阳素来平衡，即便是
像伙夫那样在炉火面前，也不觉得热。可是现在，我早上接受君命，晚上
就干渴难耐，以至于要喝冰水。我的内心焦虑烦躁啊。

第二节　大戒——命义两难

上一节，叶公子高向孔子诉说，自己处于深度的忧惧之中，无法解脱——楚王让他出使齐国，还没有成事之前，就已经感受到了受人嫉恨的恐惧；万一事不成，必定会惹怒楚王，性命终将不保。此所谓成也恐惧，不成也恐惧。精神上的政治焦虑，导致身体上阴阳失衡，两种病患集于一身，实在是让人难以承受。他请求孔子指一条明路：我该如何是好？

叶公的忧患问题，显然远远超出了一件具体的外交事务带给他的困扰，也远非调和阴阳的治病方术所能解决的。孔子必须从根本上对症下药，才能拯救天下的叶公们。

这一节，是孔子给叶公的回答。他为叶公开出的免于恐惧的良药，重在治本——在为惶惶不可终日的叶公提供解脱方案之前，先要让他明白：人生在世，什么事情既无法逃避，又无法选择。

联系上一则故事，颜回慷慨大义赴任卫国，叶公子高不敢贸然出使齐国，二人乐观和悲观的理由，同样来自《论语·颜渊》中的孔子的教导——"君君，臣臣，父父，子子"。①

颜回因此急于称臣，叶公因此畏难为臣，无论按照"君君，臣臣，父父，子子"这一仁义法则：臣听君命，义无反顾，还是按照"君君，臣臣，父父，子子"这一伦理法则：身体发肤受之父母，任何铤而走险都是不孝，都是大逆不道。一个人，究竟是应该俯听君命呢？还是应该随顺天命呢？前者是臣民的义务，后者是天民的责任，孔子谓之"天下有大戒二"。在承担天命责任与履行君命义务这二者之间，人该何去何从呢？

仲尼曰："天下有大戒二：其一命也；其一义也。子之爱亲，命也，不可解于心。

臣之事君，义也，无适而非君也。无所逃于天地之间。是之谓大戒。"

——"大戒"：法则，天则。"命"：自然法则，此指伦理责任。"义"：

① 《论语·颜渊》：齐景公问政于孔子。孔子对曰："君君，臣臣，父父，子子。"公曰："善哉！信如君不君，臣不臣，父不父，子不子，虽有粟，吾得而食诸？"

礼法制度，此指臣道义务。"不可解于心"：无法从根本上解除，或无法解释。"适"：往。

"无适""无所逃"：无处可去，无处可逃。天下无处没有君主，人间世无处没有仁义法则。如不承担臣民义务，触犯的是无视君主的"不臣"之罪。

《韩非子》说：太公望当年东封于齐，隐者华士昆弟二人不愿出仕，太公望将他们捉来诛杀，首开齐国杀戒，罪名就是"不臣"。周公旦追问他为什么滥杀德高望重的贤人，太公望向周公旦阐述的理由，可以用来解释什么是孔子所谓"无适而非君也，无所逃于天地之间"。[①]

可见，孔子所谓大戒，自古不乏先例。"大戒"者，无非是说不可违逆，违逆者必受惩罚，必遭大殃。如果一定要定义，孔子给出的定义是：其一，命之枷锁，"不可解于心"，所以只能认命；其二，义之枷锁，"无所逃于天地之间"，所以别无选择。

命，本是与生俱来，但在孔子这里，亲子之命属于道德范畴。

义，本是人为法则，但是，在礼法社会，忠臣之义视为天经地义。

天然之命，人为之义，二者的属性，被自古以来的圣贤作了对换，反转成了人为之命、天然之义这样的常识和成见。

因为这种反转，本来自由的天命和本来是为了自由的人义，都成了不得自由的人性枷锁。

人，因此生而就在这两大人为的枷锁之中，有的人不得已而苟活，有

---

① 参见《韩非子·外储说右上》：太公望东封于齐，齐东海上有居士曰狂矞、华士，昆弟二人者立议曰："吾不臣天子，不友诸侯，耕作而食之，掘井而饮之，吾无求于人也。无上之名，无君之禄，不事仕而事力。"太公望至于营丘，使吏执杀之以为首诛。周公旦从鲁闻之，发急传而问之曰："夫二子，贤者也。今日飨国而杀贤者，何也？"太公望曰："是昆弟二人立议曰：'吾不臣天子，不友诸侯，耕作而食之，掘井而饮之，吾无求于人也，无上之名，无君之禄，不事仕而事力。'彼不臣天子者，是望不得而臣也。不友诸侯者，是望不得而使也。耕作而食之，掘井而饮之，无求于人者，是望不得以赏罚劝禁也。且无上名，虽知、不为望用；不仰君禄，虽贤、不为望功。不仕则不治，不任则不忠。且先王之所以使其臣民者，非爵禄则刑罚也。今四者不足以使之，则望当谁为君乎？不服兵革而显，不亲耕耨而名，又所以教于国也。今有马于此，如骥之状者，天下之至良也。然而驱之不前，却之不止，左之不左，右之不右，则臧获虽贱，不托其足。臧获之所愿托其足于骥者，以骥之可以追利辟害也。今不为人用，臧获虽贱，不托其足焉。已自谓以为世之贤士，而不为主用，行极贤而不用于君，此非明主之所臣也，亦骥之不可左右矣，是以诛之。"

的人不得已而作为，孔子因此在《庄子·大宗师》·【子桑户孟子反子琴张三人相与友】的故事中称自己是"天之戮民"。

看来，孔子之类的圣贤，不只是用命义二戒的枷锁桎梏天下生民，更是桎梏他们自己。

生而就在枷锁之中的"天之戮民"，可不可以解除枷锁，获得自由？孔子的"大戒"二字，回答得很明确：既然是枷锁，就无法解脱；能够解脱的，就不是枷锁。

【郭注】若君可逃而亲可解，则不足戒也。

第三节　自事其心，安之若命

这一节，孔子告诉战栗不安的叶公：人在大戒中，如何活着。

上一节说，大戒作为人生的桎梏、人性的枷锁，绝无可解，任何人想要解脱，都是妄念，任何人为此苦恼，都是自戕。叶公急火攻心，阴阳失调，就是这种妄念自戕的恶果。

那么，有没有一种办法，在不解除枷锁、不逃脱命义的情况下，还能从容自在呢？孔子回答：完全有可能——

是以夫事其亲者，不择地而安之，孝之至也。夫事其君者，不择事而安之，忠之盛也。

——侍奉父母，无论何地、何种境况，都要以顺为孝，让他们安适。忠君事主，无论任务多难多险，都要全力以赴，让君主安心。

这个"孝之至""忠之盛"的道理，任何人都不难明白。然而，并非任何人都可以做得到，只有"德之至"者，才有可能做到。

那么，何为"德之至"呢？孔子解释说：

自事其心者，哀乐不易施乎前。
知其不可奈何而安之若命，德之至也。

——"自事"：自我调适。不受喜怒哀乐的情绪影响，将不得已听命的难事看作自然而然的事，自然而然地去做。

【郭注】知不可奈何者，命也。而安之则无哀无乐，何易施之有哉！故冥然以所遇为命，而不施心于其间，泯然与至当为一，而无休戚于其中。虽事凡人，犹无往而不适，而况于君亲哉！

第四节 行事之情，而忘其身

上一节，孔子告诉叶公，如何事亲。

孔子说，最好的办法，莫过于"知其不可奈何，而安之若命"。

这一节，孔子告诉叶公，如何为臣。孔子说，最好的办法，莫过于接受"固有所不得已"这样的宿命，"而忘其身"。

孔子如是说：

为人臣子者，固有所不得已。

行事之情而忘其身，何暇至于悦生而恶死！夫子其行可矣！

【郭注】事有必至，理固常通，故任之则事济，事济而身不存者，未之有也，又何用心于其身哉！

理无不通，故当任所遇而直前耳。若乃信道不笃，而悦恶存怀，不能与至当俱往，而谋生虑死，吾未见能成其事者也。

按照【郭注】的解释，孔子似乎相信：越是不顾生死，越是能成事，所以越是不死；越是瞻前顾后，越是难以成事，最终必死无疑。

孔子给叶公的这个忠告，无异于鼓励叶公慷慨赴难，这与孔子劝阻颜回的态度完全相反。同样是赴危乱之地，为危难之事，为什么彼时阻止颜回，此时却转而蛊惑叶公赴汤蹈火呢？对此，孔子无须做进一步的解释，但是，却有义务告诉叶公如何在赴汤蹈火中保命，就像告诉颜回如何避免成为菑人。

此前，孔子亲授颜回的保命法宝是**心斋**；那么，此时，他会给赴难的叶公什么样的保命法宝呢？

丘请复以所闻：凡交，近则必相靡以信，远则必忠之以言，言必或传之。夫传两喜两怒之言，天下之难者也。

——"靡"（mí）：通"摩"，摩擦，接触，切磋。"或"：要有人。这句话的大意是说：我听说，两国相交，若是近交，则凭信用直接往来；若是远交，则通过信使忠实传言。在两国之间传递交好和交恶的信息，是天下最难的事。

【成疏】凡交游邻近，则以信情靡顺；相去遥远，则以言表忠诚。此仲尼引己所闻，劝戒诸梁也。

第五节　两喜两怒，溢美溢恶

上一节，孔子劝慰叶公，人臣固有所不得已，因此无须悦生恶死，尽可以坦然接受君命，出使齐国；同时也指出，身为人臣，要想安然无恙，其实很难；担当外交使臣，更是难上加难。这是因为，外交使臣的使命，是在各怀心思的两国君主之间传言，而人间世的所有祸患，都起于传言。

这一节，孔子将外交传言的风险，引入国内政治；将外交传言的法则用于君臣关系，并且告诉叶公，如何运用外交传言的技巧，让自己在日常政治生涯中免于忧惧，安之若命。

显然，孔子的旨趣，不在外交如何取得成功，而在天下如何不以传言生是非。于孔子而言，人生而处在命义两难的枷锁之中，固有其不得已，知其不可奈何；人活在人间世，无非就是周旋于亲友关系之中，苟且于君臣关系之下，具体而言，在就是处在喜怒无常的两种人之间，不得已而传话，无可奈何而传言。孔子说：

夫两喜，必多溢美之言；两怒，必多溢恶之言。凡溢之，类妄。妄，则其信之也莫。莫，则传言者殃。

故法言曰："传其常情，无传其溢言，则几乎全。"

——"两"：此指两国君主，泛指通过中介传话的两个人。"妄"：不合事实。"莫"，通"薄"。"法言"：格言，一说古书名。"几乎全"：如能这样，大概就可以免祸了。

【成疏】溢，过也。类，似也。莫，致疑貌也。夫处涉人间，为使实难。必须深察常情，必使宾主折中，不得传一时喜怒，致两言有间。能如是者，近获全身。夫子引先圣之格言，为当来之轨辙也。

孔子继续援引法言说——

且以巧斗力者，始乎阳，常卒乎阴，大至，则多奇巧。以礼饮酒者，始乎治，常卒乎乱，大至，则多奇乐。

凡事亦然。始乎谅，常卒乎鄙。其作始也，简；其将毕也，必巨。

——"阳"：明争。"阴"：暗斗。"大至"：太甚，过分。"奇巧"句：明争暗斗到极端地步，便全是阴谋诡计了。"治"：规则，此指饮酒礼节。"奇乐"句：进入迷醉的地步，便放荡纵乐了。"谅"：诚信，互谅互让。"鄙"：欺诈，粗俗。

【成疏】阳，喜也。阴，怒也。夫较力相戏，非无机巧。初始戏谑，则情在喜欢，逮乎终卒，则心生忿怒。好胜之情，潜以相害。世间喜怒，情变例然，此举斗力以譬之也。

治，理也。夫宾主献酬，自有伦理，侧弁（zè biàn）①之后，无复尊卑。初正卒乱，物皆如此，举饮酒以为譬。

凡情常事，亦复如然。莫不始则诚信，终则鄙恶；初起简少，后必巨大。

第六节 言者，风波也

上一节说，在交好的两个人之间（或者两国之间）传话，一定多溢美之词；在交恶的两个人之间（或者两国之间）传话，一定多溢恶之言。这是人之常情，然而，这也是最危险的人之常情。这是因为，相交的两个人，此时交好，彼时交恶；起初交好，最终交恶。如此无常，恰恰是人间世的常态。所以，孔子为不得不传言的叶公给出的安全保命法宝是："**传其常情，无传其溢言**"。

这一节，孔子进一步阐述为什么传言危险。

按照孔子的说法，即便是传其常情，也和传其溢言一样危险。因为，

① "侧弁"：歪戴皮帽，典出《诗经·小雅·宾之初筵》。

所有传言，从其"风波"特性而言，都不可靠，都是某种程度上的溢言。

下面这段话，可以看作孔子继续援引的法言，也可以看作孔子自己的阐发。

夫言者，风波也，行者，实丧也。风波易以动，实丧易以危。

——言语有不确定的特性，言语在传达的过程中（行者），必然会产生信息衰减甚至误传（实丧）。

【成疏】夫水因风而起波，譬心因言而喜怒也。故因此风波之言而行喜怒者，则丧于实理者也。

按照【成疏】的说法，所谓风波之言，是人们喜怒无常的语言表现，这种喜怒无常的语言，既有可能是积极主动的情感流露，也有可能是消极被动的情绪反应。

孔子警告说：

故忿（fèn）设无由：巧言、偏辞。

——"忿"（fèn）：愤怒。"设"：发作。

这句话的大意是说：引起对方愤怒的原因，没有别的，就是言语的传达出了问题——或出尔反尔欺人，或花言巧语骗人，或出言不逊伤人。

【郭注】夫忿怒之作，无他由也，常由巧言过实、偏辞失当耳。

孔子举例说：

兽死不择音，气息茀（bó）然，于是并生心厉。

克核（kè hé）大至，则必有不肖之心应之而不知其然也。苟为不知其然也，孰知其所终？

——"茀"（bó）：通"勃"：突发。"心厉"：一作"厉心"，伤人之心。"克核"（kè hé）：苛求，刻薄，逼迫。"大至"：太过分。

这段话的大意是说：野兽被逼于绝境，便会发出拼死一搏的叫嚣；如果一个人的言语太过刻薄，必定会招致对方激烈的反弹，惹火烧身。更为不幸的是，人们犯了如此大错，却不知道是什么原因引起了对方的愤怒和报复。可怜啊，这种出言刻薄而又不自知的人如此继续下去，真不知会招致什么样的祸害，会导致什么样的可怕结局。

【成疏】夫急躁忤物，必拒之理，数自相召，不知所以。且当时以不肖应之，则谁知终后之祸者耶？

所谓"有不肖之心应之"，按照【成疏】的说法，不仅具有攻击性的刻薄之言容易引起对方反感，给自己埋下祸根；那些如困兽般凶猛的应激反应，出言不逊，更是容易引起事端，后患无穷。

第七节　乘物以游心，托不得已以养中

以上几节，孔子分别从人的喜怒无常，到言说的风波随性，再到言语双方的攻防，再三说明传言的危险——言说本来就危险，溢美溢恶的传言可谓险上加险。

这一节，孔子再次引述法言，证明自己的上述观点。

与此前不同，孔子不仅为叶公传授了具体的传言法术，帮他解决出使齐国的燃眉之急；更是为叶公提供了一劳永逸地解除命义两难的解忧之道，一方面呼应此前"天下有大戒二"的人生命题，一方面为整个故事的哲学主旨做总结陈词。

孔子说：

故法言曰："无迁令，无劝成。过度益也。"
迁令劝成殆事。美成在久，恶成不及改，可不慎与？

——"益"：通"溢"。"殆事"：把事情办砸。

所以，古人说：不要篡改成命，不要强力成事，此二者都是过于溢美溢恶而失度，只会坏事而殃及自身。要完成一件好事，需要很长的时间，办坏一件事情却很容易，但事情一旦办坏了，就很难挽回，后悔莫及。因此，在两国君主、两个人之间传言的人，能不慎之又慎吗？

这段话，【郭注】从另一个角度给予的解读，似乎更符合庄子的原意："美成者，任其时化。譬之种植，不可一朝成。彼之所恶，而劝强成之，则悔改（败）寻至。"

这也就是说，两国相交，最好的办法，莫过于自然而然；两国的问

题，最好的解决之道，是交给时间去解决。交好，不急于求成；交恶，不强求对方改变立场。如果交好太快，很难长久；如果对方迫于压力不得不改变立场，即便是现在改变了，随即也会再改回去。

【郭注】这里的解读，已经不只是在说两国外交了，而是说，对待任何人、任何事，即便是出于好心，即便是好上加好，都不可强求其改变，否则，只能是揠苗助长，或者反目成仇。

所以，孔子感叹说：

且夫乘物以游心，托不得已以养中，至矣。何作为报也！莫若为致命。

此其难者。

——"乘"：寄托，随顺。"养"：保守，养护。"中"：自然心性。"致命"：如是传达，指上文"传其常情，无传其溢言"。

【郭注】直为致命，最易；而以喜怒施心，故难也。

【成疏】夫独化之士，混迹人间，乘有物以邀游，运虚心以顺世，则何殆之有哉！

不得已者，理之必然也。寄必然之事，养中和之心，斯真理之造极，应物之至妙者乎！

直致率情，任于天命，甚自简易，岂有难耶！

此其难者，言不难也。

结合【郭注】和【成疏】的解释，孔子最后这段话的大意是说：人生在世，接受君命，恪尽臣道，不得已而为之而已，此事人人难免。如果顺其自然，正好可以游心养命，何乐而不为呢？如能这样，就不会在乎事成事败，就不必担心人道和阴阳两患，更不必计较有所回报或者如何报效君王。

要做到这样，的确很难。

但是，如果能做到这样，人活在人世间，也就无所谓命义两难了。

综上所述，庄子借孔子之口，不厌其烦地告知前来向他求教的忧惧之人：知其不可奈何而安之若命，是人在人间乱世唯一应该做的，也是唯一可以做到的。由此可见，庄子的生命哲学，不在批判社会，不在逃离社会，不在服从社会，不在迎合社会，而在顺应社会。

这种顺应，严格地说，是指顺应人自己的天性——既非以人力不可及的方式改造社会让社会适应自己，也绝非改造自己让自己适应社会。

这或许是庄子**"乘物游心"**处世哲学的真义。

第三则：颜阖将傅卫灵公太子

第一节　戒慎正身，二者有患

这是《人间世》的第三个故事。老师告诉学生：如何与如狼似虎的暴君周旋。与前面两个故事的开头一样，这个故事的主角要出门远行，前来请教老师，看来古人有"行前问师"的传统。

不过，这一次请教的老师，不是孔子，而是孔子最好的朋友，以智者和贤者闻名于世的蘧伯玉。

无独有偶，此前的颜回，要去辅佐的卫国国君，是一位暴君。此次的颜阖，要去管教的卫国太子，同样是一个暴戾之徒，相比那位暴君，可谓有过之而无不及。

看来，在庄子的心目中，卫国是一个具有暴力传统的国度，在无处不暴政的人间世，最具有代表性。

故事说：

> 颜阖将傅卫灵公太子，而问于蘧伯玉曰：
>
> "有人于此，其德天杀。与之为无方则危吾国；与之为有方则危吾身。其知适足以知人之过，而不知其所以过。若然者，吾奈之何？"

——"阖"：关闭门扇。"天杀"：天性残忍。"杀"：败坏，一说读作衰。"方"：规范，亦通"谤"：规劝。

【成疏】颜阖，姓颜，名阖，鲁之贤人也。太子，蒯聩也（"蒯"kuǎi：杂草。"聩"kuì：耳聋，昏惑）。蘧伯玉，姓蘧（qú），名瑗（"瑗"yuàn：大孔的璧），字伯玉，卫之贤大夫。

蒯聩禀天然之凶德，持杀戮以快心。方，犹法。禀性凶顽，不履仁义，与之方法，而轨制憎己，所以危身；纵之无度而荒淫颠蹶（jué），所以亡国。己之无道，曾不悛革（"悛"quān：止，悔改）；百姓有罪，诛戮极深。唯见黔首之愆（"愆"qiān：罪过），不知过之由己。

按照【成疏】的说法，颜阖要辅导的这位卫国太子，与颜回要辅佐的卫君是同一个人，都是卫灵公之子蒯聩。颜阖和颜回因此都是帝王师。帝王师既是臣下又是老师，要比一般的臣子更加难当，也因此更加凶险，更何况是蒯聩这样的暴戾之徒呢？尽管此时的蒯聩还只是年少的储君，在残暴方面就已经比后来成为卫君有过之无不及了，加上少不更事，比在王位上的暴君更加难以管束。

其实，颜阖所要教导的这位卫灵公太子，与此前颜回所要辅佐的卫君，究竟是什么关系，是父子关系，还是同一个人？一点也不重要。二者的卫国，是历史真实的卫国，还是子虚乌有？更是不必细究。庄子的寓言，向来以真名说虚构的故事，以虚构的故事说历史的真实，《庄子·人间世》中的所有人物、典故和地名，都是如此，大可不必对号入座。

卫君也罢，卫灵公太子也罢，颜回和颜阖对他们暴烈性情的描述，惊人的一致，这说明，暴君世代不绝，暴政无处不在。正是这样的残暴者，一代接着一代，掌握着天下百姓的生杀大权，天下难有安宁之日。

与颜回一样，颜阖若要拯救天下苍生，最直接的办法，或许就是当帝王师，尤其是当太傅，借此机会，引导少年暴君改邪归正，总比改变成年暴君容易一些，也安全一些。颜阖显然比颜回更清楚地知道：当帝王师，无异于与虎谋皮，弄不好骑虎难下，后果不堪设想。有所畏惧，不能不惶恐，在这一点上，颜阖更像是叶公子高，也因此像叶公请教孔子一样，来向蘧伯玉求解。

蘧伯玉曰："善哉问乎！戒之慎之，正汝身也哉！形莫若就，心莫若和。虽然，之二者有患。"

——这里的"正"，同时有三义：

其一，心正，之所以为帝王师，是为了成就仁义明君，而不是为了成就自己的私欲。

其二，身正，作为臣子，要敬重君王，即便是少年储君，也要行臣下之礼；作为太傅，要以身作则，为未来的君王作出表率。

其三，稳重，沉得住气，伴君如伴虎，身在帝王侧，要善于察言观色，处变不惊。

看来，蘧伯玉很高兴颜阖向他请教。看来，蘧伯玉比孔子爽快，没有孔子那么多的铺垫，直接就送给了颜阖两大保命法宝：

对自己，戒慎、正身；对暴君，若就、若和——外表上亲就他，内心里和同他。

【成疏】身形从就，不乖君臣之礼；心智和顺，迹混而事济之也。前之二条，略标方术。既未尽善，犹有其患累也。

第二节 达之，入于无疵

上一节说，颜阖要去卫国辅导暴戾的太子，蘧伯玉送给他两大护身法宝：戒慎，正身。不过，蘧伯玉赶紧补充说，这两大法宝，并非万应灵丹，如果用得不好，反而有害。

这一节，蘧伯玉告诉颜阖，如何用好与暴君周旋的两大法宝，换言之，如何处理好与暴君"若就""若和"的尺度。第一个要点，就是"达"。

蘧伯玉解释说：

就，不欲入；和，不欲出。

形就而入，且为颠为灭，为崩为蹶。心和而出，且为声为名，为妖为孽。

这句话的大意是说：亲就他，但不要太投入；调和他，但不要太显露。否则，与暴君走得太近，他会警觉你超越了君臣界限，会视你为心腹之患；与暴君观念太相左，他会认为你声誉盖主，治你大逆不道之罪。

【成疏】颠，覆也。灭，绝也。崩，坏也。蹶，败也。形容从就，同入彼恶，则是颠危而不扶持，故致颠危灭绝，崩蹶败坏，与彼俱亡也矣！

变物为妖。孽，灾也。虽复和光同尘，而自显出己智，不能韬光晦迹，故有济彼之名。蒯聩恶其胜己，谓其妄生妖孽，故以事而害之。

按照【成疏】的说法，如果与暴君走得太近，你就成了与暴君一样的妖孽，与暴君同流合污，最终与暴君一道身败名裂；如果让暴君感觉到你与他不是一路人，你就会被暴君以妖孽的名义治罪，让你有口难辩，遗臭万年。

总之，无论如何戒惧、正身，无论如何若就、若和，你都是妖孽——或者变成真正的妖孽，或者被污名为妖孽。

那么，究竟该如何是好呢？蘧伯玉给出的妙法是，如影随形：

彼且为婴儿，亦与之为婴儿；彼且为无町畦，亦与之为无町畦；彼且为无崖，亦与之为无崖。达之入于无疵。

——"与"：共，一道。"町畦"（tǐng xī）：本义田界，此指礼义规范。"无崖"：此指放纵。"入"：会。"疵"（cī）：小病，缺点，诽谤，非议。

【郭注】不小立圭角以逆其鳞也。

"圭角"（guī jiǎo）：圭，长条形玉器，上端为三角形，下端为正方形，其锋芒有棱角，通常比喻人的言行刻薄，此指直言冒犯。"逆鳞"：倒生的鳞片，此指触犯君主，冒犯恶人之怒。《韩非子·说难》·【昔者弥子瑕有宠于卫君】的故事说："夫龙之为虫也，柔可狎（"狎"xiá：驯养，亲昵）而骑也，然其喉下有逆鳞径尺，若人有婴（通"撄"：触犯）之者则必杀人。人主亦有逆鳞，说者能无婴人主之逆鳞，则几（"几"：差不多，接近于）矣。"

第三节 顺之，不知夫螳螂乎？

上一节，蘧伯玉告诉颜阖，如何与暴君做游戏，他将这种君臣游戏术称为"达"，达也就是顺。

这一节，蘧伯玉一口气举了三个人与动物相处的例子，从正反两个方面为颜阖解说：人生在世，何以与野兽为伍，与暴君共舞，而与道偕行。

蘧伯玉启发颜阖说：

汝不知夫螳螂乎？怒其臂以当车辙，不知其不胜任也，是其才之美者也。

戒之慎之！积伐而美者以犯之，几矣。

——"怒"：奋起。"当"：抵挡。"是"：自以为是，自负。"才"：才能。"积"：经常，总是，积累，蕴蓄。"伐"：夸耀。"而"：你（的）。"犯"：触怒。"几"：危殆。

【郭注】夫螳螂之怒臂，非不美也，以当车辙，顾非敌耳。今知之所无奈何，而欲强当其任，即螳螂之怒臂也。积汝之才，伐汝之美，以犯此人，危殆之道。

蘧伯玉接着举例说：

汝不知夫养虎者乎？不敢以生物与之，为其杀之之怒也；不敢以全物与之，为其决之之怒也。时其饥饱，达其怒心。

虎之与人异类，而媚养己者，顺也；故其杀者，逆也。

——"生物"：活物。"全物"：整个动物。"决"：撕咬。"时"，通"伺"：伺候。"达"：引导，因势利导。"媚"：服从。

这段话的大意是说：不用活物和全物喂虎，为的是不激发老虎捕杀活物、撕咬猎物的残忍天性。虎之所以顺服于养虎的人，是因为养虎的人顺应虎的性情而息其怒气。虎之所以伤人，是因为人触犯了虎的残忍兽性，激发了虎的狂野杀机。

【郭注】顺理则异类生爱，逆节则至亲交兵。

下面是蘧伯玉列举的第三个例子，这是一个反面教训：与君主过度亲近，很可能比直言犯颜的逆鳞行为更加危险——

夫爱马者，以筐盛矢，以蜄盛溺。适有蚉虻仆缘，而拊之不时，则缺御毁首碎胸。

意有所至，而爱有所亡，可不慎邪！

——"矢"，通"屎"。"蜄"（shèn）：本义贝壳，此指以贝壳装饰的盛水器。"溺"：尿。"蚉"，通"蚊"。"仆缘"：附着于马身。"拊"（fǔ）：拍打。"不时"：突然。"缺御"：咬断口衔。"毁首碎胸"：毁掉套在马首和马胸的络辔，一说惊马踏人，导致马主断首碎胸。

【郭注】矢溺至贱，而以宝器盛之，爱马之至者也。意至除患，卒然拊之，以致毁碎，失其所以爱矣！故处世接物，逆顺之际，不可不慎也。

【成疏】仆，聚也。拊，拍也。御，勒也。适有蚉虻，群聚缘马。主既爱惜，卒然拊之。意在除害，不定时节，掩马不意，忽然惊骇。于是马缺御勒，挽破辔头，人遭蹄踏，碎胸毁首者也。

在一个虎狼当道的天下，如何与虎狼相处？如何与虎谋皮？蘧伯玉将自己这一套善养虎之术，总结为"顺达"，且任何时候都需要保持高度的戒备和谨慎。否则，如螳臂当车，自取灭亡，如爱马失马，事与愿违。

不过，细细想来，如此人生，能不累吗？如此累的人生，真的有意义吗？这样的反思，是下一则故事的主题。

第四则：匠石之齐，见栎社树

第一节　散木，不材无用

这是本辑《人间世》的第四个故事，讲**无用之大用**。

此前三个故事，都绕不开危及性命的"**臣道**"。

这个故事，可以说是对此前三个故事的总体回应。

此前三个故事中的主角，以及他们的两位老师，都是致力于大用者。然而，何为大用，怎样可以大用，他们似乎都没有从根本上想明白——自以为明白的老师，其实并没有真正明白；似懂非懂的弟子们，也就更不明白了。

此前第一则故事中的颜回，自愿辅佐暴君，不知性命危在旦夕。第二则故事中的叶公子高，"朝受命而夕饮冰"，惶恐难安。

第三则故事中的颜阖，注定了终日与虎狼共舞，一刻不敢不戒慎。

此三子的身份地位不同，人生志向有别，但都有朝不保夕的同感，都一样或忧患，或忧惧，终日惶恐，终生不宁。究其原因，不是因为他们追求名利，而是因为仁义使然——他们都是为了有大用而身陷人间世这个大囚笼，与孔子一样，自觉自愿成了"天之戮民"（《庄子·大宗师》《庄子·天运》），遭受着"遁天之刑"（《庄子·养生主》《庄子·列御寇》）的惩罚。

殊不知，孔子及此三子的命运，足可以说明：凡是有大用者，其生命必然危险，且危险的程度，与其大用的程度成正比——越有大用，越是危险。但是，人不能没有大用，诚如孔子所言，命和义，别无选择、无处可逃，是人生注定的两种大戒，这两种大戒，都是用，且都是大用。

那么，人可不可以既有大用，既受大戒，又不危险呢？换言之，人可不可以既尽命，又赴义，且可以幸免于难呢？

与孔子、蘧伯玉、颜回、叶公子高、颜阖为了大用而绞尽脑汁发明的各种远祸避害的法术不同，庄子以无用为大用。

　　庄子笔下的无用之人，完全不需要所谓心斋，也完全不需要所谓戒顺。唯以无用，终究得以大用。

　　这一则故事的开头说，一位名叫"石"的木匠，从鲁国到齐国，一路上遍寻好材之木，却对一棵遮天蔽日的巨树不屑一顾，且颇有微词。

　　匠石之齐，至乎曲辕，见栎社树。其大蔽数千牛，絜之百围，其高临山十仞而后有枝，其可以为舟者旁十数。[①]

　　观者如市，匠伯不顾，遂行不辍。弟子厌观之，走及匠石，曰："自吾执斧斤以随夫子，未尝见材如此其美也。先生不肯视，行不辍，何邪？"

　　曰："已矣，勿言之矣！散木也，以为舟则沉，以为棺椁则速腐，以为器则速毁，以为门户则液樠，以为柱则蠹。

　　是不材之木也，无所可用，故能若是之寿。"

　　——"曲辕"：车道弯曲之地。"絜"（xié）：用绳度量围长。"围"：一说展开两臂合抱为一围。"临"：高出。"旁"：旁枝。"辍"（chuò）：止。"市"：此指众多。"厌观"：仔细看够了。"走及"：跑着赶上。"散"：杂，粗疏，此指无用。【郭注】：不在可用之数，故曰散木。"樠"（mán）：树汁渗出。"蠹"（dù）：蛀虫，被蛀虫蛀蚀。

　　【成疏】之，适也。曲辕，地名也。其道屈曲，犹如嵩山之西有辕辕（huán yuán）之道，即斯类也。栎，木名也。社，土神也。祀封土曰社。社，吐也，言能吐生万物，故谓之社也。匠是工人之通称，石乃巧者之私名。絜（xié），约束也。七尺曰仞。

第二节　几死之散人，又恶知散木

　　上一节说，匠石对无用之树不屑一顾，鄙之为"散木"，并且告诉他

---

　　① 根据《庄子》文本的语境，"栎"（lì），类同"樗"（chū），泛指无用之木，不是指植物学意义上的同名树木。

　　参见《庄子·逍遥游》：惠子谓庄子曰："吾有大树，人谓之樗。其大本拥肿而不中绳墨，其小枝卷曲而不中规矩，立之涂，匠者不顾。"

的弟子：此树因为无用，所以长寿。

匠石以不材为无用的标准，以无用为长寿的原因，这听起来十分在理，其实大谬不然。

这一节说，匠石回到家里，到了晚上，那棵被他判为无用的散木大树，走进了他的梦中，给他上了一堂"何为有用，何为无用"的生命哲学课。

故事说：

匠石归，栎社见梦曰：

"女将恶乎比予哉？若将比予于文木邪？

夫柤、梨、橘、柚、果、蓏之属，实熟则剥，剥则辱。大枝折，小枝泄，此以其能苦其生者也，故不终其天年而中道夭，自掊击于世俗者也。物莫不若是。

且予求无所可用久矣，几死，乃今得之，为予大用。使予也而有用，且得有此大也邪？

且也若与予也皆物也，奈何哉其相物也？而几死之散人，又恶知散木！"

——"见梦"：托梦。"文木"：可用之木。"柤"（zhā）：山楂树。"蓏"（luǒ）：瓜。"剥"：此指遭受敲打。"辱"：此指被扭曲折断。"掊击"（pǒu jī）：抨击，打击。

【成疏】在树曰果，在地曰蓏。前一个"几死"：指栎社多次差点被人砍掉。后一个"几死"：指匠石只知有用之用，不知有用近乎死地的危险。"若""而"：你。"相物"句：我与你都是同类，你何以将我看作异类，鄙视为散物？

【郭注】数有睥睨（pì nì）己者，唯今匠石明之耳。积无用，乃为济生之大用。

按照【郭注】这一解读，所谓"乃今得之"，既是指终于因为无小用而得以有保社稷之大用，也是指终于得到了匠石这位知音，将自己区别于有用之物。

【成疏】汝之与我皆造化之一物也，物与物岂能相知？"奈何哉！"，假问之辞。

匠石以不材为散，栎社以材能为无用，故谓石为散人也。汝炫才能于世俗，故邻于夭折；我以疏散而无用，故得全生。汝是近死之散人，安知我是散木耶？托于梦中，以戏匠石也。

按照【成疏】的说法，在栎社看来，良材之木，因为能用，所以招来杀身之祸，难免中道夭折，难以尽享天年，是真正意义上的无用；而匠石所谓栎社无用而长寿，其实是真正意义上的有用。可见，有用无用，不在于是否成材，不在于是否对他人有用，而在于是否有利于保命济生。保命济生，是真正有用的唯一标准。

栎社见梦匠石，匠石感梦栎社，他们在梦中是相互戏谑还是相互睥睨，又或是相互同情呢？栎社与匠石，相互将对方看作无用而近死的"散"者，他们究竟是难得的知音呢，还是决不可相知的冤家呢？栎社说自己九死一生："几死，乃今得之"，又说匠石"而几死之散人"，二者同命于"几死"，但几死的意义或许相同，或许截然不同。

带着这样的疑惑，匠石一觉醒来便去解梦。

匠石觉而诊其梦。

弟子曰："趣取无用，则为社何耶？"曰："密！若无言！彼亦直寄焉。以为不知己者诟厉也。不为社者，且几有翦乎！

且也彼其所保与众异，而以义誉之，不亦远乎！"

——"诊"：验证，占梦，这里可以理解为匠石向弟子讲述他的栎社之梦。"趣取"句：它大概是为了成为社树才采用这种无用之术吧。"趣"，通"取"。"趣取"：求取。"密"：此指慎言。"直寄"句：不是此木想要成为社树，而是社神自然寄寓此树。"诟厉"：诟病，侮辱，讥讽。"不亦远乎"句：由于它是社树所以赞誉它，大错特错。"翦"，通"剪"：剪伐。

【郭注】（弟子）犹嫌其以为社自荣，不趣取于无用而已。（匠石）社自来寄耳，非此木求之为社也。木自以无用为用则虽不为社，亦终不近于翦伐之害。彼以无保为保，而众以有保为保。利人长物，禁民为非，社之义也。夫无用者，泊然不为，而群才自用。自用者，各得其叙，而不与焉。此无用之所以全生也。汝以社誉之，无缘近也乎！

按照【郭注】的解释，匠石告诉他的弟子：栎树几死而不死，不是因为它是社树，而是因为无用；其保命之道，不是因为追求栎社之大用，而是因为对世俗所谓的有用或者大用没有任何追求。总之，大用不是栎社所求，无此大用，无碍栎树保命全身。匠石弟子，或以无用而诟病栎社，或以社树而赞誉栎树，二者都是不知神性散木的世俗散人。

那么，他们的师傅匠石究竟是知散木呢，还是不知散木呢？究竟是神性的散人呢，还是世俗的散人呢？

其实，在这个故事中，匠石就是栎社，或者说，匠石、栎社互为知己，引以为知音，二者都同样是洒脱而"与众异"的散神。

第五则：南伯子綦游乎商之丘

第一节　君臣之道：大木不材

这是本辑《人间世》的第五个故事。故事的讲述者，是南伯子綦，《庄子·齐物论》称之为南郭子綦。

与上一个故事一样，这个故事的主角仍然是大木。

上一个故事中的大木，是神树，大而无用，无用而有大用。这一个故事中的大木，是神人，大而不材，不材而有大材。故事说：

> 南伯子綦游乎商之丘，见大木焉，有异：结驷千乘，隐将芘其所藉。子綦曰："此何木也哉？此必有异材夫！"
>
> 仰而视其细枝，则拳曲而不可以为栋梁；俯而见其大根，则轴解而不可为棺椁；咶其叶则口烂而为伤；嗅之则使人狂酲，三日而不已。
>
> 子綦曰："此果不材之木也，以至于此其大也。
>
> 嗟乎！神人以此不材！"

——"藉"：本义艾蒿，此指树荫。"轴解"：从树心处向外裂。"咶"（shì），通"舐"（shì）：舔。"酲"（chéng）：醉酒后病态。

南伯子綦此处所见的大木，正是匠石不屑一顾的栎社树，这里更加详细的描述，可见无用的大木不仅一无是处，且奇丑无比，其臭难闻。

庄子借子綦之口，解释了什么是神性、神人——因为无用，所以大，因为大，所以神人来栖。还是上文匠石告诉弟子的那句话：大木不是为了成为神，才所以无用，才所以大，才所以神，而是无心无用，无心而大，无心而神。

这个故事，为什么要在最后发出"神人以此不材"的嗟叹呢？【郭注】和【成疏】分别给出了自己的解释，其要义都没有离开本辑所有故事共同的话语焦点：**君臣之道**。

【郭注】以神人自己不材而得以用大材解释君道。

【成疏】与【郭注】正好相反，以神人不材而为大材尽忠效命解释臣道。看来，庄子的这个不材之神，既可以是君，也可以是臣。

【郭注】夫王不材于百官，故百官御其事，而明者为之视，聪者为之听，知者为之谋，勇者谓之扞（捍）。

夫何为哉，玄默而已！而群才不失其当，则不材乃材之所至赖也。故天下乐推而不厌，乘万物而无害也。

【郭注】这里的解说，似乎离题太远，但无意之间，却与《论语·宪问》中的孔子十分接近。可见【郭注】的庄子，与作为贤者的真实的孔子（而非后世儒家重构的孔子），在许多方面并非水火不相容。

> 子言卫灵公之无道也。
>
> 康子曰："夫如是，奚而不丧？"
>
> 孔子曰："仲叔圉治宾客，祝鮀治宗庙，王孙贾治军旅。夫如是，奚其丧？"
>
> ——《论语·卫灵公》

孔子这里的卫灵公，显然不是庄子这里所说的神人，不仅不是神人，还与其暴戾之子蒯聩一样，是无道之人，然而，却依然可以吸引颜回、颜阖这样的仁人志士宁可冒杀身之祸，也甘愿为其帝王师，其中的道理，在【郭注】这里似乎有所阐发，耐人寻味。

这样一来，本来离题的【郭注】，就顺理成章与本辑所有关于卫君、卫太子的故事有了联系，也为【成疏】进一步用臣道解说【郭注】的君道，做好了铺垫，为颜回和颜阖向暴君称臣，发挥自己社树般大材之用，提供了大木荫蔽千牛一样的保护伞。

【成疏】夫至人神矣，阴阳所以不测；混迹人间，和光所以不耀。故能深根固蒂，长生久视。舟船庶物，荫覆黔黎，譬彼栎社，方兹异木。是以嗟叹神人之用。不材者，大材也！

第二节　神人之用：不祥大祥

上一节，讲神人以不材为大，以不材为材，【郭注】和【成疏】解释为君臣之道：有才（有用）之臣，为不材（无用）之君所用；不材之君，以无用而用有才之臣，谓之大材。

这一节的开头，仍然以木材为话题，只不过提供的是反面例证，讲的是有才之患、良材之残。

与无用而神的大木相反，宋国荆地的楸、柏、桑，无一不是上好的有用之材，它们从小树长到大树，每一个阶段都是有用之才，因此屡遭劫难，苦不堪言。南伯子綦如是说：

宋有荆氏者，宜楸（qiū）柏桑。

其拱把而上者，求狙（jū）猴之杙（yì）者斩之；三围四围，求高名之丽者斩之；

七围八围，贵人富商之家求樿（shàn）傍者斩之。故未终其天年而中道已夭于斧斤，此材之患也。

——"拱"：两手围合之粗细。"把"：一手握住之粗细。"杙"（yì）：尖木桩，系在木桩上。"斩"：砍伐。"高名"：此指高大荣华的豪宅。"丽"：此指栋梁。"樿（shàn）傍"：棺材六边用的整块木板。

以上部分，南伯子綦讲美的悲剧：越是被人以为美的，越是容易别人摧残，此为吉祥之大不吉祥。

以下部分，南伯子綦讲丑的喜剧：越是被人视为丑的，越是能够安享天年，此为不祥之大吉祥。南伯子綦说：

故解之以牛之白额（sǎng）者，与豚（tún）之亢（kàng）鼻者，与人有痔病者，不可以适河。此皆巫祝以知之矣，所以为不祥也，此乃神人之所以为大祥也。

——"解"：解除，一说指禳灾除罪的祭祀。"额"（sǎng）：额。"豚"（tún）：小猪。"亢（kàng）鼻"：鼻孔朝上。"适河"：投入河中祭神。

白额的牛，因为不是纯色，得以免除牺牲之灾；亢鼻的猪，因为长相怪异，得以不被用作祭祀；人因为痔疮，得以不被献给河神。此三者，都是人所厌弃的不祥之物，然而，正是因为不祥所以大吉祥。这个道理，只有神人才明白。换言之，神人之所以神而不死，就是因为不祥。

【郭注】夫全生者，天下之所谓祥也。巫祝以不材为不祥而弗用也，彼乃以不祥全生乃大祥也。神人者，无心而顺物者也。故天下之所谓大祥，神人不逆。

丑恶之物，都是世人厌恶的不祥之物；美好之物，都是世人欣赏的吉祥之物。然而，对于事物自身而言，被人用为吉祥者，自己不吉祥；被人视为不吉祥者，自己大吉祥。

这里的关键在于：一个人，究竟是为谁活着。

第三节　支离疏者，忘形忘德

此前两节的几个小故事，分别讲无用为大用，不祥为大吉祥，以丑为美，以病为福，无一不是反常识、反成见，无一不是挑战人的认知，嘲弄人的智能。

所有这些异常而不合常理的故事，都指向一个核心问题：人在险恶的人间世活着，到底怎样才能安身立命，究竟怎样才算安全。

这一节，庄子意犹未尽，接下来的这个故事，更加让人恶心，将违背常识的大吉祥，推向了惊世骇俗的极端。

庄子要用这个丑得不能再丑的故事警醒天下人：最丑陋的人最安全，不仅最安全，且活得也最轻松、最长久。之所以如此，是因为丑陋的人忘形忘己。

故事的主人公，是一个伛偻（yǔ lǚ）之人，集天下丑陋于一身，庄子赋予他一个奇怪的名字：支离疏。支者：破碎。离者：毁其形。疏者：分散、空虚，泯其智。

故事说：

支离疏者，颐隐于脐（qí），肩高于顶，会撮指天，五管在上，两髀（bì）为胁（xié）。

——"颐"：下巴，脸面。"脐"（qí）：肚脐。"顶"：头顶。"会撮"：发髻。"五管"：五脏。"髀"（bì）：大腿骨。"胁"（xié）：从腋下到肋（lèi）骨尽处的部分。

乍一看上去，这个伛偻怪物，下巴长在肚脐上，肩膀高过头顶，脑后的发髻冲天，五脏背在背上，大腿长在上半身。

可是，就是这样一个人见人恶的废人，却因祸得福，过着衣食无忧的日子，比任何一个正常人都优越，无须终日劳累，无须常年奔波，没有徭役之苦，不受牢狱之灾，内心充实，尽享天年。

挫针治繲，足以糊口；鼓筴播精，足以食十人。上征武士，则支离攘臂而游于其间；上有大役，则支离以有常疾不受功；上与病者粟，则受三钟与十束薪。

——"挫针"：此指缝补衣服。"治繲"（xiè）：此指洗衣服。"筴"（筴cè）：小簸箕。"播精"：用簸箕簸去米糠。"精"：上好的白米。"上征"：国君征召。"攘臂"：捋起衣袖伸长手臂。"攘"：捋（luō）。"大役"：徭役。"功"：工作，此指劳役。"上与病者粟"句：领受三钟米、十捆柴的贫病救济。

【成疏】筴，小箕也。精，米也。言其扫市场，鼓箕英，播扬土，简精粗也。又解：鼓筴，谓布蓍数卦兆也。播精，谓精判吉凶，辨精灵也。或归市以供家口，或卖卜以活身命，所得之物，可以养十人也。

庄子借南伯子綦之口，不禁感叹说：

夫支离其形者，犹足以养其身，终其天年，又况支离其德者乎！

所谓"支离其形"，并非真的伛偻，其实是忘形，不是自己忘，而是让别人忘，庄子谓之"支离其德"：内心德性充实，而又忘乎其德。这是庄子最为推崇的一种活法。

【郭注】神人无用于物而物各得自用，归功名于群才，与物冥而无迹，故免人间之害，处常美之实，此支离其德者也。

【成疏】夫支离其形，犹忘形也。支离其德，犹忘德也。而况支离残病，适（只）是忘形。既非圣人，故未能忘德。夫忘德者，智周万物而反智于愚；明并三光而归明于昧，故能成功不居，为而不恃，推功名于群才，与物冥而无迹，斯忘德者也。夫忘形者，犹足以养身终年，免乎人间之害，何况忘德者耶？其胜劣浅深，故不可同年而语矣！是知支离其德者，其唯圣人乎！

第四节　德有所长，而形有所忘

上一节，南伯子綦讲述了一个名叫支离疏的人的离奇故事。这个人奇丑无比，却因祸得福，比任何正常人都快活，都长寿。

庄子用这故事，将《人间世》如何免于恐惧而安身保命的话题，引申到了忘形忘德的神人境界。这也就是说，支离疏之所以能够快活地丑陋，丑陋地快活，不是因为他丑，而是因为他的内心充满了天性之德。这个结论，正是《庄子》下一辑《德充符》的主旨。

由此而言，"支离疏者"这个故事，是《人间世》向《德充符》的思想过渡，不妨假设，是《德充符》的文本提前窜入了《人间世》；或者反之，"支离疏者"这个故事，与《德充符》中另外两则几乎完全相同的故事，都是《人间世》的文本。

这一节，将很有可能是"窜入"《德充符》的两个故事，"还原"到《人间世》来一并讲述。

耐人寻味的是，这两个故事的主角，都与"支离"相关；故事发生的地点，与《人间世》此前几个故事一样，都是卫灵公治下的卫国，或者说，都与卫灵公间或相关，并且也同样涉及齐国。

第一个故事说：

闉（yīn）跂（qí）支离无脤（shèn）说卫灵公，灵公说之，而视全人，其脰（dòu）肩肩。

——"闉（yīn）跂（qí）支离无脤（shèn）"，这个长长的名字，其字面直义是：驼背、跂足、残形、无唇。"闉"，本义瓮城的城曲重门，引申为曲，此指伛偻（yǔ lǚ），弯腰驼背。"跂"，本义踮起脚跟，或作企望，或为跂行，亦指多生的脚趾（参见《庄子·骈拇》）。

"脤"，本义祭祀的生肉，此通"唇"。偏偏是这样一位连嘴唇都没有的畸形人，却来游说卫灵公，且竟然让卫灵公心悦诚服，以至于卫灵公看见正常人时，总觉得不正常，讨厌人们的脖子长得又细又长。"脰"（dòu）：脖子。"肩肩"：细长瘦小。

第二个故事说：

瓮盎（àng）大瘿（yǐng）说齐桓公，桓公说之，而视全人，其脰肩肩。

——这位名叫瓮盎（àng）大瘿（yǐng）的贤人，其名字的字面直义是：颈脖子上长着瓦盆大的毒瘤。他去游说齐桓公，竟然让齐桓公心悦诚服。与卫灵公一样，齐桓公看惯了畸形的瓮盎大瘿，再来看正常人时，反而觉得正常人长得不正常。

为什么一个奇丑无比的人，居然能够打动一国之君，让君主赏心悦目，令君王爱慕有加呢？庄子这里给出的答案，与此前对支离疏现象的感叹一样，是德，是忘之德。庄子说：

故德有所长，而形有所忘。

根据《庄子·德充符》的语境，德有所长之"长"，不是比较概念，而是事实陈述，不是说有德之人比别人更优秀，而是指内心德性充实而光明，无心忘形，无意忘己，自然而然与道相符。

圣人之忘，是忘形忘己而德存。世人也有忘，但与圣人之忘恰好相反。庄子感叹说——

人不忘其所忘，而忘其所不忘，此谓诚忘。

世人本应该忘记形骸，却念念不忘；本不应该忘记德性，却总是会忘，这才真的是忘。

庄子让这些丑陋的忘形之人照见真丑的世人之形，以此警醒天下，唯有让别人忘记自己，人在这个危险的人间世才足以安全。

从支离其形，到支离其德；从自己忘形，到让别人忘记我形，并非易事，正如本辑第一则故事中的孔子对颜回所言："绝迹易，无行地难"。难就难在人们根本不想忘形，不仅不想，还唯恐自己的形不够彰显，不够亮丽，这无异于将自己置于死地。

下一则故事中被楚狂接舆嘲笑的孔子，恰恰就是这样的人。

第六则：孔子适楚，楚狂接舆游其门

这是本辑《人间世》的第六个故事，也是最后一个故事。

故事的主角是孔子，只不过他的角色在这里发生了逆转：从本辑开始时解决问题的老师，变成了问题本身。

这个故事的另一位主角，名为接舆，是一位楚狂。在《庄子》的世界，楚地似乎从来不乏狂人。

这些狂人只是自狂，并不招摇过市，就像这个故事中的接舆一样，是远祸避害的隐者。这些狂放的隐者似乎认为：人唯一应该做的事情，是守护自己的自然天性，不要被像孔子这样的圣贤玷污了自己。

故事说：

> 孔子适楚，楚狂接舆游其门。
>
> 曰："凤兮凤兮，何如德之衰也！
>
> 来世不可待，往世不可追也。
>
> 天下有道，圣人成焉。天下无道，圣人生焉。方今之时，仅免刑焉。福轻乎羽，莫之知载。祸重乎地，莫之知避。已乎，已乎，临人以德！殆乎，殆乎，画地而趋！迷阳迷阳，无伤吾行！吾行卻曲，无伤吾足！"

——"适楚"：在去往楚国的途中。"凤"：这里借喻孔子。"待"：期待。"追"：追回。"成"：成就治理大业。"生"：苟全性命。

"何如德之衰"句：为何生逢乱世。"仅免刑"句：但求免遭刑戮。

"福轻乎羽"句：幸福轻于羽毛，无人知道怎样才能受用。

"祸重乎地"句：祸害比大地还沉重，无人知道怎样可以避免。"已乎，已乎"句：快停下吧，不要向人炫耀德行。

"殆乎，殆乎"句：危险啊，不要走进自己设下的陷阱。"迷阳迷阳"句：荆棘啊荆棘，不要长满了我前行的路。

"吾行卻曲"句：无奈我只好退行绕道，为的是不伤我的脚。"卻"

（què）：退却。

楚狂的这首《凤歌》，可以说是一首人间世的"哀歌"，对孔子的同情，多于对他的嘲讽；对世道凶险、民不聊生的揭示，其意义大于对孔子个人命运的关心。

楚狂唱道：这个失道而无道的危邦，前后都是绝路，没有过去，也没有未来。无奈生于此时此地的生民，无论圣人，还是俗人，能够活下来，就是幸运；活下来而不受酷刑，就是奢侈。遍地都是伤足的荆棘，无处可逃，无路可走；除了危险，还是危险；除了恐惧，还是恐惧。

下面引述的【郭注】和【成疏】，是对"福轻乎羽"之后的后半部分内容的解读，其实也是对《凤歌》总体要旨的深度揭示，尽管未免有过度发挥之嫌，但其中的真意，的确值得如此揣摩。

【郭注】付之自尔而理自生成，生成非我也，岂为治乱易节哉！治者自求成，故遗成而不败；乱者自求生，故忘生而不死。

不瞻前顾后，而尽当今之会，冥然与时世为一，而后妙当可全，刑名可免。

足能行而放之，手能执而任之，听之所闻，视目之所见，知止其所不知，能止其所不能，用其自用，为其自为，恣其性内，而无纤芥于分外，此无为之至易也。

无为而性命不全者，未之有也。性命全而非福者，理未闻也。故夫福者，即向之所谓全耳，非假物也，岂有寄鸿毛之重哉！率性而动，动不过分，天下之至易者也。

举其自举，载其自载，天下之至轻者也。然知以无涯伤性，心以欲恶荡真。故乃释此无为之至易，而行彼有为之至难，弃夫自举之至轻，而取夫载彼之至重，此世之常患也。

举其性内，则虽负万钧而不觉其重也；外物寄之，虽重不盈锱铢，有不胜任者矣！为内，福也，故福至轻；为外，祸也，故祸至重。祸至重而莫之知避，此世之大迷也。

夫画地而使人循之，其迹不可掩矣。有其己而临物，与物不冥矣。故大人不明我以耀彼，而任彼之自明；不德我以临人，而付人之自得。故能弥贯万物而玄同彼我，泯然与天下为一，而内外同福也。

【成疏】已，止也。殆，危也。仲尼生衰周之末，当浇季之时，执持圣迹，历国应聘，频遭斥逐，屡被诋诃，故重言"已乎"，不如止而勿行也。若用五德临于百姓，舍己效物，必致危亡。犹如画地作迹，使人走逐，徒费巧劳，无由得掩，以己率物，其义亦然也。

迷，亡也。阳，明也，动也。陆通（接舆）劝尼父令其晦迹韬光，宜放独化之无为，忘遣应物之明智，既而止于分内，无伤吾全生之行也。郤（què），空也。曲，从顺也。虚空其心，随顺物性，则凡称吾者各自足也。

结题：自寇，自煎

这一则，为全篇做总结陈词。

《庄子·人间世》全篇讲了六个大故事和一系列小故事，所有这些故事的寓意，可归结为两个密切相关的问题：其一，人间世为什么危险？其二，人如何可以不危险？

这一则将全篇给出的各种答案和解决方案归结为一句话，来终结这两个不是问题的问题：

只知有用之用，人间世便是水深火热的地狱，人自缚倒悬其上，自我煎熬；能知无用之用，人间世就一片光明，没有恐惧，帝之县解，万物自得。庄子说：

山木，自寇也；膏火，自煎也。

桂可食，故伐之；漆可用，故割之。人皆知有用之用而莫知无用之用也。

——"自寇"：此指自招砍伐。"自煎"：此指自我煎熬。"膏"：燃烧火把的动物油脂。

【郭注】有用则与彼为功，无用则自全其生。夫割肌肤以为天下者，天下之所知也；使百姓不失其自全，而彼我俱适者，怓（mán）然不觉妙之在身也。

【成疏】楸柏橘柚，膏火桂漆，斯有用也。曲辕之树，商丘之木，白额之牛，亢鼻之豕，斯无用也。而世人皆炫己才能为有用之用，而不知支离其德，为无用之用也。

【郭注】和【成疏】的以上解读，显然是将本辑最后这段话作为全篇要义的总结。

人间世一切乱象，人生的一切困苦，都是人以其智知自作孽的结果，而不是天性使然，更非天命如此。

　　庄子以其生命哲学的洞彻，将人间乱世的一切罪责都担在了人自己身上，也将解除人间乱世一切困苦的希望寄托在了人自己身上。

　　值得注意的是，本辑《人间世》和上一辑《养生主》的结尾，都出现了"膏脂"燃烧的意象，在本辑是"膏火自煎"，在《养生主》是"指穷火传，不知其尽"。

　　两相比较，不难发现："人间世"煎熬的，是地狱之火；"养生主"点燃的，是虚室之光。

　　有用之用，终将耗尽；无用之用，用之无穷。

第五辑《德充符》

——德有所长，形有所忘

【第五辑要目】

题解：残缺之美

《德充符》讲"全"，准确地说，**以残为全**。

全篇六则寓言故事，前五个故事的主角，无一不是形体残缺之人，其中尤以获罪受刑的兀者（"兀"：无足）最为亮眼，其德行最全、最完美。

与之形成鲜明对比的，是这些故事中的健全人——贤人、哲人、贵人、人君，他们无一不是德行残缺者，其中尤以惠子的德残最为严重，然而，他的自我感觉却最好。

难道德行充实一定要以形体残缺为条件？难道形体健全一定意味着德行缺失？形体完美与德行充实二者注定了不能共美而符合自然之道吗？

要解开这个谜团，还是要从"德充符"这三个字的结构关系入手。

【郭注】德充于内，物应于外，外内玄合，信若符命，而遗其形骸也。

【郭注】这个题解的大意是说：德内在于人，内德与外道相合谓之"符"；德与道符合之日，便是人的天性复归之时，谓之"充"。

当一个人内外相合、道德相符时，会达到一种什么样的充实状态呢？按照【郭注】上面的说法，这个人会"遗其形骸"。这里的"遗"，是指"忘"，尤其是指"忘形"。

忘形，作为一条主线，贯穿《德充符》全篇：从兀者王骀（tái）全然忘形开始，到惠子无法忘形结束。

庄子用这条线索引出一个话题：人为什么必须忘形？人又如何可以做到忘形呢？

在《德充符》这里，庄子从生命哲学角度给出了自己的答案，他用六则寓言，分别阐释了这个答案的六大要义，形象生动地回答了这个艰涩的哲学问题。

第一则：鲁有兀者王骀

第一节 不言之教，无形而心成

鲁国有位只有一只脚的学者，名为"兀者王骀"。"兀"（wū）：断掉一足，茫然无知。"骀"（tái）：本义劣马，喻义庸才。

故事说，偏偏是这样一个品行欠佳、浑浑噩噩且身体有缺陷的人，整个鲁国跟随他学习的人，竟然与追随孔子的人数不相上下。

鲁有兀者王骀，从之游者，与仲尼相若。

常季问于仲尼曰："王骀，兀者也，从之游者，与夫子中分鲁。立不教，坐不议，虚而往，实而归。

固有不言之教，无形而心成者邪？是何人也？"仲尼曰："夫子，圣人也。丘也，直后而未往耳。丘将以为师，而况不若丘者乎！

奚假鲁国！丘将引天下而与从之。"

——"相若"：相近，匹敌。"中分"：平分，不相上下。"立不教"：站着的时候不讲授。"坐不议"：坐下来的时候不议论。"虚而往"：人人心空而来。"实而归"：个个充实而归。"固有"：难道果真有传说中的……。"心成"：此指道德充实。"奚假"：何止。

百思不得其解的常季问孔子：难道真的有传说中的"不言之教"吗？难道真的有"无形而心成"这样的奇迹吗？如果有，这样的人究竟是一种什么样的神通呢？

孔子回答常季说：此人是位圣人，看来我落后于他的那些弟子们了，还未来得及去拜他为师，实在惭愧。孔子进一步说，连我这样的人都要拜他为师，更何况不如我的人呢。不只是鲁国，我要引领天下人都跟随他学"心成"之道。

孔子的这番回答，反而让常季更加困惑了。

　　常季曰："彼兀者也，而王先生，其与庸亦远矣。

　　若然者，其用心也，独若之何？"

　　——"王"（wàng）：超过，胜过。"庸"：俗人，常人。"用心"，可同时两解：其一，让自己内心充实的道术；其二，传道解惑的心法。

　　让常季不可思议的是：一个受过刑罚的独脚之人，居然比孔子还受世人的追捧；更不可思议的是：连孔子自己也自愧不如，居然还要率天下人拜这位兀者为师。如果真的如孔子所言，这位兀者凭借什么成了圣人呢？

　　仲尼曰："死生亦大矣，而不得与之变；虽天地覆坠，亦将不与之遗。审乎无假，而不与物迁；命物之化，而守其宗也。"

　　——前一个"之"：指死生。后一个"之"：指天地。"审"：处，此指无意而定，参见《徐无鬼》："水之守土也审，影之守人也审，物之守物也审"。"无假"：一作无须假托，无所相待，一作"无瑕"。"命"：听任。"宗"：根本，中枢。

　　【郭注】人虽日变，然死生之变，变之大者也。彼与变俱，故死生不变于彼。明性命之固当。任物之自迁。以化为命，而无乖迕。不离至当之极。

　　孔子告诉常季：王骀这样的人，之所以远比庸常之人高明——"其与庸亦远"——在于能"化"。这样的人，随生死变化，与天地同在。和世事相处，既不依凭外物，也不扰乱外物，守持自己的本分，也让外物各守自性，听任自己与万物各自变化，始终与道不离。

第二节　肝胆楚越，万物皆一

　　上一节，孔子告诉常季：王骀之所以是圣人，关键在于"化"——"命物之化"，【郭注】解释为"以化为命"。

　　孔子的这一解释，本来就大而化之；【郭注】的阐释更加大而化之，这完全不是常季的认知方式，所以他听不明白。

　　常季这个名字表明：这是一个庸常之人。对庸常之人讲超越庸常之人的道理，难怪常季越听越糊涂。

常季曰："何谓也？"

仲尼曰："自其异者视之，肝胆楚越也；自其同者视之，万物皆一也。夫若然者，且不知耳目之所宜，而游心于德之和。

物视其所一而不见其所丧。视丧其足犹遗土也。"

——肝与胆，本来相邻相照，假如此二者如人一样有知，且如常人一样分彼此，辨是非，则二者形同陌路，其心理距离有如楚越两地，相距遥远。

孔子用这样的比喻告诉常季：王骀这样的人，不是这样处世的。对于王骀来说，万物都一样各自变化，万物之间其实没有什么差异。既然如此，独脚之人，就没有什么与众不同；丧失一足，就不是丧失，就没那么值得悲哀，充其量如同从衣服上拍掉了一点灰尘而已，岂不反倒轻松！

【郭注】恬苦之性殊，则美恶之情背。虽所美不同，而同有所美。各美其所美，则万物一美也；各是其所是，则天下一是也。

夫因其所异而异之，则天下莫不异。而浩然大观者，官天地，府万物，知异之不足异。

故因其所同而同之，则天下莫不皆同；又知同之不足有，故因其所无而无之，则是非美恶莫不皆无矣。

夫是我而非彼，美己而恶人，自中知以下，至于昆虫，莫不皆然。然此明乎我而不明乎彼者尔。

若夫玄通泯合之士，因天下以明天下，天下无曰我非也，即明天下之无非；无曰彼是也，即明天下之无是。无是无非，混而为一，故能乘变任化，迕物而不慑（慴 shè）。

宜生于不宜者也。无美无恶则无不宜。无不宜，故忘其宜也。都忘宜，故无不任也。都任之而不得者，未之有也。无不得而不和者，亦未闻也。故放心于道德之间，荡然无不当，而旷然无不适也。

体夫极数之妙心，故能无物而不同。无物而不同，则死生变化无往而非我矣。故生为我时，死为我顺。时为我聚，顺为我散，聚散虽异，而我皆我之。则生，故我耳，未始有得；死，亦我也，未始有丧。夫死生之变犹以为一。既睹其一，则蜕然无系，玄同彼我，以死生为寤寐，以形骸为逆旅，去生如脱屣，断足如遗土。吾未见足以缨（yīng，缠绕）绋（fú，野草塞路）其心也。

第三节　莫鉴于流水，而鉴于止水

上一节，孔子告诉常季，兀者王骀视自己与万物皆一，所以"视丧其足，犹遗土也"，自己与别人，与万物没有什么实质上的差别。【郭注】将这种人生观解释为"玄同彼我，以死生为寤寐，以形骸为逆旅"，因此，人间世没有什么烦恼能够搅动他宁静而充实的内心。

孔子告诉常季的道理越来越玄，【郭注】的相应阐释也不得不越来越烦琐。显而易见，孔子这些深刻思想及其【郭注】，之于庸常之人常季，无异于对牛弹琴。

尽管如此，常季并非真的是俗不可耐，一窍不通，毕竟，孔子的几番解释，还是让他有所触动。逐渐开窍的常季，此时更加好奇，他更想知道：这位兀者王骀，究竟是超凡脱俗的圣人，还是装模作样的骗子？常季的这种具有反思意义的追问，表明他已经越来越接近孔子阐发的道理了——

常季曰："彼为己，以其知，得其心；以其心，得其常心。物何为最之哉？"

常季质疑说：如果按照孔子的说法，王骀独自变化，并没有刻意想要人们崇拜他；且人各自化，王骀的那些崇拜者并不需要崇拜任何人；那么，人们为什么还会崇拜他，聚集在他身边呢？这只有一种可能：王骀并没有真正化到忘形忘己，其心还不是化心，还只是常人的固执之心。

常季这句话中的"物"，泛指人，此指从游于王骀的弟子。"最"，可同时两解：其一，以……为最，崇拜；其二，通"聚"：聚集，归依。

仲尼曰："人莫鉴于流水而鉴于止水。唯止能止众止。
受命于地，唯松柏独也正，在冬夏青青。受命于天，唯尧舜独也正，在万物之首。幸能正生，以正众生。"

——"人莫鉴于流水"句：只有静止之水才能让人止步照见自己并使自己也安静下来。"正生"：自正性命。"众生"：众生的性命。

孔子列举了三种现象，其中有物有人，无论物还是人，都是自然之物，以此启发常季如何理解众人归附王骀的现象：王骀无心，众人无意，一切都如水止照人，松柏不凋，尧舜自正——自然来照，自然出众，自然服众。

第四节　一知之所知，而心未尝死

上一节，孔子告诉常季，人只有在静止的水中，才能照见自己。兀者王骀，就好比照见人形的止水——不是止水照人，而是人来照见止水。同样的道理，不是老师鼓惑学生来归，而是学生自己来归附老师；不是仁君让万民顺服，是万民自动顺服仁君。王骀，老师，仁君，他们都是寂然不动、无心自明、无意照人的止水。

这一节，孔子进一步教导常季：

夫保始之征，不惧之实，勇士一人，雄入于九军。

将求名而能自要者，而犹若是，而况官天地，府万物，直寓六骸，象耳目，一知之所知而心未尝死者乎！

——"保始之征"：保守本性最初的样子。"不惧之实"：充满无所畏惧的气概。"名"：功名。"官"：主宰。"府"：包藏。"直寓六骸"：只寄性命于一己之躯。"象耳目"：不惑于耳目见闻的万象，只以耳目所得为迹象。"心未尝死者"：本性没有丧失，真心犹在。"一知"：字面直义为一己之智，可有两解：其一，"以一而知……"，"一"指本心，此句大意为：以天智自然而然感知万物而不作主观臆断。其二，"一"为动词，则"一知"为"使……知为一"，此句大意为：所知皆一，所见所闻无不一致。

这一次，孔子改变了说道的策略，采用了常季熟知的认知方式，他用勇士之忘比较王骀之忘——既然一介武夫为了得名都可以舍生忘死，一心得道的王骀又怎么不能够于尘世中忘形忘己而"游心于德之和"呢？可见，王骀的确没有用心惑众，从者也的确不是王骀所能求。

最后，孔子不无羡慕地感叹道：

彼且择日而登假，人则从是也。彼且何肯以物为事乎！

——"且"：将。"择日"：不日，不久，说不定哪一天。"登假"：登云升天。"从是"：跟从他。

"彼且何肯以物为事乎"：他怎么会像我孔子这样，一心要以好为人师为己任呢。"彼"：指王骀。"以物"：以人，以引导人。"物"，此指人。

第二则：申徒嘉，兀者也

第一节　唯有德者能之

这一则，继续讲兀者的故事。

故事的寓意表明：人，是精神性存在。

故事的发生地，从鲁国转移到了郑国。故事的主角，依然是兀者和贤者，只不过这一次的贤者，从孔子换成了与孔子一样闻名于世的子产。

故事的开头说：子产与兀者申徒嘉同学于伯昏无人的门下。

【成疏】伯昏无人，师者之嘉号也。伯，长也。昏，暗也。德居物长，韬光若暗，洞忘物我，故曰"伯昏无人"。

子产，姓公孙，名侨，字子产，是郑国的执政大夫。根据历史记载，子产是将刑罚条文铸在鼎上公之于众的第一人，他因此备受世人瞩目。[①]

子产是一位开明的政治家，曾以不毁乡校闻名于世，受到孔子的特别尊重。[②]

兀者，是触犯法律而遭受刖刑的失足者。不难想见，让一个举世闻名的执法者与一位刑徒兀者同学、同行，会是多么地尴尬。

尽管子产在内心不乏对兀者申徒嘉的尊重，但由于自己的身份实在特殊，他不得已请申徒嘉不要与他同进同出、平起平坐。

申徒嘉，兀者也，而与郑子产同师于伯昏无人。

----

① 见《左传·昭公六年》。

② 《孔子家语·正论解》：郑有乡校，乡校之士，非论执政。𨟖明欲毁乡校（"𨟖"zōng，《左传·襄公三十一年》及西汉·刘向《新序·杂事四》作"然"）。子产曰："何以毁为？夫人朝夕退而游焉，以议执政之善否。其所善者，吾则行之；其所否者，吾则改之。若之何其毁也？我闻忠善以损怨，不闻立威以防怨。防怨，犹防水也。大决所犯，伤人必多，吾弗克救也。不如小决使导之，不如吾所闻而药之。"孔子闻是言也，曰："吾以是观之，人谓子产不仁，吾不信也。"

子产谓申徒嘉曰："我先出则子止；子先出则我止。"

其明日又与合堂同席而坐。子产谓申徒嘉曰："我先出则子止；子先出则我止。今我将出，子可以止乎，其未邪？且子见执政而不违，子齐执政乎？"

申徒嘉曰："先生之门固有执政焉如此哉？子而悦子之执政而后人者也！闻之曰：'鉴明则尘垢不止；止则不明也。久与贤人处则无过。'今子之所取大者，先生也，而犹出言若是，不亦过乎！"

——"其"：抑或。"违"：回避。"齐"：等同，此指平起平坐。"先生"：指二人的老师伯昏无人。"后"：小看人。"鉴"：镜子。"明"：如果要想保持明亮。"不止"：此指不能够让尘垢存在。"今子之所取大者"句：你来这里，是为了求取先生之大道，即上文"与贤人处"，你居然还会说出这种小人之言，太过分了吧。"过"：错，谬误，过分。

子产曰："子既若是矣，犹与尧争善。计子之德，不足以自反邪？"

——你受刑残身，落到了这个地步，还恬不知耻，要与我并行，如此不自知，如同与圣尧比善一样荒唐，估量一下自己的德行吧，难道还不足以让你好好反省吗！

申徒嘉曰："自状其过以不当亡者众；不状其过以不当存者寡。知不可奈何而安之若命，唯有德者能之。

——申徒嘉自信地告诉子产：自我辩护，认为自己不应该遭受刑罚的人很多；然而，不为自己辩护，认为自己不应该免受刑罚的人很少。而我申徒嘉就是后者：甘受命运的惩罚。言下之意，你子产就是前者，本该如孔子那样受到"天刑"，事实上你就是"天之戮民"，只是不甘心接受这样的事实而已。"亡"：此指遭受削刑。"存"：此免受刑罚。"若命"：顺命。

【郭注】多自陈其过状，以己为不当亡者，众也。默然知过，自以为应死者，少也。

【成疏】夫自显其状，推罪于他，谓己无愆，不合当亡，如此之人，世间甚多；不显过状，将罪归己，谓己之过，不合存生，如此之人，世间寡少。郑子产奢侈矜伐，于义亦然者也。

第二节　同游于羿之彀中

上一节，子产认为申徒嘉无德，不配与他这位举世公认的大德之人平起平坐；申徒嘉认为，子产才是无德之人。

究竟谁无德，谁有德，子产与申徒嘉的说法都对。子产所谓德，是指伦理秩序意义上的仁义道德，申徒嘉不以遭受刖刑为耻，不遵守伦理规范，在执政大臣面前不知退让，的确是无德之徒。反之，子产不知道万物平等，不懂得学习的意义是为了心镜无尘，而不是为了出人头地，所以无法学得伯昏无人的真道，是名副其实的无德。申徒嘉所谓德，用他自己的话说，是"知不可奈何，而安之若命"，他的这一定义，《庄子·人间世》中的孔子表述为"知其不可奈何而安之若命，德之至也。"

有孔子可以引以为同调，刑徒申徒嘉面对执法的最高权威，毫不心虚，反倒是底气十足。他不仅不自惭形秽，反而还为自己的"恬不知耻"感到志得意满。他不无自豪地说：能够坦然接受命运的惩罚，不逃避，不在意，不自卑，不自弃，这只有像我这样内心光明如鉴的全德之人才能做得到。

申徒嘉深知自己与子产都是命中注定的人间世囚徒，只不过所受刑罚有显有隐而已。他认为子产比自己更为不幸，更值得同情，因为子产身陷囹圄而不自知。他提醒子产说：

游于羿之彀中，中央者，中地也，然而不中者命也。

——天下之人，都活在后羿神箭的射程范围之内，你我也不例外。我被射中了，而你得以幸免，都一样是命，并不是我比你坏，你比我优秀。"彀"（gòu）：张弓。

【成疏】羿，尧时善射者也。其矢所及，谓之彀中。言羿善射，矢不虚发，彀中之地，必被残伤，无问鸟兽，罕获免者。偶然得免，乃关天命，免与不免，非由工拙。自不遗形忘智，皆游于羿之彀中。是知申徒兀足，忽遭羿之一箭；子产形全中地，偶然获免。既非人事，故不足自多矣。

接下来，申徒嘉与子产谈起了自己求学的心得体会，这番话，更像是同学挚友的交心谈心，让子产不能不自惭形秽：

（申徒嘉说：）"人以其全足笑吾不全足者，多矣，我怫然而怒，而适先生之所，则废然而反。

不知先生之洗我以善邪！吾与夫子游十九年矣，而未尝知吾兀者也。

今子与我游于形骸之内，而子索我于形骸之外，不亦过乎！"子产蹴然改容更貌曰："子无乃称！"

——"怫（fú）然"：暴戾之心也（【成疏】）。"反"：返回无怒的自然常态。"游"：相交。"形骸之内"：内心的德性。"索"：苛求。"形骸之外"：外形相貌。"子无乃称"：请你不要再说下去了。"乃"：如此。"称"：称说。

申徒嘉推心置腹地说：我受到先生的教化，却感觉不到先生在教化我，就好像是我自然而然地改恶从善。先生从来没有让我感觉到自己是一个犯过罪的失足者。

按照申徒嘉所言，他们的老师伯昏无人与上一个故事中的王骀一样，是"不言之教，无形而心成"的圣人。相比子产铸刑鼎，用刑罚残害人的形骸，羞辱人的人格，伯昏无人让申徒嘉自化从新的道术，才是子产最应该学习的，可惜，子产之贤，仍然局限于形骸，其治道之低下，由此可见。

【郭注】皆不知命，而有斯笑矣。见其不知命而怒，斯又不知命也。见至人之知命遗形，故废向者之怒而复常。

形骸外矣，其德内也。今子与我德游耳，非与我形交也。而索我外好，岂不过哉！

综观兀者申徒嘉与子产的对话，二者共同的焦点，始终没有离开"德"这个命题。

何为德？这个故事没有给出精确的定义，但是申徒嘉的言行，体现了一个德者所具备的全部要义——

德，在申徒嘉这里，不是指作为个人行为规范的社会道德准则，而是一个人自己成为自己的内在精神条件。德，因此与世事无关，与仁义无涉，是纯粹的精神寄寓尘世形骸，但又不为形骸所累、不为人情所伤的心地光明。

　　从这个意义上说，庄子的道德哲学，或许更应该理解为精神哲学——人是一种精神性存在；进一步而言，整个宇宙都是一种精神性存在——这或许可以说是庄子哲学乃至中国古代哲学的中枢。

　　德，作为精神，是人之所以是人的本质；与之相应地，道，作为精神，是万物之所以是万物的本质。《庄子·天地》·【天地虽大其化均也】说："通于天地者，德也；行于万物者，道也。"德充实于人的内心，道充实于宇宙万物，二者相合，内外相符，谓之"德充符"。

　　《庄子·在宥》·【贱而不可不任者】说："不明于天者，不纯于德；不通于道者，无自而可。"这句话多被认为是伪文，但与上引《庄子·天地》的文义十分接近，一同用来理解什么是"德充符"，倒也十分贴切。

第三则：鲁有兀者叔山无趾，踵见仲尼

第一节 丘则陋矣

这一则，是本辑《德充符》第三个兀者的故事。

故事的地点，又回到了鲁国。故事的主角，又成了兀者与孔子。

这两个人的对话告诉人们：人，无时不在天刑桎梏中。

故事的开头说，鲁国有个名叫叔山无趾的兀者，用脚后跟行走，前来拜见孔子。

> **鲁有兀者叔山无趾，踵见仲尼。**
>
> **仲尼曰："子不谨前，既犯患若是矣。虽今来，何及矣？"**

——这位无趾之人万万没有想到，孔子一反有教无类的常态，劈头盖脸地将他教训了一顿：你犯罪受刑，落到今天这个地步，罪有应得，现在却来向我求教，想重新成为健全之人，可是大错已经铸成，后悔已经太晚了呀。

同样是对待遭受过刑罚的兀者，孔子此时的态度，与上一则故事中的子产相同，却与子产的老师伯昏无人相反。伯昏无人无视人的外形，尤其对受刑致残者的外形视而不见。孔子则与子产一样，只见兀者的形骸残缺，不知兀者的精神德性其实比自我感觉良好的圣贤更加健全。

孔子的失态，让这位专程前来求教的兀者既失望，又庆幸。失望的是自己被孔子拒之门外，庆幸的是自己目睹了所谓圣贤的真面目，这样的圣贤，还是敬而远之为好。这位如梦初醒的兀者回应孔子说：

> **无趾曰："吾唯不知务而轻用吾身，吾是以亡足。今吾来也，犹有尊足者存焉，吾是以务全之也。**
>
> **夫天无不覆，地无不载，吾以夫子为天地，安知夫子之犹若是也！"**
>
> **孔子曰："丘则陋矣。夫子胡不入乎？请讲以所闻！"**

　　无趾出。

　　无趾回应孔子的这段话，大意是说：我之前只因不识时务，轻率犯错，以致受刑失足。但现在我知道，天下还有比形骸之足更值得尊贵的内心德性，所以来这里，是想要保全它不再失去。我将先生认作与天地一样宽容的德性守护者，没想到先生竟和鄙俗的世人一样，以貌取人，只见人的形骸外表，不识人的内在德性。

　　令孔子意想不到的是，这位兀者的回答，让自己自惭形秽，正如上一则故事中兀者申徒嘉的一番话，让子产无地自容。

　　【成疏】无趾交游恭谨，重德轻身，唯欲务借声名，不知务全生道，所以触犯宪章，遭斯残兀。形虽亏损，其德犹存，是故频烦追讨，务全道德。以德比形，故言尊足者存。存者，在也。

　　夫天地亭毒，覆载无偏。①而圣人德合二仪，古当弘普不弃，宁知夫子尚不舍形残！善救之心，岂其如是也！仲尼所陈，不过圣迹；无趾请学，务其全生，答浅问深，足成鄙陋也。（孔子所称）夫子，无趾也。胡，何也。仲尼自觉鄙陋，情实多惭，故屈无趾，令其入室，语说所闻方内之道。既而蘧（qú）庐久处，②刍（chú）狗再陈，③无趾恶闻，故默然而出也。

第二节　天刑之，安可解？

　　上一节说，有教无类的孔子，先是将向他求教的无趾拒之门外，转而

---

　　①　"亭毒"：化育万物。语出《老子》第五十一章："道生之（'生'：生长），德畜之（'畜'：养育），物形之（'形'：赋形），势成之（'成'：形神兼备而有生命）。是以万物莫不尊道而贵德。道之尊，德之贵，夫莫之命，而常自然（万物尊道贵德，是一种自然而然现象，既不是出于本体的意志，也不是服从道德的命令）。故道生之，德畜之；长之，育之；亭之（'亭'：一说通'成'，一说解作'定'），毒之（'毒'：一说通'熟'，一说解作'安'）；养之，覆之（'覆'：保护）。生而不有（'有'：据为己有），为而不恃（'为'：作为；'恃'：自恃其能），长而不宰（'长'：主导。'宰'：主宰生杀），是谓'玄德'（'玄'：高明，深奥，玄妙）。"

　　②　"蘧庐"：旅舍，逆旅。语出《庄子·天运》："仁义，先王之蘧庐也，止可以一宿，而不可以久处。"

　　③　"刍狗"：用于祭祀的草扎的狗，用后即弃。语出《庄子·天运》："今而夫子，亦取先王已陈刍狗。"

又邀请这位兀者登堂入室，表示自己愿意收他为门徒。接下来的故事，只有极富戏剧性的三个字："无趾出"。

这位无趾，究竟是接受邀请进了孔门然后更加失望地离开呢？还是索性拂袖而去，根本就没有踏进孔门呢？"无趾出"这三个字留下了巨大的想象空间。

按照【成疏】的说法，孔子听了无趾的话，自惭形秽，知道眼前这位被自己羞辱的兀者，或许真是一位可教之材，于是恭请他入室，表示愿意收他为门徒。然而，一报还一报，此前拒绝了无趾的孔子，此时遭到了无趾的拒绝。此时的无趾，不再认为孔子是值得尊重的老师，孔子的那套陈词滥调根本不值得一闻。

不过，孔子毕竟是虚怀若谷的圣人，并没有因为遭到兀者拒绝而怀恨拒绝自己的兀者，依然对拒绝他的无趾给予了足够的尊重和中肯的评价——

孔子曰："弟子勉之！夫无趾，兀者也，犹务学以复补前行之恶，而况全德之人乎！"

——在孔子看来，无趾犯罪，是道德残缺，因罪获刑，是身体残缺，可谓形骸与德性"两缺"；与之对应地，所谓"全德"，既指道德完美，又指身体健全，可谓"两全"。这是地道的世俗全德观。

孔子对于兀者的尊重，只是肯定他好学；对于无趾的理解，还没有超出其思想成见的局限，并没有真正懂得兀者"遗其形骸"的"全德"之美。

下面的故事，转换了场景。毅然离开了孔子之后的无趾，转而来向老子请教，希望老子能为他解开孔子之谜。

无趾语老聃曰："孔丘之于至人，其未邪？彼何宾宾以学子为？

彼且蕲（qí）以谂（chù）诡幻怪之名闻，不知至人之以是为己桎梏（zhì gù）邪？"

——"其未邪"：还没有达到至人的境界。"宾"：一说通"频"，一说通"缤"。"学子"：《盗跖》篇作"学士"。"蕲"（qí），通"祈"。"谂"（chù）：奇异。

【成疏】在手曰桎，在足曰梏，即今之杻械（chǒu xiè，脚镣手铐）也。彼之仲尼，行于圣迹，所学奇谲（jué）怪异之事，唯求虚妄幻化之名。不知方外体道至人，用此声教为己枷锁也。

无趾向老子请教的，不是何为孔子，而是何为至人，因为孔子自以为至人，或者说，孔子一心想通过拜老子为师而成为至人。

老子答非所问，说孔子最需要的，是有人帮他解除桎梏。显然，在老子这里，孔子连一个自由的人都谈不上，更何谈什么至人。

老聃曰："胡不直使彼以死生为一条，以可不可为一贯者？解其桎梏，其可乎？"

——老聃的大意是说：你或许可以引导孔子通过"齐生死""一是非"这两种修炼，自行解除自己的桎梏。老子这里"以可不可为一贯"，显然是针对孔子的"一以贯之"说而言的。

《论语·里仁》记载说：

子曰："参乎！吾道一以贯之。"

曾子曰："唯。"

子出。门人问曰："何谓也？"

曾子曰："夫子之道，忠恕而已矣。"

孔子以忠恕之道一以贯之，老子让他改弦易辙，以"可不可"一以贯之。这在无趾看来，是根本不可能的，既然如此，孔子的自我解脱就绝无可能。

无趾曰："天刑之，安可解？"

无趾将孔子的悲剧性命运看作"天刑"，既然是天刑，就无法解脱，无法逃逸，否则就不是天刑。这在逻辑上说得通，但并没有解决问题：一个遭受天刑的人，如何得以解脱，这才是老子关注的焦点，也是庄子的哲学诉求，《庄子·养生主》和《庄子·大宗师》将这种解除天刑的自由自在，表述为"帝之县解"。庄子说，要想解除天刑，其实一点儿那都不难，只要能够做到"安时而处顺"即可。庄子说，"帝之县解"的人，"哀乐不能入"。

那么，孔子为什么不能做到"安时而处顺"，而终不得"帝之县解"呢？

【成疏】仲尼宪章文武，祖述尧舜，删诗书，定礼乐。穷陈蔡，围商周，执于仁义，遭斯戮耻，亦犹行则影从，言则响随，自然之势，必至之宜也。是以陈迹既兴，疵衅斯起，欲不困弊，其可得乎？故天然刑戮，不可解也。

按照无趾的说法和【成疏】的解释，孔子活在自己的形体桎梏之中，浑然不自知，这是天命对孔子自以为是的惩罚，这种惩罚或许还将持续一段时日，他解脱桎梏的时机尚未成熟。

对比无趾和孔子，兀者因轻率犯罪而自遭酷刑，孔子因自以为是而自受桎梏。二者都是罪过之人，也因此都是残疾之人。但是，孔子反不如兀者——兀者知道自己不全，也知道如何保全；孔子却完全不知，自以为全德。

看来，兀者其实比孔子更完美，也更值得尊重。

可见，孔子应该以兀者为师，而不是反之。

第四则：卫有恶人焉，曰哀骀它

第一节　恶骇天下，而雌雄合乎前

本辑《德充符》的前三则故事，都是以兀者为主角，以缺为全，以残唯美。之所以如此，对庄子而言，人的本质，是一种精神性存在，而非物理性生物；或者说，人是寓于身体这种物质的精神性存在。既然身体只是精神寄寓的逆旅（旅舍），无关乎精神的本体，无碍于生命的自由，身体形态如何，也就无所谓了。那么，人作为精神性存在的内涵是什么？此前三则故事中的兀者的共同回答是："德"，准确地说，是全德而德全。

全德之"全"，是动词：保全、呵护、爱惜；德全之"全"，是名词，是本来完整，自然完美，无须修饰，无须修养，无法传授。

这里第四则故事，继续沿着前三则故事的全德思路，进一步阐发"德，是人的精神生命"这一主旨，只不过故事的主角，从兀者换成了恶人。

故事中的这个恶人，来自卫国，名叫哀骀它，其字面直义是：可悲可怜的庸劣之徒。"骀"，读作 tái：劣马，庸劣；亦读作 dài：疲钝，放荡。

恶，在这里，是指丑陋和厌恶，或者说，因为丑陋而令人厌恶。

喜好美善，厌恶丑陋，本是人之常情。但是，何为美丑，何以为喜恶，却很难有共识。

《庄子·在宥》说："世俗之人，皆喜人之同乎己，而恶人之异于己也。"通常情况下，与我同好就是美，与我不同就是恶。然而，这种人之常情，在这个故事中发生了不可思议的逆转。

故事说，鲁哀公告诉孔子：恶骇天下的哀骀它，人见人爱，就连鲁哀公自己也无法拒绝其诱惑，爱他爱得如痴如醉，甚至将国家交给他执掌。

这个哀骀它到底是一种什么样的人呢？为什么越恶越有魅力呢？鲁哀公百思不得其解，于是向孔子请教。

　　鲁哀公问于仲尼曰：

　　"卫有恶人焉，曰哀骀它。丈夫与之处者，思而不能去也。妇人见之，请于父母曰'与为人妻，宁为夫子妾'者，十数而未止也。

　　未尝有闻其唱者也，常和人而已矣。无君人之位，以济乎人之死；无聚禄，以望人之腹。又以恶骇天下，和而不唱，知不出乎四域，且而雌雄合乎前。是必有异乎人者也。"

　　——"和"：应和。"唱"：倡导。"无君人之位"句：无权救人之命。"无聚禄"句：无财赈人之饥。

　　"知不出乎四域"句：智慧平平，然而，无论男女都倾慕而来，拜倒在他面前。

　　【成疏】灭迹匿端，谦居物后，直置应和而已，未尝诱引先唱。夫人君者，必能赦过宥罪，恤死护生。骀它穷为匹夫，位非南面，无权无势可以济人，明其怀人不由威力。夫储积仓廪，招迎士众，归凑本希饱腹。而骀它既无聚禄，何以致人？明其慕义，非由食往也。

　　骀它形容，异常鄙陋，论其丑恶，惊骇天下。明其聚众，非由色往。譬幽谷之响，直而无心，既不以言说招携，非由先物而唱者也。域，分也。忘心遣智，率性任真，未曾役思运怀，缘于四方分外也。雌雄，禽兽之类也。夫才全之士，与物同波，人无害物之心，物无畏人之虑，故鸟与兽且群聚于前也。

　　一无权势，二无利禄，三无色貌，四无言说，五无知虑，夫聚集人物，必不徒然。今骀它为众归依，不由前之五事，以此而验，固异于常人者也。

第二节　所爱其母者，非爱其形也

　　上一节说，哀骀它恶骇天下，一无权势，二无利禄，三无色貌，四无言说，五无知虑，却令天下男女痴迷，不约而同聚集在他的脚下。这令鲁哀公十分好奇。

　　这一节说，鲁哀公自己也未能免俗，同样被这位恶骇天下的哀骀它迷倒，甚至比天下男女更加痴迷——

　　寡人召而观之，果以恶骇天下。

　　与寡人处，不至以月数，而寡人有意乎其为人也；不至乎期年，而寡人信之。国无宰，寡人传国焉。闷然而后应，泛然而若辞。

　　寡人丑乎，卒授之国。无几何也，去寡人而行。寡人卹焉，若有亡也，若无与乐是国也。是何人者也？

　　——"不至以月数"：不到一个月。"泛然"：若无其事。"寡人丑乎"：自惭形秽。"无几何也"：没过多久。"卹"：怅然若失。

　　【成疏】愧，惭也。卒，终也。几何，俄顷也。卹，忧也。寡人是五等之谦称也。既见良人，泛然虚淡，中心愧丑，恋慕殷勤。终欲与之国政，屈为卿辅。俄顷之间，逃遁而去。丧失贤宰，实怀忧卹。情之恍惚，若有遗亡，虽君鲁邦，曾无欢乐。来喜去忧，感动如此。何人何术，一至于斯。

　　鲁哀公百思不解，为什么我那么爱恶人，而恶人不爱我？为什么我那么信任恶人，而恶人无动于衷（"闷然而后应"）？为什么我将整个国家托付给恶人，而恶人却不辞而别（"泛然而若辞"）？这样的恶人，究竟是何方神圣呢？

　　下面是孔子为鲁哀公答疑：

　　仲尼曰："丘也尝使于楚矣，适见豚子食于其死母者，少焉眴若，皆弃之而走。不见己焉尔，不得类焉尔。

　　所爱其母者，非爱其形也，爱使其形者也。"

　　——"使"：一作"游"。"食"：吸奶。"眴"（shùn）：受惊。"不见己"句：不再是与自己一样活着的同类。"使"：主宰。

　　【郭注】使形者，才德也。

　　【成疏】才德者，精神也。豚子爱母，爱其精神；人慕骀它，慕其才德者也。

　　按照【郭注】和【成疏】的说法，孔子给哀公讲述的这个见闻，对于什么是德（才德），给出了一个生动的定义：德，是人的纯粹精神，之于人的生命，犹如呼吸，须臾不可离，不可熄。德若丧失，精神空虚，徒有形骸，如此之人，不过行尸走肉而已。

【郭注】夫生者以才德为类，死者才德去矣，故生者以失类而走也。

按照【郭注】的这一说法，孔子以小猪不再爱死去的母猪为例，不只是说人是一种德性精神的存在，同时也委婉地告诉鲁哀公：恶人与你不是同一类人——恶人活在德性的精神世界，而你的德性精神已死。所以哀骀它义无反顾地离你而去，恰如小猪毫无留恋地离开已死的母猪。

孔子这一看似轻松的隐喻，其实绝不轻松，他不只在解释鲁哀公为什么会遭到恶人哀骀它的遗弃，同时也隐喻鲁哀公不是孔子的同类，孔子和哀骀它一样，总有一天也会选择离去。才德不同类，即便是母子亲情关系，也无法维系。

【郭注】故含德之厚者，比于赤子，无往而不为之。赤子也，则天下莫之害，斯得类而明己故也。情苟类焉，则虽形不与同而物无害心；情类苟亡，虽则形同母子，而不足以固其志矣。

【郭注】的这一借题发挥，对儒家仁义伦理常识提出了一个具有颠覆性的挑战：天下可同，万物可一，人以类聚，谓之"人类"。

人类之"类"，既不是物种相同、形体相近，也不是父子亲情、君臣等级，而是超越物种形体类型、超越政治伦理秩序的"德"之精神。

正是因为精神之德，哀骀它才能引来"雌雄合乎前"，而与鸟兽相互引以为同类。在庄子这里，不只是人类是精神性存在，自然界的鸟兽也一样，以精神同德而相类招引。人与鸟兽一样，都是自然之子。

第三节　无为爱之，皆无其本

上一节，鲁哀公给孔子讲了一段自己如何被恶人哀骀它感动，继而被这个可爱的恶人遗弃的不幸遭遇。

作为回答，孔子给鲁哀公讲了一则他在楚国的见闻：一群小猪吃奶的时候，发现母猪已死，于是四处逃散。孔子解释说，不是小猪不爱母猪，而是因为它们爱的不是母猪的身体，爱的是寄寓母猪身体的母爱精神。既然母爱不再，精神不存，德性已死，母猪的僵尸对于这些小猪就没有任何意义。

这一节，孔子举一反三，说明为什么说德性精神是人的生命之本，由此解释为什么恶人哀骀它最终选择了与爱他的鲁哀公不辞而别。孔子说：

战而死者，其人之葬也不以翣（shà）资；刖者之屦（jù），无为爱之。皆无其本矣。

——战死疆场，就地掩埋，不用棺材，所以用不上棺饰；刖者无足，所以无法爱鞋。"资"：相送。"屦"：读作jù。

"翣"（shà），通常解释为出殡时的棺饰。【郭注】和【成疏】则将翣认作战车上的装饰物，被后世认为缺乏历史依据。

尽管如此，战士的英魂不在，战车的装饰物就失去了价值，比喻人的精神决定形骸的意义，如此注解，或许比其他说法更接近孔子此话的用意和《庄子》文本的原意。

【郭注】翣者，武所资（装备）也。战而死者，无武也，翣将安施？

【成疏】翣者，武饰之具，武王为之，或云周公作也，其形似方扇，使（饰）车两边。军将行师陷阵而死，及其葬日，不用翣资。是知翣者，武之所资。屦（jù）者，足之所用。形者，神之所使。无足，则屦无所用；无武，则翣无所资；无神，则形无所爱。然翣屦以足武为本，形貌以才德为原，二者无本，故并无用也。

孔子不厌其烦，接着举例说：

为天子之诸御、不爪翦（jiǎn），不穿耳；娶妻者止于外，不得复使。形全犹足以为尔，而况全德之人乎！

——"诸御"：此指嫔妃，宫女。"翦"（jiǎn），通"剪"。"复使"：役使。

后宫新女，不穿耳洞、不剪指甲，为的是全形；平民新妻，不外出劳作，为的是不伤形。二者都是为了以完美的形象出现在男人面前。形全足以让女性更有魅力，更何况是德全之人呢。

【成疏】夫帝王宫闱，拣择御女，穿耳翦爪，恐伤其形。匹夫娶妻，停于外务，使役驱驰，虑亏其色。此重举譬，以况全才也。

采择嫔御，及燕尔新昏，本以形好为意者也。故形之全也，犹以降至尊之情，回贞女之操也。夫形之全具，尚能降真人感贞女，而况德全乎！

以上所有举例，都聚焦于一句话：令鲁哀公痴迷的这位恶人，"**才全，而德不形**"——

今哀骀它未言而信，无功而亲，使人授己国，唯恐其不受也，是必才全，而不形者也。

——"全德"：德性完备。"才"：天性。"全"：不失，无损。"形"：显露。

孔子总结性地告诉鲁哀公说：恶骇天下的哀骀它，并不知道自己恶骇天下，更不以为自己恶骇天下。

由此可见，哀骀它这个人，只是一个纯粹的精神性存在，至于长得是什么样子，对于哀骀它自己而言，没有任何意义。他的生命意义，只在于"才全"——保守自然本性无污染，保全精神生命不损毁。

第四节　才全，德不形

上一节，孔子告诉鲁哀公，为什么他深爱的恶人不爱他，因为这位恶骇天下的哀骀它"才全，德不形"。

要做到"才全"，前提是不能让内心的德性外显。换言之，只有德性不外显，才能够才全。可见，才全就是德不形，德不形就是才全。

鲁哀公似乎没有明白这个道理，所以要分别问：何谓才全？何谓德不形？

哀公曰："何谓才全？"

仲尼曰："死生，存亡，穷达，贫富，贤与不肖，毁誉，饥渴，寒暑，是事之变，命之行也。

（如同）日夜相代乎前，而知（智识）不能规乎其始者也，故不足以滑和，不可入于灵府。

使之和豫，通而不失于兑；使日夜无郤，而与物为春。是接而生时于心者也。

是之谓才全。"

——"是"：以上列举的这十六种现象。"事"：人事。"命之行也"：所有这些，都不过是随天道运行的自然变化而已。"相代"：循环。"知"：心智。"规"，通"窥"，亦通"揆"：猜度。"滑"：扰乱。"和"：此指和顺的天性。"灵府"：心灵，内心。"和"：和顺。"豫"：闲适。"通"：通畅。"兑"，通"悦"。"郤"，通"隙"：间断。"与物为春"：如春天般和气。一说"春"为"推"：推移。"接"：触景接物。"生时"：变换时序。

孔子这段话，将十六种纷杂的人事界定为扰乱心性外物，用两个"使"，给"才全"下定义，其中前一个"使"，对应"接物"；后一个"使"，对应"生时"。

这两个"使"，都出自本心（性），而不随外物。非如此接物生时，不可才全；能如此接物生时，就是才全。

【郭注】将"生时"解读为顺时，将接物生时解读为"顺四时而俱化"。

顺而化，所以全。这里的全，首先是指保全——保心性不受外物侵扰、不受智识遮蔽，保全的关键是不可让外物入于"灵府"。

【郭注】灵府者，精神之宅也。夫至足者，不以忧患经神，若皮外而过去。

【成疏】灵府者，精神之宅，所谓心也。经寒暑，涉治乱，千变万化，与物俱往，未尝概意，岂复关心耶？

总而言之，才全，就是保全。保全，就是智识和外物不入灵府。智识和外物不入灵府，就是心灵清静。心灵清静，就是德不形。德不形，就是精神不外显、不外泄。精神不外显、不外泄，就是精神不死、精神不离身体。精神不死、精神与身体不离，就是才全。

这里的才，可以理解为心身自然完美之人。这个道理，顺理成章，但鲁哀公就是听不明白，于是他再问孔子：

"何谓德不形？"

（孔子）曰："平者，水停之盛也。其可以为法也，内保之而外不荡也。

德者，成和之修也。

德不形者，物不能离也。"

【郭注】天下之平，莫盛于停水也。无情至平，故天下取正焉。内保其明，外无情伪，玄鉴洞照，与物无私，故能全其平而行其法也。

事得以成，物得以和，谓之德也。无事不成，无物不和，此德之不形也。是以天下乐推而不厌。

按照【郭注】的这一解读，孔子所谓德，是指得。作为德之得，既不是凭借心机智识求得，也不是圣贤施惠所赐，而是万事自成，万物自和，自然而得，且不知道为什么得。

这样的自然之得，具有无限时空的普适性，无时不得，无处不得，谓之"德不形"。

如此自然之得，名其为"德"，是为了区别于一切非自然的人为之得。如此自然之德，之所以不形，不特别显露，是因为德是万物各自的内在天资，德充实万物，注定了无法外显。

如此理解"德不形"，大致可以说得通，但孔子给"德"下的定义是"成和之修"。在自然状态下，万物自得，为何又是人之"修"的结果呢？对此，孔子自己没有展开论述，【郭注】不知所云，也未敢多加发挥。

其实，孔子说得很清楚：才全，作为自然无为的行为，既是修的方式，也是修的结果，行为和结果一致，就是德，就是全德。

这一次，鲁哀公终于明白了：何为才全？何为德不形？何为才全就是德不形？

面前的孔子，就是最好的答案，最好的榜样，最好的例子，最好的证明——

哀公异日以告闵子（闵子骞，孔子弟子）曰："始也吾以南面而君天下，执民之纪而忧其死，吾自以为至通矣。今吾闻至人之言，恐吾无其实，轻用吾身而亡其国。吾与孔丘非君臣也，德友而已矣。"

鲁哀公这里的反躬自省，从两个方面颠覆了他自己：

其一，作为君王，他与孔子"非君臣"。这也就是此前小猪不认死母之喻的道理：最终决定天下秩序的，不是君臣父子伦理，而是人类作为德类，而人以类聚。

其二，作为形骸之人，他与孔子是**"德友"**。这也就是说，无论是他，还是孔子，都离不开德。人与德为友，而不是人与人为友。如此德友，在

《庄子》中几乎随处可见。①

　　如果不是以德为友，则"天子不得臣，诸侯不得友"。（《庄子·让王》·【曾子居卫】）人生而就是德友。德友就是德不形——与德同在。德作为人的精神生命，寓于形骸，与形骸须臾不离，无时不在，却无形可及。

　　孔子、庄子、鲁哀公、闵子、哀骀它，这些本来形同陌路的彼此是非之人，全都因为"成和之修"，成了德友，且相互背书认证，成了才全德不形的至人或者圣人。

　　庄子用这样的混同，一方面体现了他的齐物功用，一方面为天下生民带来了希望：人人都可以与德为友，而以德类相聚：道不孤，必有邻（《论语·里仁》）。

---

① 参见《庄子·大宗师》：子祀、子舆、子犁、子来四人相与语曰："孰能以无为首，以生为脊，以死为尻，孰知生死存亡之一体者，吾与之友矣。"四人相视而笑，莫逆于心，遂相与为友。

　　参见《庄子·大宗师》：子桑户、孟子反、子琴张三人相与友，曰："孰能相与于无相与，相为于无相为？孰能登天游雾，挠挑无极，相忘以生，无所终穷？"三人相视而笑，莫逆于心，遂相与友。

第五则：闉跂支离无脤说卫灵公

第一节 诚忘，忘其所不忘

这一则，讨论什么是应该之忘（"诚忘"）：忘形不忘德，还是形与德全忘？

第一节，讲述两个恶人的"一句话故事"。

这两个恶人的故事，此前已经提到《人间世》作了解读，为的是与《人间世》的其他恶人故事一道，集中说明令人厌恶的丑陋之人，在人间乱世如何因祸得福，反而比所谓正常人能够更好地保全性命。

这里在《德充符》的原文语境下再度予以解读，其寓意与《人间世》不尽相同。

> 闉（yīn）跂（qí）支离无脤（shèn）说卫灵公，灵公悦之，而视全人，其脰（dòu）肩肩。
>
> 瓮㿉（àng）大瘿（yǐng）说齐桓公，桓公说之，而视全人，其脰肩肩。故德有所长，而形有所忘。人不忘其所忘而忘其所不忘，此谓诚忘。

——"闉跂支离无脤"，这个长长的名字的字面直义是：驼背、跛足、残形、无唇。"闉"（yīn），本义瓮城的城曲重门，引申为曲，此指伛偻（yǔ lǚ）：弯腰驼背。"跂"（qí），本义踮起脚跟，或作企望，或为跛行，亦指多生的脚趾（参见《庄子·骈拇》）。"脤"（shèn），本义祭祀的生肉，亦通"唇"。"瓮㿉大瘿"，字面直义是：颈脖子上长着瓦盆大的毒瘤。"脰"（dòu）：脖子。"肩肩"：一说细长瘦小。"瓮"（àng）：盆。"瘿"（yǐng）：颈瘤。

【成疏】大瘿支离，道德长远，遂使齐侯卫主，忘其形恶。诚，实也。所忘，形也。不忘，德也。忘形易而忘德难也，故谓形为所忘，德为不忘也。不忘形而忘德者，此乃真实忘。斯德不形之义也。

按照【成疏】的说法，大瘿支离之忘，不是自己忘，而是使诸侯忘。这种使人忘自己之形，才是最难的，庄子谓之"德有所长，而形有所忘"。这里的"长"，【郭注】解读为"长于顺物"。

尽管如此，大瘿支离能够使人忘，却不能使人全忘——能够使人忘形，却不能够使人忘德。这两个故事中的齐侯卫主，在见到大瘿支离之后的状况，就是这种情形——忘大瘿支离之形之恶，不忘大瘿支离之德之美。

形与德全忘，是至人的境界，是自然之道意义上的真忘。忘德不忘形，是世人的常态，是世俗之忘。

忘形不忘德，是齐侯卫主之忘。

世人和君主的两种忘和不忘，都是可悲可怜的"真忘"，庄子谓之"诚忘"。

第二节　警乎大哉！独成其天

上一节，讲述大瘿和支离这两个恶人不仅自己形德全忘，而且还能让诸侯忘记他们二人的恶形，但是还做不到让诸侯忘记他们恶形的同时也忘记他们的美德。为什么恶人能够忘形忘德，而诸侯不能。这关乎什么是"德"的问题。

"德"，在庄子这里，本指存在于人的内心的自然精神；但在人间世，更多地是指人为的功德（事功、德行）。

功德之"德"，其实是世俗功利意义上的一己之"得"。

关于自然之德与人为之得的关系，以及二者的变通与区别，此前孔子在给鲁哀公辨析"才全德不形"的时候，有过特别的定论，而相应的【郭注】也有精准的解读。这里，庄子借两个忘恶见美的故事，进一步解析自然之德与世俗之德（得）的区别。

自然之德，人不可离，人却全然离。

世俗之德（得），人本该忘，人却念念不忘。

如此德得颠倒与混淆，造成了天下大乱和世人苦厄。

那么，这种以得为德的背后根源是什么呢？

《庄子·齐物论》说：

夫道未始有封，言未始有常。为是，而有畛也。请言其畛：有左，有右，有伦，有义，有分，有辩，有竞，有争，此之谓八德。

——"封"：边界，分界，限制，专属。"言"：对道的理解和解释。"未始"：未曾。"常"：常识，定论。"为是"可以理解为古人或者圣人为建立有关道的知识体系所作的基础工作。"畛"（zhěn）：本义田间小路，田界。

道就是道，道本来没有所谓德。这里所谓八种"德"，是世俗常识意义上的"得"，是人为地将自然状态分别开来的结果，由此分出认识上的彼此之异，也由此导致政治和利益上的是非之争。

可见，天下这种有分别的德（得）越多，人离道越远，世道也越乱。

接下来，庄子以《齐物论》的观察，以齐侯卫主所不忘的大瘿支离之德之美为对照，揭露世俗所谓"德"（得），无一不是伤天害理的伪德。庄子说：

故圣人有所游，而知为孽，约为胶，德为接，工为商。

——圣人游心物外，任物自得。世俗所谓圣贤，务求功德，以智谋心计，祸国殃民；以信誓盟约，相互欺骗；以施舍恩惠，换取人心；以工商机巧，满足利欲。

庄子质问说：

圣人不谋恶用知？不斫恶用胶？无丧，恶用德？不货，恶用商？四者，天鬻也。天鬻者，天食也。既受食于天，又恶用人？

——"斫"（zhuó）：刀砍斧劈，此指雕琢。"无丧"：本性完好，内心充实。"德"：德行，施惠，求取。"鬻"：通"育"。"人"：人为，人为之伪。

【成疏】鬻，食也。食，禀也。天，自然也。以前四事（知、约、德、工），苍生有之，禀自天然，各率其性。圣人顺之，故无所用己也。禀之自然，各有定分，何须分外添足人情，违天任人，故至悔者也！

天性淳朴，所以无用知谋。天生完美，所以无须胶斫。天然自在，所以无求德惠。天赋完备，所以无待更多。

天下所谓知、约、德、工四大功德，都是好事之徒无事生非的伪造。他们以智、礼、仁、义四端，伪称人的天性，将人的这四个方面天赋，说成是仁义圣贤教化天下的结果。他们以施舍恩惠换取人心，将施舍恩惠标榜为德行，用德行博取功名利禄。

所有这些所谓德行，与《庄子·齐物论》·【夫道未始有封】所列举的"八德"一样，都是导致是非争辩的乱世之得。

与仁义圣贤以四大德行招摇过市欺世盗名相反，至人，或者说真正的圣人，混迹人间世，无人知道其德行，然而德性之光，普惠天下。庄子描述说——

有人之形，无人之情。有人之形，故群于人；无人之情，故是非不得于身。

——"有人之形"句：此为圣人德充符而忘己忘形的状态。"群于人"：与世俗相处无碍。"无人之情"：无世俗之人的欲望情态。

【郭注】视其形貌若人。掘若搞木之枝。类聚群分，自然之道。无情，故付之于物也。

庄子说：

眇乎小哉！所以属于人也。

——"眇"：本义瞎了一只眼，通"渺"。

一切人为，都是矫揉造作之伪，渺小而盲目。

【成疏】属，系也。迹闵嚣俗，形系人群，与物不殊，故称眇小也。

庄子说：

謷乎大哉！独成其天。

——"謷"（áo）：本义哀哭不止，此指高、大、高超。"成"：就，成全。"天"：天性，自然之道。

宗法自然，师从大道，则人与天齐。

【成疏】謷，高大貌也。謷然大教，万境都忘，智德高深，凝照宏远，故叹美大人独成自然之至。

按照庄子这里的说法，德与得的区别，正是至人与小人的区别，天人与俗人的区别，也就是恶人与君王的区别，是"不忘"与"诚忘"的区别。

第六则：惠子问庄子：人故无情乎？

第一节　人故无情

这一则，是《庄子》中惠子与庄子九次论辩中的第三次交锋实录。这次的辩题是"情"。

上一则的结尾，庄子说那些形德全忘的至人"有人之形，无人之情"。

这里的"情"，是世俗意义上的情，指人的后天修养以及由此产生的好恶是非判断，以及喜怒哀乐情绪。

这里的"无"，不是指没有，而是指不刻意为之，不矫揉造作，不卖弄情态以换取功名利禄。

一方面，庄子所谓"无情"，是说人不是世俗所谓情类之物，换言之，世俗之情，不是人的本质属性；另一方面，庄子承认，人其实是"有情"的，庄子之情，特指自然天性。

庄子认为，自然天性之情，才是人的真情，才是人的真实。在庄子的思想词典中，情与实是可以互换的同义词。

在庄子这里，自然的反义词是人为，情实的反义词是虚伪。庄子认为，一切人为，都是虚伪，都是真正的无情——无自然之情，或者说，丧失了人原本的真实。

惠子以他的善辩之术，质疑庄子的这个定义。按照白马非马的逻辑：圣人非人；按照同样的逻辑，人必有情，无情则非人。

> 惠子谓庄子曰："人故无情乎？"庄子曰："然。"
> 惠子曰："人而无情，何以谓之人？"
> 庄子曰："道与之貌，天与之形，恶得不谓之人？"

——"故"：原本。"与"：赋予。

庄子这句话，从浅显的层次来说：人的形体和容貌各不相同，这都是与生俱来的，而不是后天之情塑造的。从更深层次来说，人之所以为人，不是人的相貌，而是赋予人的相貌以神采的道；不是人的形骸，而是赋予人的形骸以内涵的天。这里的道和天，都是指自然禀赋。

【郭注】人之生也，非情之所生也。生之所知，岂情之所知哉？

——既然人自然而生，不是按照人的愿望而生；有关人生的原因，又怎么能够凭借人的智识获得呢？

【郭注】故有情于为离旷而弗能也，然离旷以无情而聪明矣；有情于为贤圣而弗能也，然贤圣以无情而贤圣矣。岂直贤圣绝远而离旷难慕哉？虽下愚聋瞽及鸡鸣狗吠，岂有情于为之，亦终不能也？[①]

——最明显的例子：天下之所以有超人的离旷和超凡的贤圣，都是自然而生的，都不是人为的结果。人不可能按照自己的意愿成为能察秋毫之末的离娄、能听见千里之外声音的师旷，也不能想要成为贤人和圣人就能够如愿。同样的道理，愚笨的人和残疾人，乃至鸡和狗，生来如此，并不是他们想要成为如此，所以才如此；即便他们和它们不想成为如此，也没有任何改变的可能。

【郭注】不问远之与近，虽去己一分，颜孔之际，[②]终莫之得也。是以关之万物，反取诸身，耳目不能以易任成功，手足不能以代司致业。

——人与人的差别，天生注定，无所谓优劣，只是特性不同而已，相互之间，既不可学习模仿，也没有必要学习模仿，正如颜回追不上孔子的背影，如同耳朵和眼睛不可互换，手与脚各司其职。

【郭注】故婴儿之始生也，不以目求乳，不以耳向明，不以足操物，不以手求行。

——最简单的例证，可以通过观察婴儿得到：婴儿初生，眼睛还没有

---

① 【郭注】这里提及的"离"和"旷"，指能见秋毫之末的离娄（亦称离朱）和善于辨音的瞽者师旷。参见《孟子·离娄上》：孟子曰："离娄之明，公输子之巧，不以规矩，不能成方员；师旷之聪，不以六律，不能正五音；尧舜之道，不以仁政，不能平治天下。今有仁心仁闻而民不被其泽，不可法于后世者，不行先王之道也。"

② 典出《庄子·田子方》：颜渊问于仲尼曰："夫子步亦步，夫子趋亦趋，夫子驰亦驰，夫子奔逸绝尘，而回瞠若乎后矣。"夫子曰："回，何谓邪？"曰："夫子步亦步也，夫子言亦言也，夫子趋亦趋也，夫子辩亦辩也，夫子驰亦驰也，夫子言道，回亦言道也。及奔逸绝尘，而回瞠若乎后者，夫子不言而信，不比而周，无器而民滔乎前，而不知所以然而已矣。"

睁开，就知道母乳在哪里；耳朵还听不见，就知道声音是从哪里发出的；没有人训练，就知道手和足的分工。

【郭注】岂百骸无定司，形貌无素主，而专由情以制之哉！

——综上所述，怎么能够说人体器官的分工协调不是天生赋予、人的身体容貌不是自然造就，而是按照人的意志、采用人的智识加工而成的呢？

第二节　常因自然，不益生

上一节，惠子质疑庄子：人真的如庄子所言，生而无情吗？庄子回答说：是的，的确如此。

这一节，惠子逼问庄子：人如果无情，还算得上是人吗？

庄子告诉惠子，他们之间的分歧，不在人是否无情，而在二人关于情的定义截然不同。

惠子曰："既谓之人，恶得无情？"庄子曰："是非吾所谓情也。
吾所谓无情者，言人之不以好恶内伤其身，常因自然而不益生也。"

——庄子说，你所谓情，不是我认为的情。我所谓情，是指好恶是非。我所谓"无"，不是没有，而是"不要"。我所谓"无情"，是说不要执着于好恶是非而劳神费心，不要在自然天性之外追求身外之物。

【郭注】以是非为情，则无是无非无好无恶者，虽有形貌，直是人耳，情将安寄！

【成疏】吾所言情者，是非彼我好恶憎嫌等也。

庄子这句话中的"不益生"，是说不要在人的自然天性之外加入仁义礼智之类人为的特性。这些人为的补益之物，世人谓之生命之情，庄子视之为生命的累赘，全伪不真。"因"：任由。"益"：增益，补益。

惠子以益生之物为人之真情，这一观念，类似儒家的"成人"观，尽管惠子不是儒家中人。

惠子说"人而无情，何以谓之人"，又说"既谓之人，恶得无情"，这其实是说，人生而不是人，只是成为人的一种可能。人要成为人，必须经过后天的学习和教养，就像人的身体必须通过培育不断长大一样。

这种成人说，隐含了一种条件预设：人的天性先天不足，或者说，如孟子所言，人性本善，但只是仁义礼智的端倪，人要成其为人，还需要人为的仁义礼智教化，才最终成其为善。

将这个逻辑运用到人的养生保命，惠子认为，人之所以需要养生，就是人的天质不足以保命，所以需要后天的补益，惠子谓之"益生"——

> 惠子曰："不益生何以有其身？"
>
> 庄子曰："道与之貌，天与之形，无以好恶内伤其身。今子外乎子之神，劳乎子之精，倚树而吟，据槁梧而瞑。天选子之形，子以坚白鸣！"

——"有"：保有。"倚树而吟"：此指惠子辩不过庄子，只好靠树叹息。"据"：倚靠。"槁梧"：一说槁梧制作的几案。"瞑"：眠，休憩。"天选子之形"：此指自然赋予每个人不同于他人的独特形体容貌和天资。"坚白鸣"：此指无视个体之形的独特性和自然天性的同一性，唯名而名的名实之辩。"鸣"：辩。

庄子这里对惠子以好恶之情益生反而伤身劳神的同情，在《庄子·天下》篇中推演为对天下学术命运的悲叹——

> 惠施不能以此自宁，散于万物而不厌，卒以善辩为名。惜乎！惠施之才，骀荡而不得，逐万物而不反，是穷响以声，形与影竞走也。悲夫！

【郭注】夫好恶之情，非所以益生，只足以伤身，以其生之有分也。夫神不休于性分之，内则外矣；精不止于自生之极，则劳矣。故行则倚树而吟，坐则据梧而睡，言有情者之自困也。

【成疏】选，授也。鸣，言说也。自然之道授与汝形，夭寿妍丑，其理已定，无劳措意，分外益生。而子禀性聪明，辨析名理，执持己德，炫耀众人，亦何异乎公孙龙作白马论，云白马非马，坚守斯论，以此自多！信有其言，而无其实，能伏众人之口不能伏众人之心。今子分外夸谈，即是斯之类也。

综观惠子与庄子的这三次论辩，涉及庄子生命哲学的三个重要命题：

其一，何为人？庄子的定义是：人，是没有任何人为干预的人的自然禀赋和天生形体容貌的合体，这也是庄子意义上的"情"。

其二，何为情？世人所谓"情"，不是指发自内心、出于天性的自然情感，而是指固执于一己之见产生的是非好恶判断及其情绪。

其三：何为益生？或强加于人的自然禀赋之上，或增加于人的自然天性之外的后天教化和人为的伪造之物。

对世俗而言，以情益生，是人对自己素朴天性的优化，是对人的自然本性的完美提升，是人以自己的聪明才智为自己造福。

对庄子而言，所有益生，都是矫情，都是伪造，都是人的累赘，对人的自然之心和天然之性有百害而无一益。

庄子特别强调，是非好恶的情绪，在转化为伤害别人的行为之前，首先伤害自己。更为可怕的是，这种自我伤害，是看不见的"内伤"，是自己意识不到的致命的自残。

庄子由此主张"常因自然而不益生"的养生妙道，但世人大都和惠子一样，求名离真，被空洞的概念所误导，受功名利禄的驱使而精疲力竭。

为情养生，而无不伤身——人以益生之名，走向了养生的反面。惠子因此而成了自己最大的受害者，在身体销蚀之前，精神早已消耗殆尽。

第六辑《大宗师》

——且有真人，后有真知

【第六辑要目】

题解：师法自然

何为真知？

人如何求得真知？

人在哪里可以获得真知？

谁能够得到真知？

真知是可以得到的吗？

所有这些有关真知的答案，尽在《大宗师》。

《大宗师》，顾名思义，以大道为宗，以自然为法。

所谓"宗"，既指人与万物的终极之原，也指非理性认同。所谓"师"，既指自然法则，也指无条件遵循。

所谓"大"，既指以宗为大、以师为大，也指人的认知所无法穷尽的无限。

《大宗师》，可谓庄子哲学的认识论总纲。

认识论，在庄子这里是"智知论"，这是庄子哲学最重要的思想之一。庄子认为，人以其有限的智力和有限的生命，不可能获得无限的真知。

庄子还认为，在无限大的自然宗师面前，人的一切知识和作为，都是渺小而无意义的，正如庄子此前在《德充符》中所言：

眇乎小哉！所以属于人也警乎大哉！独成其天。

——一切人为，都是矫揉造作之伪，渺小而盲目。宗法自然，师从大道，则人与天齐。"眇"：本义瞎了一只眼，通"渺"。"警"（áo）：本义哀哭不止，此指高、大、高超；"成"：就，成全；"天"：天性，自然之道。

第一则：知之至

第一节　知之盛，有患

这一则，开宗明义，讲"知之至"。

知之"至"，是人的认知极限，也是人的智知所能达到的最高境界。庄子说：

知天之所为，知人之所为者，至矣！

【郭注】知天人之所为者，皆自然也，则内放其身，而外冥于物，与众玄同。任之而无不至者也。

【成疏】天者，自然之谓。至者，造极之名。

按照庄子这一说法，所谓知，无非是知天、知人。知天的极致，是知道自然的一切作为都是自然而为的。知人的极致，是知道人的一切作为都是违背自然的伪。

为什么自然的一切都是自然而然的？庄子认为，这样的终极问题，超越了人的认知能力，不在人的认知范畴。他说：

知天之所为者，天而生也。

——这句话有两个方面的含义：其一，人天生就知道自然的一切作为都是自然而然的；其二，以人后天的知识，人无法知道自然而然的所以然。

【郭注】夫为为者不能为，而为自为耳；为知者不能知，而知自知耳。

——任何想要有所作为的努力，都是无法作为的，因为一切作为都是自然而为，而非按照人的意志而为；任何想要有所认知的认知活动，都是无法获得真知的，因为所有的真知都是自然得来的，而非人的智识活动的结果。

【郭注】自知耳，不知也。不知也，则知出于不知矣。自为耳，不为也。不为也，则为出于不为矣。

——什么是自知？自知不是自我认知，而是自然知道，自然知道就是不借助人的智知而通达真知，如此自然知道，其实质就是不知：一切真知都只能从不知中得来。自为也可以作如是观：一切作为的实质，都是不为——自然而为。

【郭注】为出于不为，故以不为为主；知出于不知，故以不知为宗。是故真人遗知而知，不为而为，自然而生，坐忘而得。故知称绝而为名去也。

按照【郭注】以上的解读和发挥，不为是为的宗主，不知是知的宗师。所谓"大宗师"之"宗"，就是不知。不是不知，是不必知，不可能知。

不幸的是，世人不师法大宗师，而师法自己；不遵循自然，而崇尚智识——人总是想要知道天之所为背后的那个所以然。

更不幸的是，人的后天认知能力越是不足以认识天之所为的所以然，就越是想要加强自己的认知能力，竭力用人造的智能去认知人的知识绝不可知的所以然。

庄子说：

知人之所为者，以其知（智）之所知以养其知（智）之所不知，终其天年而不中道天者，是知之盛也。虽然，有患。

——"养"：推断，确证。"患"：担忧，祸害。这句话的大意是说：人之于自己，唯一能够做到的，不过是以已知推断未知，这种自己认识自己的认知循环，显然是不可靠的。

第二节　知有所待，特未定也

上一节说，"知天之所为，知人之所为"，是人的智知的极限，庄子谓之"知之至"。遗憾的是，世人只热衷于人之所为，并且将人之所为认作天之所为。庄子谓之"知之盛"。

庄子承认，人的这种以自我为中心的认知努力，其结果并非总是不幸，偶尔有幸运者，的确可以幸免于夭折短命，而得以安享天年。然而，即便如此，"知之盛"带给人间世的祸患终将不可避免。

为什么可以这样说呢？

这一节，庄子给出的理由很简单，只有一个字："待"。

夫知有所待而后当；其所待者特未定也。

——待，本义相持，相对，相依凭，庄子以此定义认知，特指主体与对象相互确定。

【成疏】夫知必对境，非境不当。境既生灭不定，知亦待夺无常。唯当境知两忘，能所双遣（绝）者，方能无可无不可，然后无患也已！

庄子指出：认知的主体和对象，在事实上是无法静态相待而恒定地相互确定的，二者都处在自然而然的变化之中，且其变化不受人为控制，可谓此一时，彼一时——此时的认知对象，犹如流水，随即就成了不存在的彼时；不仅如此，主体和对象在认知活动中的变化，甚至可以发生反转：主体成为对象，对象成为主体。

庄子说：

庸讵知吾所谓天之非人乎？所谓人之非天乎？

——"庸讵"：怎么。

庄子质疑说：怎么能够知道我所谓天，不就是人呢；我所谓人，不就是天呢？

这里的"天"，是指自然。

在庄子看来，人即自然，自然即人。相对于自然，"人"这个概念，只是人自己赋予自己的名称而已。

【郭注】我生有涯，天也。心欲益之，人也。然此人之所谓耳，物无非天也。天也者，自然者也。人皆自然，则治乱成败，遇与不遇，非人为也，皆自然耳。

既然人就是自然，而自然不能以自然为对象，自然之人因此无法认识人之自然，不能认识作为自然的自己。换言之，自然不是人认识的对象，而是人自身。庄子由此得出结论：人可以认识万物，但认识的结果不是真知——万物之所以然，充其量是自以为是的伪知识。这也就是说，人无法认识真知，无法认知人自己的所以然。人终究无法认识自己，恰如人无法自己诞生自己。

在庄子这里，一切人为的活动，都是对真的伤害；一切人为的结果，都是真的丧失。人以其智力获得的知识，全假不真。

人为为"伪"，这或许是"伪"这个字的本义，用《庄子·庚桑楚》·【道者德之钦】的话说，**"性之动，谓之为；为之伪，谓之失"**。这里的失，是指失道而失真，失真而失性。人只要求真便是伪，然而，人不得不求真，所以不得不伪，伪，因此是人的真命。伪，既然是伪，就不可能认识自己是伪，更不能证明自己是伪。人因此无法知道什么是天生的，什么是人为的，人注定了无法求得什么是伪的真知，更不用说求得什么是真的真知了。

人为即伪，不只是智知的两难问题，更是人生两难的困境——人作为一种有生命的存在，诚如孔子所言，无论是自然而然如天籁般"不得已"的行为，还是主动追求如人籁般"不可奈何"的喧嚣，都不可能没有活动。有活动，就无法"绝迹"；无法绝迹，就无法不伪。

第二则：且有真人，而后有真知

第一节　不逆寡，不雄成，不谟士

上一则说，人不可能凭借人的智识获得真知。这里的"真知"，是指自然背后的所以然，以及人之所以为人的所以然。

庄子为这一论断给出的理由，只有一个字："待"，可以从两个方面来理解：其一，认知需要有认知的对象，这种主客体关系，谓之"待"。无奈的是：人即自然，人无法以自己为对象，换言之，人不能既是认知的主体，同时又是认知的对象。

其二，即便人可以认识自己和自然万物，人所认识的，也只是瞬间变化的表象，认知的结论尚未作出，所待双方——认知的主体和对象都早已不复存在。

那么，人究竟能不能够获得关于"人之所以然"这样的真知呢？或者说，人怎样才能知道人之所以然，或者说自然之所以然呢？

庄子肯定地回答说：人可以获得真知，但只有一种可能——

且有真人而后有真知。

什么是真人？或者说，真人长什么样子？

这一则，庄子分四个步骤给真人画像。

庄子所描绘的真人，根本不关心什么是真知，他们只是自然而然地活着。真人活着，并不是用真知指导真行，也不是用真行实践真知。在真人这里，没有知行分别或者知行合一的问题。

真人之所以是真人，就是全然不知，既不知道什么是知，也不知道什么是不知；既不知道什么是真，也不知道什么是伪。

所谓真人，只是世人给这种不知而知的人的一个标志性名号而已。

这一节，庄子先从总体上描述真人。

何谓真人？古之真人，不逆寡，不雄成，不谟士。

——不排斥少数。不夸耀成功。不计谋俗务。按照庄子的这一说法，真人并没有什么特别了不起，只不过能够做到"三个不"而已。"逆"：抵触。"谟"（mó）：计谋。"士"：通"事"。

【郭注】凡寡皆不逆，则所顺者众矣。不恃其成而处物先。纵心直前，而群士自合，非谋谟以致之者也。

按照【郭注】的解读，庄子所谓真人，其实是混迹于人间世的领袖人物；其"三不"之法，其实是一种统帅术：不拒绝任何人，不刻意领先于人，不诱惑人盲从。真人只是一心走自己的路，天下人都会聚集过来，跟着真人一道前行。

庄子说，任何人只要能够做到"三个不"，都会与真人一样：无怨无悔，无功自居——

若然者，过而弗悔，当而不自得也。

——"过"：过去，错过，过失。"当"：当机，得当。

【成疏】天时已过，曾无悔吝之心；分命偶当，不以自得为美也。

庄子说，以"三个不"混迹于世的真人，超凡脱俗，无所恐惧，水火不侵，没有任何险恶的世事能够伤害到他：

若然者，登高不栗（lì），入水不濡（rú），入火不热。是知之能登假于道也若此。

——栗（lì）：发抖。濡（rú）：沾湿。"登假"：升仙，此指升华。

【郭注】故虽不以热为热，而未尝赴火；不以濡为濡，而未尝蹈水；不以死为死，而未尝丧生。故夫生者，岂生之而生哉！成者，岂成之而成哉！故任之而无不至者，真人也，岂有概意于所遇哉！

【成疏】栗，惧也。濡，湿也。登，升也。假，至也。真人达生死之不二，体安危之为一，故能入水入火，曾不介怀；登高履危，岂复惊惧！真知之士，有此功能，升至玄道，故得如是者也。

按照【郭注】和【成疏】的解读，超越生死，不一定非得要去死过一次才能证明自己不怕死；超越利害，不怕水火，并不是一定要去赴汤蹈火。作为一种人生境界，超越生死和利害，恰恰是远祸避害而不轻易丧生，恰恰是比贪生怕死者更加珍惜生命而不为功利所害，比养生保命者更善于守护自己的自然天性而不为世俗所伤。

由此可见，真人之所以能够免于人间世的恐惧和危害，与其说是得益于神奇的超越，不如说是善于务实地远离。

第二节　其寝不梦，其觉无忧

上一节说，真人以不可思议的神通混迹于世，因为忘怀自己而得自然之道（真知），所以没有任何世俗之物可以伤害其身。

这一节，庄子进一步描绘真人无忧无虑的生活情态：

古之真人，其寝不梦，其觉无忧，其食不甘，其息深深。真人之息以踵。

——睡觉时不做梦。醒来时无忧虑。饮食尚俭不求甘美。呼吸平和舒缓而深沉。这里的"息以踵"，《庄子·应帝王》·【郑有神巫曰季咸】中的壶子谓之"机发于踵"，是指心接地气而贯通天壤，生机（"善者机"）因此慢慢恢复。"踵"：脚后跟，喻指根本。

与真人呼吸深沉、心神安宁的情态相反，众人日夜不宁：

众人之息以喉。

屈服者，其嗌（ài）言若哇（wā）。其耆（shì）欲深者，其天机浅。

——"嗌"（ài）：咽喉窒息，噎住。"哇"（wā）：呕吐。"耆"：通"嗜"。"天机"：心神。

俗人容易屈服于人，理屈词穷的时候，就像是喉咙被阻塞一样，吞吞吐吐；晚上呼吸不畅，容易嗜睡，睡得越沉，越容易做噩梦。这句话也可理解为：俗人沉湎于欲望，沉湎得越深，离自然天性越远，其灵性也就越浅，心神愈加不宁。

第三节　不知说生，不知恶死

这一节，庄子为真人描绘第三幅画像：

古之真人，不知说生，不知恶死。其出不䜣，其入不距。
翛（xiāo）然而往，翛然而来而已矣。不忘其所始，不求其所终。
受而喜之，忘而复之。
是之谓不以心捐道，不以人助天。是之谓真人。

——"翛"（xiāo）：自然而然。"捐"：舍弃。"助"：辅佐，增添。

不知道为什么要贪图活着。不知道为什么要害怕死去。出生不喜。入死不拒。来去自然。不忘记自己来自自然。不关心自己命归何处。欣然接受自然赋予的生命。全然忘记生死而复归自然。不因为执着于心智而放弃自然之道。不利用人为之力增加天性之真。

【郭注】人生而静，天之性也。感物而动，性之欲也。物之感人无穷，人之逐欲无节，则天理灭矣。真人知用心则背道，助天则伤生，故不为也。

庄子接着更加生动地描述说：

若然者，其心志，其容寂，其颡（sǎng）頯（kuí），凄然似秋，暖然似春，喜怒通四时，与物有宜，而莫知其极。①

——"志"：专一。"寂"：安详闲静。"颡"（sǎng）：额头。"頯"（kuí）：额头高露、宽平。"极"：终点，穷尽，痕迹。

【郭注】所居而安为志。虽行而无伤于静。頯，大朴之貌。杀物非为威也。生物非为仁也。夫体道合变者，与寒暑同其温严，而未尝有心也。然有温严之貌，生杀之节，故寄名于喜怒也。无心于物，故不夺物宜。无物不宜，故莫知其极。

---

① 典出《老子》第五十九章：治人事天莫若啬。夫唯啬，是谓早服；早服，谓之重积德；重积德，则无不克；无不克，则莫知其极；莫知其极，可以有国；有国之母，可以长久；是谓深根固柢，长生久视之道。

第四节　圣人之用兵

以上三节，【郭注】将庄子描绘的真人及其法术，更多地解读为统治者及其统治术。

与儒家圣贤的统治术不一样，庄子的真人统治天下，并不是自己刻意要统治天下，而是天下自然要来受他的统治。在这个真人统治的天下，统治者和被统治者都不知道统治为何物。

这一节，庄子以圣人（真人）和贤人为例，从正反两个方面解说真人天下的统治术：保持本真，任物自然。可见【郭注】此前的解读的确没有错。

庄子说：

故圣人之用兵也，亡国而不失人心。利泽施于万物，不为爱人。

【郭注】因人心之所欲亡，而亡之，故不失人心也。夫白日登天，六合俱照，非爱人而照之也。故圣人之在天下，暖焉若春阳之自和，故蒙泽者不谢；凄乎若秋霜之自降，故凋落者不怨也。

按照【郭注】对庄子的理解，圣人要消灭一个国家，不是圣人出于自己的欲求，恶意要灭掉这个国家，而是这个国家的人心要自己的国家灭亡，圣人只是顺应了该国的民心，所以被灭国的人民，不仅不怨恨圣人，反而欢迎和感激这位消灭自己国家的圣人。

以上以圣人解释真人，可见，真人就是圣人。

接下来，庄子解说什么样的人不是真人意义上的圣人。

在庄子这里，人间世所有那些公认的圣人、贤人、君子、名仕，一概与真人无缘。庄子说：

故乐通物，非圣人也；有亲，非仁也；天时，非贤也；利害不通，非君子也；行名失己，非士也；亡身不真，非役人也。

——"乐通"：刻意接近，热衷于认知。"有亲"：偏爱，私爱。"天时"：刻意迎合四季变化。"利害不通"：不能等齐利害。"行名失己"：汲汲求名而失去自然本性。"亡身不真"：精神离开肉体，形同行尸走肉。"役人"：役使人而不反被所役使的人役使。

【郭注】夫圣人无乐也，直莫之塞而物自通。至仁无亲，任理而自存。时天者，未若忘时而自合之贤也。不能一是非之涂而就利违害，则伤德而累当矣。善为士者，遗名而自得，故名当其实，而福应其身。自失其性，而矫以从物，受役多矣，安能役人乎！

接下来，庄子从对圣贤概念的辨析，转到对历史名人的剖析。下面一长串以侠肝义胆闻名于世的贤人、隐士，按照庄子的说法，都是**"以心捐道，以人助天"**，以致失道丧性的反面教训——

若狐不偕、务光、伯夷、叔齐、箕子、胥馀、纪他、申徒狄①**，是役人之役，适人之适，而不自适其适者也。**

——一心要役使别人，却反被别人役使（**"役人之役"**）；一心要使别人安适（**"适人之适"**），却让自己不得安宁、不得安适。

这些**"不自适其适者"**，与《庄子·骈拇》中列举的离珠、师旷、曾参、史鰌、杨朱、墨子、伯夷、盗跖等，都是同一类人，他们与仁义之徒都一样，**"小惑易方（迷失人生的方向），大惑易性（丧失自然的天性）"**而**"使天下惑"**。

【郭注】斯皆舍己效人，徇彼伤我者也。

这些形形色色的仁者、贤者、隐者、热衷于为帝王师而教化天下者、盗者、征伐者，无论他们治理天下的动机是为善还是作恶，其原因和结果都一样：**"亡身不真，非役人也"**——丧失了自己本性的人，是不可能役使人的。

庄子说，真正能够役使人的，是那种**"物物而不物于物"**的**"大物者"**——役使人，而不受被役使者的牵连，不让役使人这样的俗事成为自己的生命负累，庄子谓之**"此黄帝、神农之法则也"**。②

---

①　狐不偕：据说为逃避尧的禅让投河而死。务光：据说为逃避汤让天下给他，负石投庐水而死。伯夷、叔齐：孤竹君二子，制止武王伐纣不成，隐于首阳山，不食周粟而死。箕子：忠谏纣王，佯狂远祸，最终难逃一死。胥馀：不详，一说是比干，一说是伍子胥。纪他：据说为逃避汤让王于己，携弟子隐于废水。申徒狄：据说因仰慕纪他，负石自沉于废水。

②　参见《庄子·在宥》：夫有土者，有大物也。有大物者，不可以物物；而不物，故能物物。明乎物者之非物也，岂独治天下百姓而已哉！出入六合，游乎九州，独往独来，是谓独有。独有之人，是谓至贵。

参见《庄子·山木》：若夫乘道德而浮游则不然。无誉无訾，一龙一蛇，与时俱化，而无在《庄子》的语境中，物物、役人、适人，本义都是治理人，但其结果可能适得其反：被人治理。

第五节　若不足而不承

这一节，是本辑《大宗师》第四次描述真人。先总体描述真人的精神状态：

古之真人，其状义而不朋。若不足而不承。

——"状"：一说此指精神状态。"义"：一说通"峨"，此指精神崇高；一说通"宜"。"朋"：一说通"崩"，此指高而不危；一说无偏私，不结党营私。"不足"：示弱，不逞强。"承"：承受。

【郭注】冲虚无余，如不足也。下之而无不上，若不足而不承也。

【成疏】状，迹也。义，宜也。降迹同世，随物所宜，而虚已均平，曾无偏党也。韬晦冲虚，犹如神智不足。率性而动，泛然自得，故无所禀承者也。

接下来，庄子用了十个"乎"，从十个方面对真人进行多维度的描述，看上去更像是一幅立体的古之真人画像，其不凡容貌，纤毫毕现；其性状情态，呼之欲出。

其一，真人特立独行。

与乎其觚（gū）而不坚也。

——"与"：一说通"容与"，犹疑徘徊，闲适自得。"觚"（gū）：本义酒器，一说通"独"，此指特立独行。[①]"坚"：一说此指固执。

【郭注】常游于独，而非固守。

肯专为；一上一下，以和为量，浮游乎万物之祖；物物而不物于物，则胡可得而累邪！此黄帝、神农之法则也。

参见《庄子·知北游》：物物者与物无际，而物有际者，所谓物际者也；不际之际，际之不际者也。

① 参见《论语·雍也》：子曰："觚不觚，觚哉！觚哉！"

其二，真人虚怀若谷，朴实无欺。

张乎其虚而不华也。

——"张"：心志空阔。

【成疏】张，广大貌也。灵府宽闲，与虚空等量，而智德真实，故不浮华。

其三，真人自己愉悦而使人愉悦。

邴邴（bǐng）乎其似喜乎。

——"邴"（bǐng）：喜悦，和悦。

【郭注】至人无喜，畅然和适，故似喜也。

其四，真人随顺世事，但不知道为何随顺。

崔乎其不得已乎。

——"崔"：一说此指有所作为。

【成疏】崔，动也。已，止也。真人凝寂，应物无方，迫而后动，非关先唱，故不得已而应之者也。

其五，真人应物，动容不动心。

滀（chù）乎进我色也。

——"滀"（chù）：积聚，此指内心充实。"进"：益。"色"：面色，神采。

【郭注】不以物伤己也。

【成疏】心同止水，故能滀聚群生。是以应而无情，惠而不费，适足益我神色，终无减损者也。

其六，真人心神安定，接应外物但不追随外物。

与乎，止我德也。

——"与"：随顺，一同；一说通"豫"：宽舒，宽厚。"止"：此指归依。

【郭注】无所趋也。

【成疏】虽复应动随世，接物逗机（投机，物相投合），而恒容与无为，作于真德，所谓动而常寂者也。

其七，真人无所谓安危，所以能解人间世的一切厄难。

厉乎其似世乎。

——"厉"：一说本作"广"。"世"：世人，世俗。

【郭注】至人无厉，与世同行，故若厉也。

【成疏】厉，危也。真人一于安危，冥于祸福，而和光同世，亦似厉乎。如孔子之困匡人，文王之拘羑（yǒu）里，虽遭危厄，不废无为之事也。

其八，真人心志高远，人间世的任何限制都无法让真人失去自由。

謷（áo）乎，其未可制也。

——"謷"（áo）：高超，一说通"傲"。"制"：约束。

【郭注】高放而自得。

其九，真人深沉而从容。

连乎其似好闭也

——"连"：长，一说此指沉默不语。

【郭注】绵邈深远，莫见其门。

其十，真人无心而忘言。

悗乎忘其言也。

——"悗"（mèn）：无心，忘情，不经意的样子。

【郭注】不识不知，而天机自发，故悗然也。

第六节　人真以为勤行者

以上四节，庄子正面论述，多维描绘，比较对照，反面印证，在世人面前呈现了一个混同于世人、不同于圣贤而的确是圣贤的真人形象，可亲可近，可学可随。

这一节，庄子将真人放在一个真实的仁义礼智社会，看看真人是如何行仁、为义、遵礼、明智的。

庄子说：真人之于仁义礼智，可说是如鱼得水，完全感觉不到仁义礼智的存在：

以刑为体，以礼为翼，以知为时，以德为循。

【郭注】刑者，治之体，非我为。礼者，世之所以自行耳，非我制。知者，时之动，非我唱。德者，自彼所循，非我作。

按照【郭注】这一说法，庄子不但不反对以仁义礼智治天下，庄子的真人甚至比儒家圣贤更善于用仁义礼智治天下。

在庄子这里，自然意义上的仁义礼智，是天生内化的人性，并不是儒家的独创发明，也不是圣贤的刻意伪造。

仁义礼智，作为天生内化于人的自然德性和自然禀赋，自然而然地主导着每一个人的言行。如果一定要说这是治，那也是物各自在，自然自治，根本就无需任何圣贤以其一己之见作为仁义礼智的标准，而行教化，而治天下。

如果将庄子的这一套自然仁义礼智法则运用于天下，将会是什么样的情形呢？庄子畅想说：

以刑为体者，绰乎其杀也；以礼为翼者，所以行于世也；以知为时者，不得已于事也；以德为循者，言其与有足者至于丘也，而人真以为勤行者也。

既然刑罚不是人为制定的，刑罚如同秋天的肃杀，人人都能坦然接受；既然礼法不是以任何人的一己之见为标准，所以人人都能认同而大行其道；既然所有的作为，都不是出于任何人的欲望和意志，而只是感时而动，就没有成不了的大事；既然无心追求任何目标，只是一心走在自然之道上，天下所有的人都会跟随，一同到达更高的道德境界。这便是人们误以为的勤勉。

【郭注】任治之自杀，故虽杀而宽。顺世之所行，故无不行。夫高下相受，不可逆之流也；小大相群，不得已之势也；旷然无情，群知之府也。承百流之会，居师人之极者，奚为哉？任时世之知，委必然之事，付之天下而已。

丘者，所以本也。以性言之，则性之本也。夫物各有足，足于本也。付群德之自循，斯与有足者至于本也，本至而理尽矣！

凡此皆自彼而成，成之不在己。则虽处万机之极，而常闲暇自适，忽然不觉事之经身，怳然不识言之在口。而人之大迷，真谓至人之为勤行者也。

第七节　其一也一，其不一也一

这一节，是对真人性质的总结性定义：真人究竟是何人？换言之，真人是与人间世的世人一样的人，还是与人间世的世人截然不同的另一种人？庄子的回答是：真人既是世人，也不是世人。

说真人是世人，因为真人的确混迹于人间世；说真人不是世人，因为真人是纯粹的自然之子。

真人与世人既相同又不相同，首要的原因在于：真人没有好恶之分。庄子说：

故其好之也一，其弗好之也一。

【**郭注**】常无心而顺彼，故好与不好，所善所恶，与彼无二也。

真人既是世人，又不是世人，庄子给出的第二个原因是：

其一也一，其不一也一。
其一与天为徒；其不一与人为徒。

——"徒"：同类。这里的"一"，是指齐物，也就是说，人与万物都是自然之物，相互之间，没有彼此之分，也就没有是非之别。

这里的"不一"，一方面，是指人为了认识自己和外物，运用智识，将人与自然从认知上予以分类；另一方面，是指圣贤为了治理天下，按照人为的伦理法则，将本来平等的人分为治理者和被治理者，并且分门别类为社会等级，以此取代天下原本安宁的自然秩序。

【郭注】其一也，天徒也；其不一也，人徒也。夫真人同天人，均彼我，不以其一异乎不一。无有而不一者，天也。彼彼而我我者，人也。

混同为一，是天的自然属性；分别各异，是人的社会属性。

与万物不分彼此，人就是自然之天，人就是自然，人就与自然之道合一。如果自以为不同于万物，不同于他人，这样的人，就是自以为是的人，就是丧失了自然天性的人，就是背离了自然之道，也背弃了自然天性的人造之人，与"真人"相对，可谓之"伪人"。

庄子说，一方面，真人是人，所以伪；另一方面，真人毕竟真人，所以是真。换言之，在真人身上，既有天的属性，这里的天，是指自然；又有人的属性，这里的人，是指人类社会。那么这种不伦不类的真人，究竟有何高明之处呢？庄子说，真人能够自然而然地做到其先天内在的自然属性与后天外在的社会属性不相冲突。仅此而已：

天与人不相胜也，是之谓真人。

——"胜"：克。人一于天，而不相胜，可以理解为天人不分彼此，天人没有优劣。如果仅从"人"这一方面而言，也可以理解为：人不妄想凭人力改造天（自然），不奢望以智力战胜天（自然）。这里的"天"，也包括人自己的天性和本质。

【成疏】虽复天无彼我，人有是非，确然论之，咸归空寂。若使天胜人劣，岂谓齐乎？此又混一天人，冥同胜负。体此趣者，可谓真人者也。

综上所述，要成为一个真人，其实并不难，只要不与天道一争高下即可。然而，以世人而言，人之所以为人，其生命的价值与意义，就是不满足于人的自然天性，就是要在与生俱来的天性之上增加胜过别人的人性，要在自然天性之外另造一己人性。

可见，自然真知，的确与今人无缘；天德真人，的确只能是古人。然而，以庄子所见，今人之中，其实并不乏真人。

《庄子·天下》说，"关尹、老聃乎！古之博大真人哉！"这二人明明是今人，怎么就成了古之真人呢？

庄子说："**以本为精，以物为粗，以有积为不足，澹然独与神明居，古**

之道术有在于是者。关尹、老聃闻其风而悦之。"这也就是说，关尹、老聃的形骸是今人，精神是古人，所以他们可以说是今人中的古之真人，或者反之，古之真人中的今人。

其实，既然是真人，就无所谓古今。真人无古今，古今无真人。

第三则：两忘而化其道

第一节　死生，命也

这一则说"忘"。

这里的忘，是指忘记彼此之分，忘记是非之辩，忘记善恶之别，忘记生死之变，庄子谓之"两忘"，谓之"化"。

第一节，开宗明义，讲**生死之化**。庄子说：

> **死生，命也，其有夜旦之常，天也。**

——"有"：通"犹"。"常"：此指运行。"天"：自然而然。

这句话的大意是说：生死之于人，如同白天与黑夜的自然变化，无所谓存亡，无所谓损益，无所谓始终。庄子由此生发开去，讲决定生死自化的自然之化。

> **人之有所不得与，皆物之情也。**
> **彼特以天为父，而身犹爱之，而况其卓乎！**
> **人特以有君为愈乎己，而身犹死之，而况其真乎！**

——"与"，通"预"：干预。"物"：此指人。"情"：人生的真实状态。"彼"：相对于天而言，此指人。"身犹爱之"：终身敬天。"卓"：独特，此指比天更加高超的道。"身犹死之"：舍身事君。"真"：与"卓"同指自然之道。

人无法干预自己的生死，无法主宰自己的命运，这是再自然不过的了。世人敬重比自己高明的君主，心悦诚服地跟随他；世人敬畏比人类高明的天，诚惶诚恐地仰望他；人们将生命的意义归于比君主和天都更加高明的自然之道，难道不是理所当然吗？

【郭注】解释为"独化"——

【郭注】卓者，独化之谓也。夫相因之功，莫若独化之至也。故人之所因者，天也；天之所生者，独化也。人皆以天为父，故昼夜之变，寒暑之节，犹不敢恶，随天安之。况乎卓尔独化，至于玄冥之境，又安得而不任之哉！既任之，则死生变化，惟命之从也。夫真者，不假于物而自然也。夫自然之不可避，岂直君命而已哉！

【成疏】愈，犹胜也。其真，则向之独化者也。人独以君王为胜己尊贵，尚殒身致命，不敢有避，而况玄道至极，自然之理，欲不从顺，其可得乎！安排委化，固其宜矣。

第二节　相濡以沫，不如相忘于江湖

上一节，讲一个人的生死之忘。

这一节，讲两个人的相互之忘。

上一节说，生死可忘，是因为生死是化。生死之所以是化，是因为自然之道的实质是化。人只知道天比人高明，君比自己高贵，所以心甘情愿敬天效君，殊不知真正高明高贵的，不是仰望看得见的天，不是眼前跪拜的君，而是包括天和君在内的万物所由出的自然之道。

庄子认为，人真正应该敬畏和顺应的，不是君王和天命，而是独化之道——不依凭万物、不主宰万物的自然变化，主导着人的生死变化，当然也主导着天下万物的变化。

世人只知道敬天爱君，而不知道敬爱天和君也要敬爱的自然之道；世人只知道顺从天和君，而不知道顺从天和君也要顺从的自然变化。这种舍本逐末的敬爱和顺从，如同涸泽之鱼相濡以沫，看似真诚，其实浮浅；看似永恒，其实短暂。庄子说：

泉涸，鱼相与处于陆，相呴（xǔ）以湿，相濡以沫，不如相忘于江湖。与其誉尧而非桀也，不如两忘而化其道。

——"涸"（hé）：失水而干枯。"呴"（xǔ）：张口哈气。"化"：此指混同为一。

【郭注】与其不足而相爱，岂若有馀而相忘！夫非誉皆生于不足，故至足者忘善恶，遗死生，与变化为一，旷然无不适矣，又安知尧桀之所在邪！

　　泉涸，在庄子这里是人间乱世的象征。干涸的生命，究竟是相濡以沫好，还是相忘于江湖更好？在庄子而言，真正的大爱，不是彼此关爱，不是爱自己喜欢的，不是同病相怜，而是无分彼此，不见彼此，此可谓"两忘"，可谓"化"。

　　两忘之化，不只是化人物彼此，更是化人天分别。因为化，所以人与天齐同，自然与人为一，唯其如此，人在涸泽般的人间世，才能超越苟延残喘的困境，而得以将一己之命藏于天下，托付给自然，混同于永存。庄子说：

　　夫大块载我以形，劳我以生，佚我以老，息我以死。故善吾生者，乃所以善吾死也。

　　——"大块"：本义大地，自然，根据下文，此指造物者，或曰造物的自然之道。"佚"：安逸，安适。"息"：安息。"善吾生者"句：生死不由自主，皆因造物者善待，所以生死皆善。

　　【郭注】夫形生老死，皆我也。故形为我载，生为我劳，老为我佚，死为我息。四者虽变未始非我，我奚惜哉！

　　死与生，皆命也。无善则死，有善则生，不独善也。故若以吾生为善乎，则吾死亦善也！

第三节　藏天下于天下

　　上一节讲两忘之"化"。

　　这一节讲两忘之"藏"。

　　在庄子这里，无论是化，还是藏，都是"两忘"的"忘术"，两忘通过化和藏得以实现，生命因为两忘得以保守自然天性，不偏离自然之道。如何藏？庄子幽默地举例说：

　　夫藏舟于壑，藏山于泽，谓之固矣。然而夜半有力者负之而走，昧者不知也。

——"山"：一说应作"汕"，指渔网。"谓之固矣"：以为很安全。"有力者"：此喻不知不觉的日新月异的变化。

【成疏】有力者，造化也。"昧"，通"寐"，亦通"眛"。寐与昧在这里互通互喻。

按照字面意义，庄子的这个故事说：有一个人，将一条大船藏在一座大山的深谷中，又将这座大山深谷藏在一片大泽的水下，自以为这样就可以万无一失了，就可以高枕无忧了。没想到，深更半夜，来了一位巨人，趁这位藏舟于山水之中的人酣然大睡的时候，连同山水和大船一道背走了，逃跑得无影无踪。

这个荒诞离奇的故事，显然是庄子的虚构。那么庄子的寓意何在呢？

【郭注】夫无力之力，莫大于变化者也。故乃揭天地以趋新，负山岳以舍故。故不暂停，忽已涉新，则天地万物无时而不移也。世皆新矣，而自以为故；舟日易矣，而视之若旧；山日更矣，而视之若前。今交一臂而失之，皆在冥中去矣。故向者之我非复今我也，我与今俱往，岂常守故哉！而世莫之觉，横谓今之所遇，可系而在，岂不昧哉！

按照【郭注】的解读，藏与化，在庄子这里不可能同真。藏的目的在于守，藏的条件在于固。守于固，固于守。相对于藏宝人而言，固和守都是过去，都是故。然而，自然万物，无时无刻不在变化之中，任何固守都不可能真正实现，任何过去之"故"都不可能封存在某一个具体的时空，都必然会随着自然变化而与藏宝人两忘化其道。

如果说，大舟之宝，无论藏在哪里都藏不了，无论怎么藏都靠不住；那么，如舟的人生，之于无可逃的天下，怎样才可以安身立命呢？

庄子回答说：既然将小物藏于大物，犹如将珠宝藏于珠宝盒，容易被人连同珠宝盒一道偷走，那就索性用整个天下来藏珠宝好了。这样一来，无论盗宝人将珠宝盗去哪里，都没有离开天下这个珠宝盒。

藏小大有宜，犹有所遁（dùn）。

若夫藏天下于天下，而不得所遁，是恒物之大情也。

——"遁"（dùn）：逃，此指亡失。

【成疏】遁，变化也。"恒"：常。"大情"：至理，大道理。

【郭注】不知与化为体，而思藏之使不化，则虽至深至固，各得其所宜，而无以禁其日变也。故夫藏而有之者，不能止其遁也；无藏而任化者，变不能变也。

【成疏】夫藏天下于天下者，岂藏之哉，盖无所藏也。故能一死生，冥变化。放纵寰宇之中，乘造物以遨游者，斯藏天下于天下也。既变所不能变，何所遁之有哉！此乃体凝寂之人物，达大道之真情，岂流俗之迷徒，运人间之小智耶！

按照【郭注】和【成疏】的解读，庄子所谓“藏天下于天下”，就是“任生命随自然而变化”。这里的藏，就是化；这里的天下，就是自然。

总而言之，所谓藏，就是不藏，不是不藏，而是无宝要藏，无处可藏，无法可藏。

第四节　一化之所待

上一节，庄子以藏宝为例，讲人如何在人间世安身立命。庄子说，藏小于大，合乎常理。尽管如此，仍然有患。

如果将人的本性看作自然（天）之化，将自然之人融入自然之天，则天下从此无盗，人性从此无患。这是“恒物”——在变化中保守人的天性不失的自然之道。

这一节，庄子讲藏天下于天下——将生命交给自然，任其生死变化的无穷乐趣。

庄子说，与其羡慕那些尽管长寿但毕竟寿命有限的人，不如效法圣人，与无穷变化的自然一道游于无穷，让生命化于无限而永生。庄子如是说：

特犯人之形而犹喜之。若人之形者，万化而未始有极也，其为乐可胜计邪！

故圣人将游于物之所不得遁而皆存。

善妖善老，善始善终，人犹效之，又况万物之所系而一化之所待乎！

——“特”：一旦。“犯”，通“范”：铸造。犯，遇也。“极”：穷尽。

"遁"：逃，此指亡失。"妖"，通"夭"：未成年而死，此指年少。"效"：效法。"系"：依附，属。"待"：依赖。

【郭注】人形，乃是万化之一遇耳，未足独喜也。无极之中，所遇者皆若人耳，岂特人形可喜，而馀物无乐邪！本非人而化为人，化为人，失于故矣。失故而喜，喜所遇也；变化无穷，何所不遇？所遇而乐，乐岂有极乎？夫圣人游于变化之涂，放于日新之流。万物万化，亦与之万化；化者无极，亦与之无极，谁得遁之哉！夫于生为亡，而于死为存。于死为存，则何时而非存哉！

既然人本来就是自然变化而来，且说不定是从人还是从其他物变化而来，又何不乐于再变化一次呢？又何须畏惧变化为不知是何物呢？人皆乐生，无不因为托生为人形而感到喜悦，殊不知人的形体与自然万物相互变化，具有无穷多样的可能性，由此带给人的喜悦不可胜数。所以，圣人不在乎身体形骸的变化，而注重保守寓于形骸的天性不受损毁，这样就可以随顺自然，千变万化，而与自然一道永恒。

世人仰慕那些看破生死的人，将那些淡泊夭寿的高人和尽享天年的寿者视为楷模。其实，这样的高人和寿者，还是有生死之别，还是有夭寿之分。

庄子说，真正的养生之道，是超越所有这些分别，人真正应该效法的，是万物存在的本原，万物变化的真谛——自然之道。

第四则：道，自古以固存

第一节　道的真知特征

这一则，讲什么是道。

庄子说，道就是真知。真知，就是知道道不可知，且止于不可知。唯其不可知，所以是真知。

第一节，先说真知之道真实不虚。道真实不虚，有三种标志性特征，第一个特征，就是无为、无形。庄子说：

夫道有情有信；无为无形。

——"有情"：真实存在。有信：可以验证。

【郭注】有无情之情，故无为也；有无常之信，故无形也。

【成疏】明鉴洞照，有情也；趣机若响，有信也；恬淡寂寞，无为也；视之不见，无形也。

道无为无形，所以无法认知。真人之所以为真人，就是他们知道道无法认知这一实情。那么，真人是如何知道道无法知道这一真知的呢？庄子说，尽管道不可知，但道可传、可得，这是道作为真知的第二大特征——

可传而不可受；可得而不可见。

——"传"，此指心传。"受"：据为己有。一说"受"通"授"，此指口授。"得"，此指心得。"见"：显现，看见。

【成疏】寄言诠理，可传也；体非量数，不可受也；方寸独悟，可得也；离于形色，不可见也。

道作为自然法则，可以心传，但不可以赠予和继承，所以任何人不可据为己有，不可独占。

道作为护生法宝，可以获得，但不受诸形态，所以不可以向外显露、对人炫耀。

道的第三个标志性特征是：超越时空。庄子说：

自本自根，未有天地，自古以固存。

神鬼神帝，生天生地。在太极之先而不为高；在六极之下而不为深。先天地生而不为久；长于上古而不为老。

——"自"：从。"固"：本来。"存"：有。"神"：使之神，赋予……神性；一说"神"通"生"：性。"太极"，此指未有天地之前的自然混沌状态；一说指"天"。"先"：一作"上"。"六极"：此指天地形成之后的天、地和四方，亦称"六合"。

【郭注】无也，岂能生神哉！不神鬼帝，而鬼帝自神，斯乃不神之神也。不生天地，而天地自生，斯乃不生之生也。故夫神之果不足以神，而不神则神矣。功何足有，事何足恃哉！

言道之无所不在也。故在高为无高，在深为无深，在久为无久，在老为无老。无所不在，而所在皆无也。且上下无不格者，不得以高卑称也；外内无不至者，不得以表里名也；与化俱移者，不得言久也；终始常无者，不可谓老也。

按照庄子这里的说法，作为真知的道，是一种**先验性存在**，本来就存在于人的天性之中，人只需要向内心观照即可洞见。

道作为真知，更是一种**超越性存在**，一种没有时间始终、没有空间边界的**普遍的永恒存在**。

既然永恒，就是不变。在庄子这里，千变万化，是道之所以永恒的存在方式，这种千变万化绝对不变。

第二节　道的真知妙用

上一节，讲道作为真知的三个标志性特征：无为无形、可传可得、超越时空。

这一节，讲道作为真知，如何在人间世的历史进程中，赋予一个个历史人物以妙法神通，通过他们，发挥呵护生命的妙用。

　　无为无形，道的这种普遍性，让道得以不属于任何人，不系缚于任何事务。换言之，任何人都可以得道，但无法拥有道；任何人都可以遵循道，但无法垄断道；任何人都可以利用道作为自己的法宝，但无法将道作为私家法宝而世代传承。

　　每一个人，无论多么神圣、多么聪慧，都只能凭借自己的天性，让自己一人得道，既不能让人代替，也无法代替别人。即便黄帝得道登云，他的鸡犬也无法跟着他一道升天。民谚所谓"一人得道，鸡犬升天"，用作反讽，可以反证道的确是可传可得，但不可专有私传。

　　这一节，庄子一口气列出了十三种得道的奇迹，这得道的十三者，既有帝王圣贤，又有日月星辰，还有神仙异人。

　　由此可知：道的确和乐天下，充溢人间世，普照星空，深入人心。

　　由此也可知：道的确只与个人有关，只与个别现象有关，的确不能被任何人复制，即便帝王也无法藏道于深宫秘府，无法传授给皇子皇孙。庄子说：

狶韦氏得之，以挈天地。

　　——"狶韦氏"：庄子虚构的古代最早的帝王。"挈"（qiè）：本义悬持，提携。

伏犠氏得之，以袭气母。

　　——"伏犠氏"：传说中的人文始祖，又称伏羲、太昊、庖牺氏、宓羲、包牺、伏戏、牺皇、皇羲。"袭"：受，调和，沿用。"气母"：元气。

维斗得之，终古不忒。

　　——"维斗"：北斗七星。"古"：始。"不忒"：无差错。

日月得之，终古不息。

　　——"不息"：运转不止。

堪坏得之，以袭崑崙。

——"堪坏"（kān pēi）：人面兽身的昆仑山神。"袭"：入。

冯夷得之，以游大川。

——"冯夷"（féng yí）：黄河神，河伯，又名"无夷"。

肩吾得之，以处太山。

——"肩吾"：泰山神，山神。

黄帝得之，以登云天。

——黄帝得道升仙，这是庄子的发明，后世许多关于黄帝升天的说法，都源于此。[1]

颛顼得之，以处玄宫。

——"颛顼"（zhuān xū）：黄帝之孙，帝高阳，北方玄帝。

禺强得之，立乎北极。

——"禺强"（yú qiáng）：亦名禺京，人面鸟身的北海水神。

西王母得之，坐乎少广，莫知其始，莫知其终。

——"西王母"：庄子虚构的西方女仙，《列子·周穆王》说她是"西极之国"的首领，曾在自己的领地昆仑瑶池宴请过黄帝和周穆王。"少广"：少广山。

彭祖得之，上及有虞，下及五伯。

——"彭祖"：传说中的长寿者，善养生，有导引之术，活到八百高

---

[1] 参见西汉《列仙传·黄帝》：黄帝者，号曰轩辕。能劾百神，朝而使之。弱而能言，圣而预知，知物之纪。自以为云师，有龙形。自择亡日，与群臣辞。至于卒，还葬桥山，山崩，枢空无尸，唯剑舄（xì，鞋）在焉。仙书云：黄帝采首山之铜，铸鼎于荆山之下，鼎成，有龙垂胡髯下迎帝，乃升天。群臣百僚悉持龙髯，从帝而升，攀帝弓及龙髯，拔而弓坠，群臣不得从，望帝而悲号。故后世以其处为鼎湖，名其弓为乌号焉。

龄。"有虞"：舜，名重华。"五伯"：五霸，一说指夏朝的昆吾，殷朝的大彭、豕韦，周朝的齐桓公、晋文公。

傅说得之，以相武丁，奄有天下，乘东维，骑箕尾而比于列星。

——"傅说"（fù yuè）：殷贤士，辅佐高宗武丁，死后为星精。"奄"（yǎn）：覆盖。"东维"：星名。"箕"（jī）、"尾"：二十八星宿中的两个星座。"列星"：恒星。

综上所述，无为无形之道，不拒绝任何一个人，不高看或者鄙视任何一个人。天下人间，任何人都可以因为遵道而得道而受益终身。道也因此可以在人与自然、人与星空、人与人的心灵之间无障碍交流，无耗损传递。这里的人与人，可以是同时代的人，也可以是古人与今人，就像彭祖得道那样："上及有虞，下及五伯"。

第五则：闻道，南伯子葵问乎女偊

第一节　道不可学

此前第四则，讲道的特性和妙用。

庄子说：道有妙用，得道有益，人人都可得道。

然而，庄子又说：道可传而不可受，可得而不可见。不可见的道，如何可得？不可受的道，如何可传？

这一则，庄子不再自己论述大道理，而是借一个故事中的师徒之口，结合日常生活中的体验，讨论上一则留下的疑问：道究竟是否可教可学。故事的开头说：

> 南伯子葵问乎女偊（yǔ）曰："子之年长矣，而色若孺子，何也？"曰："吾闻道矣。"
>
> 南伯子葵曰："道可得学邪？"曰："恶！恶可！子非其人也。"

——"葵"：揣测。"偊"（yǔ）：独行，小心谨慎。"孺子"：稚童。"子非其人"：你不是闻道之人。

按照这位"女偊"的说法，道，只能从内心悟得，不能从外获取，所以道不可学。所谓得道，只是闻道。"闻"：听见，接受，此指于虚静之中倾听自己的心声。《论语·里仁》说："子曰：朝闻道，夕死可矣。"孔子这里的闻道，就是得道。

女偊举例说：

> 夫卜梁倚有圣人之才而无圣人之道；我有圣人之道而无圣人之才。吾欲以教之，庶几其果为圣人乎！不然，以圣人之道告圣人之才，亦易矣。

——"才"：智慧、能力和品德。"道"：此指自然天性。

女偊的这段话，语焉不详，有点费解，所以【郭注】不作注解。

就字面而言，女偊的大意是说：道，只能在有道的天赋的人之间交流，这种交流，就是教和学，可谓教学相长。从这个意义上说，道既可教，又可学。学道可以让人成为圣人，但学道不一定为了成为圣人。有道之人相互交流起来，相对容易。有道之人与无道之人很难交流起来，从这个意义上说：道的确不可教、不可学。

【成疏】对这段话的解读，有自己的发挥：

庶，慕也。几，近也。果，决也。夫上士闻道，犹借勤行；若不勤行，道无由致。是故虽蒙教诲，必须修学，慕近玄道，决成圣人。若其不然，告示甚易，为须修守，所以成难。

然女偊久闻至道，内心凝寂，今欲传告，犹自守之。况在初学，无容懈怠，假令口说耳闻，盖亦何益！是以非知之难，行之难也。

按照【成疏】的这一说法，所谓道不可教不可学，是说告诉一个人如何修道相对容易，但是要让这个人诚心实意地行道，在行道中修道却很难，难就难在坚持和坚守。

第二节　守而告之

上一节，女偊说：道可闻，但不可学。道不可教，但可以告。道可以告的前提是：告者有圣人在道，被告者有圣人之才。

按照女偊的这一说法，所谓"告"，既不是教，也不是学，而是有道之人与怀道之人之间的精神交流，女偊谓之"闻"。这种告和闻的交流，甚至可以不用语言。

这一节，女偊告诉南伯子葵，他是如何以告为教，向卜梁倚传道的。

按照女偊的描述，女偊似乎什么也没有告诉卜梁倚，只是与卜梁倚默默相守；而卜梁倚似乎什么也没有得以闻，只是与女偊一样，守得住自己的心性，于是终于在第九天得道。

可见，对于卜梁倚而言，所谓闻道，就是倾听自己的内心。女偊如是说：

吾犹守而告之，参日而后能外天下。

已外天下矣，吾又守之，七日而后能外物。已外物矣，吾又守之，九日而后能外生。

——"守"：此指师生二人以心相守，默默无语，心领神会。"外"：遗忘。"天下"：治理天下的抱负，役人之事。"物"：人，此指他人，彼。"生"：此指我。

女偊这段话中的"守而告之"，可以有三种理解：

其一，告之以守。女偊告诉卜梁倚如何守住自己的天性，卜梁倚按照女偊告诉他的方法，守了三天，就能够不受外物的干扰了，然后是七天、九天……

其二，守而告之。女偊告诉卜梁倚，说自己是如何守道的：从三天，到七天，到九天……，守的时间越长，达到的境界越妙。这里的守，是已经成就了女偊圣人的得道之守，所以他说自己"有圣人之道"。这类似《庄子·寓言》·【颜成子游谓东郭子綦曰】的说法："自吾闻子之言，一年而野，二年而从，三年而通，四年而物，五年而来，六年而鬼入，七年而天成，八年而不知死、不知生，九年而大妙。"颜成子游与女偊一样，说自己是"闻道"，而不说自己得道。

其三，守之以告。女偊在向卜梁倚传道之前，必须自己先守三天，等到自己达到忘记天下的境界了，才能给卜梁倚传道。然后再守七天后再告，再守九天后再告……这里的守，只是女偊自己守，而不是卜梁倚守。

【成疏】外，遗忘也。夫为师不易，传道极难，方欲教人，故凝神静虑，修而守之。凡经三日，心既虚寂，万境皆空，是以天下地上，悉皆非有也。

第三节　见独，无古今死生

上一节说，守而告之，师者以此传道，学者以此闻道。如此传道之法，可谓速成：只需九天，便可得道。

人要怎样才算得道？按照女偊的说法，有三个标准：外天下，外物，外生。

这三个标准也是得道的三个过程。

这一节，讲述经过"三外"而得道后的精神状态，女偊谓之"朝（zhāo）彻"。

这种仿佛一觉从睡梦中醒过来的得道之人，其空明宁静的生命状态，女偊谓之"见独"。

女偊说：

已外生矣，而后能朝彻。

朝彻而后能见独。

——"朝"（zhāo）：旦。"彻"：明。"朝彻"：一旦彻悟，心境空阔而光明。"独"：此指道。道无条件存在，绝对无待，谓之独。

【郭注】遗生则不恶死，不恶死故所遇即安，豁然无滞，见机而作，斯朝彻也。当所遇而安之，忘先后之所接，斯见独者也。

【成疏】夫至道凝然，妙绝言象，非无非有，不古不今，独往独来，绝待绝对。睹斯胜境，谓之见独。

所谓"见独"，字面直义是看见道。按照【郭注】和【成疏】的解释，所谓看见道，不是人的眼睛看见道，不是人的耳朵听见道，而是人的空明心境照见道，准确地说，是道照见空明的心境，空明的心境照见道。

道独来独往，不为了特别照见任何人物而普照；心境独自空明，不为了照见道而自宁。两独无心，互照互见，如此照见，可以解读为显现，"见独"也因此可以读作"现独"。

女偊说：

见独而后能无古今。

无古今而后能入于不死不生。

——朝彻得道者，超越时空而无限；见独明心者，超越生死而永存。

按照女偊的这一说法，朝彻而得道的空明心境，犹如魔镜，可以照见过去、现在与未来。照见的同时，也就消解了过去、现在与未来。

女偊将这种消解时间的魔镜效应称为"无古今"。既然无古今，也就无生死，女偊谓之"不死不生"。在无限的时间中，生命的变化犹如止水，看上去是静止的，任光影在其镜面上悠然自动。

【郭注】将"见独"解读为"与独俱往"，将无古今生死解读为"无系无恶"：夫系生，故有死；恶死，故有生。是以无系无恶，然后能无死无生。

【成疏】任造物之日新，随变化而俱往，不为物境所迁，故无古今之异。古今，会也。夫时有古今之异、法有生死之殊者，此盖迷徒倒置之见也。时既运运新新、无今无古，故法亦不去不来、无死无生者也。会斯理者，其唯女偊之子邪！

第四节　撄宁，撄而后成

上一节说，得道者有一个实际的好处，这就是"能入于不死不生"。

按照字面直义，一个"能入于不死不生"的人，就是本辑《大宗师》·【何谓真人】绘声绘色描述的那种刀枪不入、水火不侵的古之真人，至少可以说，是像彭祖那样想活多久就能活多久的长寿之人。

然而，这一节说，不是这样的。

女偊所谓"不死不生"，不是说得道之人没有生死而永生，而是说，道是唯一拥有对人行使生杀大权的造物主，即便人自己也无权决定自己的生死，即便圣贤也无权决定任何一个人的生死。

女偊还说，道拥有对万物生杀予夺的绝对权力，道赋予物生命，也消灭生命之物，然而，道自身没有生死。

女偊如是说：

杀生者不死，生生者不生。

其为物无不将也，无不迎也；无不毁也，无不成也。其名为撄宁。撄宁也者，撄而后成者也。

——"杀生"：让一个生命死去。"生生"：让一个生命诞生，让一个生命生存下去。"将"：送。"撄宁"：扰乱中保持安宁虚静。"撄"（yīng）：扰乱。"宁"：寂静。

女偊这段话，讲的是作为造物主的道，与其所造万物的关系，也就是道与人的关系。

【郭注】任其自将，故无不将。任其自迎，故无不迎。任其自毁，故无不毁。任其自成，故无不成。夫与物冥者，物萦亦萦（"萦"yíng，通"荧"：迷惑），而未始不宁也。物萦而独不萦，则败矣。故萦而任之，则莫不曲成也。

道之于所创造的万物，任其自然，既送也迎，既成也毁。宇宙万物因此变化往复，生生不息，但道自身寂然不动，全然虚空。

女偊所描绘的这一景象，就是朝彻而见独者所看见的景象，或者说，见独者正是看见了这一景象，所以才得以朝彻。

无论如何，朝彻之彻，是彻悟到道的空寂；见独之见，是独见自己的宁静。以宁静入于空寂，便是"能入于不死不生"，女偊谓之"撄宁"——于闹中求静，于人间世安身，于险恶中立命，于变化中守真。见独者从道的撄宁中，看见的是自己的撄宁。

由此可见，撄宁之道，不在无限虚空，而在有限人生。既然如此，传道之教与得道之学，都必须始于脚下，从与自己最近的人**"闻道"**开始。这既是女偊自己闻道而学的切身体会，也是女偊能够告诉南伯子葵的全部的道——

南伯子葵曰："子独恶乎闻之？"

曰："闻诸副墨之子，副墨之子闻诸洛诵之孙，洛诵之孙闻之瞻明，瞻明闻之聂许，聂许闻之需役，需役闻之於讴，於讴闻之玄冥。玄冥闻之参寥，参寥闻之疑始。"

——"副墨"：一说此喻文字。"子"：一说此喻以文字流传。"洛诵"：一说此喻诵读。"瞻明"：一说此喻目见。"聂许"：一说此喻耳闻。"需役"：一说此喻践行。"讴"：咏叹，歌谣。"玄冥"：幽深。"参寥"：一说此喻空廓。"疑始"：一说此喻迷茫，混沌。

【郭注】夫自然之理，有积习而成者。盖阶近以至远，研粗以至精。故乃七重而后，及无之名；九重而后，疑无是始也。

这段话的要点，不是女偊从哪里闻得此道、学得此守道之法，而是女偊所闻之道是从哪里来的。

　　女偊通过九次推导，由近及远，由实向虚，由末返本，由流溯源，由有所知到全无知，最后所知，竟然是"疑始"——不知所守之道从何时、从哪里开始，不知所循之道有没有开始。

　　就这样，一切又都回到了开头："道可得学邪？曰：恶！恶可！子非其人也。"——凡是像南伯子葵这样刨根问底，想要知道究竟什么是道的人，都不可学道。道理很简单：因为道不可知。

第六则：生死一体
——子祀、子舆、子犁、子来四人相与语

第一节　安时处顺，县解自解

这一则，一个大故事中套两个小故事，讲如何安然对待突如其来的生命变故。故事的开头说：四个得道之人，因为认同"知生死存亡之一体"的生命观，相约成为莫逆之交：

> 子祀（sì）、子舆、子犁、子来四人相与语曰："孰能以无为首，以生为脊，以死为尻（kāo），孰知生死存亡之一体者，吾与之友矣。"
>
> 四人相视而笑，莫逆于心，遂相与为友。

何为"生死存亡之一体"？

如果一个人既是生，又是死，既是存，又是亡，会是一种什么样子？

按照这个故事中的三个人的描述：这种不生不死、既生又死、不存不亡、既存又亡的不伦不类之人，以无形为脑袋，以生为脊梁，以死为屁股。

无、生、死，三个字连在一起，就是"无生死"，可见，这种"人"，只是三个概念的集合，没有具体的形态，或者说，身体形态，其实与人这个概念无关。

没过多久，他们当中一个名叫子舆的人得了怪病，于是子祀去探望他。令子祀万万没想到的是，得病的子舆不仅没有感到不幸，反而为自己幸灾乐祸，欢喜地赞叹造物主特别关照自己，用一场大病将自己扭曲得丑陋不堪而与众不同——

> 俄而子舆有病，子祀往问之。
>
> （子舆）曰："伟哉！夫造物者将以予为此拘拘也！"

【成疏】注释说：

伟，大也。造物，犹造化也。拘拘（jū），挛缩不申之貌也。

夫洪炉大冶，造物无偏，岂独将我一身故为拘挛之疾！以此而言，无非命也。子舆达理，自欢此辞也。

那么，子舆究竟被造物主改变成了什么怪样，令他如此欢喜不已呢？下面这位丑八怪，是子舆对着井下照见自己的形象：

曲偻发背，上有五管，颐隐于齐，肩高于顶，句赘指天。阴阳之气有沴，其心间而无事，跰𨇖而鉴于井。

——"偻"（lóu）：弯腰驼背。"发背"：脊背朝天。"颐"：下巴。"齐"：肚脐。"句"（gōu）：一说通"髻"（jì）。"赘"：赘瘤；一说通"撮"。"沴"（lì），不和，凌乱。"跰𨇖（足）"：步履蹒跚。"跰"（pián），本义胼胝（pián zhī）：手脚皮肤变硬和增厚而结茧。"鉴"：照见。

子舆对着井下陌生的自己，惊叹造物主竟然如此神奇，能将一个人丑化到如此无以复加的地步，他禁不住再度向造物主发出了由衷的赞叹——

（子舆）曰："嗟乎！夫造物者，又将以予为此拘拘也！"

【郭注】夫任自然之变者，无嗟也，与物嗟耳。

【成疏】跰𨇖，曳（yè）疾貌。言曳疾力行，照临于井，既见己貌，遂使发伤嗟。寻夫大道自然，造物均等，岂偏于我，独此拘挛？欲显明物理，故寄兹嗟叹也。

子舆之"嗟"，究竟是如【郭注】所言，感叹自然造化不可思议；还是如【成疏】所言，为自己突然变得丑陋而黯然神伤呢？这只有问子舆自己，只有子舆自己才知道。

子祀曰："汝恶之乎？"

曰："亡，予何恶！浸假而化予之左臂以为鸡，予因以求时夜；浸假而化予之右臂以为弹，予因以求鸮（xiāo）炙（zhì）；浸假而化予之尻（kāo）以为轮，以神为马，予因以乘之，岂更驾哉！"

——"恶"：嫌恶。"亡"：无。"浸"：渐渐。"假"：假使。"时夜"：

司夜，报晓。"鹗"（xiāo）：斑鸠。"炙"（zhì）：烤。"尻"（kāo）：屁股，脊椎尾骨。"神"：精神。

造物主如果化我的左臂为鸡，我就用它报晓；化我的右臂为弹弓，我就用它射鸥鹑来烤着吃；化我的屁股为轮子，我就用来造车，然后驾神马去遨游，岂不快哉！

【成疏】假令阴阳二气渐而化我左右两臂为鸡为弹，弹则求于鸮鸟，鸡则夜候天时。尻无识而为轮，神有知而作马，因渐渍而变化，乘轮马以遨游。苟随任以安排，亦于何而不适者也。

【成疏】将子舆所说的造物者化物，解释为阴阳二气的自然变化，人随阴阳二气而变，无所不适，正如春夏秋冬的自然景色各不相同，是再正常不过的了。子舆将这种处变不惊、随时而化的生命状态，谓之"安时而处顺"。他告诉同情他的子祀说：

且夫得者，时也，失者，顺也，安时而处顺，哀乐不能入也。此古之所谓县（xuán）解也，而不能自解者，物有结之。①且夫物不胜天久矣，吾又何恶焉？

——"得"：生。"失"：死。"县"（xuán），通"悬"。"县解"：解脱人生倒悬之苦。"物"：此指人。"胜"：克。

子舆所谓"物不胜天久矣"，在本辑《大宗师》·【古之真人其状义而不朋】中表述为"天与人不相胜"，是真人之所以为真人的根本原因。

看来，这位子舆就是这样一位真人，他将天人不相胜的道理，用之为物不胜天——人不与自然作对，对他而言，就是安时处顺，有病而不恶病。他因此得以自我解脱，得以自解而无病。

【郭注】一不能自解，则众物共结之矣。故能解则无所不解，不解则无所而解也。天不能无昼夜，我安能无死生！而恶之哉？

【成疏】处顺忘时，萧然无系，古昔至人，谓为悬解。若夫当生虑死，面以憎恶存怀者，既内心不能自解，故为外物结缚之也。

---

① 按：此段文字也见于《庄子·养生主》：是遁天倍情，忘其所受，古者谓之遁天之刑。适来，夫子时也；适去，夫子顺也。安时而处顺，哀乐不能入也，古者谓是帝之县解。

第二节　唯命之从

上一节的故事，讲真人如何对待不祥疾患。这一节的故事，讲朋友如何看待生离死别。故事说：

> 俄而子来有病，喘喘（chuǎn）然将死，其妻子环而泣之。子犁往问之，曰："叱！避！无怛（dá）化！"

——"妻子"：妻子儿女。"喘"（chuǎn）：呼吸急促、气息微弱。"怛"（dá）：忧苦，惊惧，此指打扰。"化"：此指由生到死的变化过程。

子来生命垂危，苟延残喘，子犁赶来与他作临终告别，见到子来的妻子儿女围在子来身边哭得死去活来，很不高兴。子犁认为这些亲人扰乱了子来生命的自然变化，于是大声呵斥，将他们驱散。

【成疏】叱，诃声也。夫方外之士，冥一死生，而朋友临终，和光往问。故叱彼亲族，令避傍边。正欲变化，不欲惊怛也。

子犁漫不经心地依靠在门边，好奇地与子来交谈，猜想子来死后将会变化为何物——

> 倚其户与之语曰："伟哉造物！又将奚以汝为？将奚以汝适？以汝为鼠肝乎？以汝为虫臂乎？"

子犁问子来：你死后，造物主会把你变化为何物呢？你自己想到哪里去托生呢？你是希望造物主把你变化为老鼠的肝脏呢？还是更情愿变化为虫子的臂膀呢？

【成疏】又，复也。奚，何也。适，往也。（子犁）倚户观化，与之（子来）而语。叹彼大造，弘普无私，偶尔为人，忽然返化。不知方外适往何道，变作何物。将汝五藏为鼠之肝，或化四支为虫之臂。任化而往，所遇皆适也。

子来认为，子犁问他对死后的归宿有何愿望，这种问法是有问题的。

于子来而言，人死之后，究竟会去哪里，究竟会变成什么，这不是死者自己所能希望、所能决定的，一切只能听凭自然的造化。

子来曰："父母于子，东西南北，唯命之从。阴阳于人，不翅于父母。彼近吾死而我不听，我则悍矣，彼何罪焉！"

——"父母于子"：子于父母。"东西南北"：无论在哪里。"不翅于"：不啻（chì）于，不仅仅，不亚于。"悍"：违逆，冒犯。"彼"：此指阴阳造化。

【郭注】彼，谓死耳；在生，故以死为彼。

【成疏】彼，造化也。而造化之中，令我近死，我恶其死而不听从，则是我拒阴阳，逆于变化。斯乃咎在于我，彼何罪焉！

按照常理，身体发肤受之父母，一个人无论离开父母多远，都要听从父母的召唤；更何况，真正造就一个人的生命的，是阴阳造化，顺从造化的生死召唤，理所当然。现在，造化让我死，如同当初让我生。让我生，我不感谢；让我死，我不抱怨。如果我只接受生而拒绝死，那是比不听从父母之命更大的罪过，是真正不可饶恕的大逆不道。

【郭注】自古或有能违父母之命者矣，未有能违阴阳之变而距昼夜之节者也。死生犹昼夜耳，未足为远也。时当死，亦非所禁，而横有不听之心，适足悍逆于理以速其死。其死之速，由于我悍，非死之罪也。

第三节　恶乎往而不可哉

上一节，子来与子犁讨论人死后是否可以按照自己的意愿变化为新的生命。

这一节，子来继续谈论他的死后观：无往而不适。他说：

夫大块载我以形，劳我以生，佚我以老，息我以死。故善吾生者，乃所以善吾死也。

今之大冶铸金，金踊跃曰"我且必为镆铘"，大冶必以为不祥之金。今一犯人之形，而曰"人耳，人耳"，夫造化者必以为不祥之人。

今一以天地为大炉，以造化为大冶，恶乎往而不可哉！成然寐，蘧（qú）然觉。

——"大块"：本义大地，根据下文，此指造物者，或曰造物的自然之道。"佚"：安逸，安适。"息"：安息。"大冶"：高超的冶金工匠。"犯"，通"范"：模子，模铸。"成然"：安然。"寐"：熟睡，此喻死去。"蘧"（qú）：惊喜。"觉"：醒来，此喻生还，觉悟。

子来说，造物主以阴阳化为人，如同工匠用炉火冶金铸物，如果工匠正在铸造的时候，这个被造之物忽然从模具中跳出来，要求工匠将它铸成镆铘一样的宝剑，工匠一定会大惊失色，以为是见到了不祥之物。不幸的是，世人大都如这位工匠所见到的不祥之物，刚刚被造化为人形，就急不可耐地喊着"我要成人，我要成为最优秀、最完美的那种人、我要成为永生不死的人"，这不是很奇怪吗？子来的这段话及其大意，在本辑《大宗师》·【死生命也】中有大致相同的表述，其主旨是说：人，无论生死，都是造化。[①]

这里的造化，既是指造物者，也是指造物者以化造物的过程。

综观这一则讲述的两个短故事，庄子通过四位莫逆之交对"生死存亡一体"的讨论，借濒于死亡边缘的垂危者之口，而不是养尊处优的圣贤之言，发出"伟哉！夫造物者！""伟哉！造物！"的赞叹，或许是中国思想史上第一声对造物者的生命赞颂。

在此之前，《诗经》不止一次发出过对昊天上帝的呼唤，但那更多的是处于天灾人祸中的无告者的悲苦求助，而不是出自快乐的思想家对个人生命的赞叹。[②]

意味深长的是，这第一声对造物者充满感激之情的中国式赞颂，不是出自健全人的幸福之口，而是发自残体人的快乐之心。

何为造化，何为造物者？庄子没有精准的定义。

_____

① 参见《庄子·大宗师》：死生，命也，其有夜旦之常，天也。人之有所不得与，皆物之情也。

彼特以天为父，而身犹爱之，而况其卓乎！人特以有君为愈乎己，而身犹死之，而况其真乎！——夫大块载我以形，劳我以生，佚我以老，息我以死。故善吾生者，乃所以善吾死也。——特犯人之形而犹喜之，若人之形者，万化而未始有极也，其为乐可胜计邪！故圣人将游于物之所不得遯而皆存。善妖善老，善始善终，人犹效之，又况万物之所系，而一化之所待乎！

② 参见《诗经》：《大雅·生民之什·生民》《大雅·荡之什·云汉》诸篇。

　　无论《庄子》中的赞叹者怎样感知他们的造物者，也无论后世学者作何解释、有何发挥——或比拟为上帝一样的创世者，造物者是宇宙的创造者和统治者；或看作泛神论，造物者是宇宙本身；或认为是无神论，造物主内在于万物，内在于人——大体而言，造物者，是宇宙间一切存在（自然现象和自然万物）的根源，是宇宙本身之所以产生、之所以存在、之所以如此的终极根源。

　　这样的宇宙万物之源，不在人的认知范畴，不是人能够解释的现象，更不是人能够改变的对象。

　　对于人而言，造物者就是命。人与造物者的关系，就是人与命的关系。人之于命，除了接受，就是接受。

　　这样的命运观，在《庄子·人间世》和《庄子·德充符》中，称为"安之若命"；在《庄子·养生主》和本辑《大宗师》这一则中，表述为"安时而处顺"；在本辑《大宗师》最后一则故事中，贫病交加的子桑不无伤感地哀叹为"命也夫！"

第七则：无相与
——子桑户、孟子反、子琴张三人相与友

第一节 莫逆于心

与上一则故事一样，这一则故事的开头，仍然讲莫逆之交，准确地说，讲**怪异真人**之间的**莫逆之交**。

这个故事中的怪异真人，由上一则故事中的四子换成了三子。

故事的话题，从"生死存亡一体"，转到了"莫逆之交"这个概念本身——人与人何以相处？

这是天下每一个人都需要回答的问题，也是困扰人间世每一个人的基本问题。故事说：

> 子桑户孟子反子琴张三人相与友，曰："孰能相与于无相与，相为于无相为？孰能登天游雾，挠（náo）挑无极，相忘以生，无所终穷？"
>
> 三人相视而笑，莫逆于心，遂相与为友。

——"友"：一作"语"。"挠（náo）挑"：一说"踊跃"，一说"宛转"。何为"莫逆之交"？

故事中的三子谓之**"莫逆于心"**，他们共同给出的定义是：**"相与于无相与，相为于无相为"**——不刻意相交，而自然相交；不刻意相助，而自然相助。

【郭注】夫体天地冥变化者，虽手足异任，五藏殊官，未尝相与，而百节同和，斯相与于无相与也；未尝相为而表里俱济，斯相为于无为也。若乃役其心志，以恤（救济）手足；运其股肱（"肱"：读作 gōng。"股肱"：大腿和胳膊，引申为辅佐），以营五藏，则相营愈笃（dǔ，忠厚），而外内愈困矣。故以天下为一体者，无爱为于其间也。

按照【郭注】的解读，所谓"相与"，是指协同；"无相与"是指不相同；

"相与于无相与"，是指协同的各方各自独立、各不相同，互不服从。譬如人的身体器官各不相同、互不隶属，但自然而然地协同一致。

可见，不相同是协同的前提；先有无相与（不相同），才能有相与（协同）。

这个关系，不能倒置。这是【郭注】强调的重点。

所谓"相为于无相为"，这里的"为"，特指"相与"，相与就是相为。

【郭注】仍然以人体的肢体器官自然协同为例，说明自然而然的协同和相与，就是最好的"相为"，庄子借三子之口，谓之"无相为"。

【郭注】认为，庄子这句话的重点，不在相为，而在无相为，他特别发挥说："故以天下为一体者，无爱为于其间也"，这与孔子及儒家汲汲于天下而重在成事之为的思维导向，恰恰是相反的。

第二节　临尸而歌，礼乎？

上一节故事，讲子桑户、孟子反、子琴张三人以"无生死"莫逆于心，而相与为友。

接下来的故事，以喜剧的方式，讲述此三子与孔子师徒在"礼"这个问题上的观念冲突。

故事说，没过多久，三子之中的子桑户莫名其妙地死了，活着的二子将子桑户的丧礼变成了一场**"相和而歌"**的快乐节会——

莫然有间，而子桑户死，未葬。孔子闻之，使子贡往侍事焉。

或编曲，或鼓琴，相和而歌曰："嗟来桑户乎！嗟来桑户乎！而已反其真，而我犹为人猗（yī）！"

子贡趋而进曰："敢问临尸而歌，礼乎？"二人相视而笑曰："是恶知礼意！"

——"莫"：无，亦通"漠"。"或"：有人，一人。"而"：你。"反"，通"返"。"猗"（yī）：语助词，用如"兮"。"礼意"：礼的真意。

主持葬礼，办理丧事，是古代儒家赖以生存的职业，也是儒家主张厚葬之礼的思想实践。有人死了，这是一笔业务，孔子立即派子贡过来"侍

事"，安排葬礼，没想到死者最好的朋友不但不为死者悲伤，反而为死者
感到庆幸；不但不为死者的去世感到惋惜，反而羡慕死者独自返回了生命
之道，哀叹自己被死者抛弃在苦难的人间世继续受煎熬。如此违反常理的
情景，令子贡大惑不解，更让这位以礼为业的儒生感到自己的职业尊严受
到了极大的冒犯。礼，在子贡这里，既是指葬礼的仪式，更是指政治伦理
规范和社会道德风尚。

子贡指责在葬礼上幸灾乐祸的二子严重失礼，二子则反唇相讥，嘲笑
子贡不知礼。那么，究竟什么是礼？

按照【郭注】的说法，礼，是真情实意的自然流露和不拘形式的真
诚表达，而不是虚情假意的装模作样，不是烦琐铺张的奢华仪式。【成疏】
附和说，子贡不知礼的真意，因此受到二子的讥讽和嘲弄，实在是咎由自
取，怪不得二子无礼。

【郭注】夫知礼意者，必游外以经内，守母以存子，称情而直往也。若乃
矜乎名声，牵乎形制，则孝不任诚，慈不任实。父子兄弟，怀情相欺，岂礼之
大意哉！

【成疏】夫大礼与天地同节，不拘制乎形名，直致任真，率情而往。
况冥同生死，岂存哀乐于胸中！而子贡方内儒生，性犹偏执，唯贵粗迹，
未契妙本。如是之人，于何知礼之深乎！为方外所嗤，固其宜矣。

第三节 彼何人者邪？

上一节说，子贡奉孔子之命，去为子桑户办理丧礼，却遭到了死者朋
友的无礼对待和嘲笑。

这一节说，饱受委屈的子贡回到孔子身边，请教孔子：这死者的两位
朋友究竟是什么人，竟敢如此失礼。

**子贡反，以告孔子，曰："彼何人者邪？修行无有而外其形骸，临尸
而歌，颜色不变，无以命之。彼何人者邪？"**

——"无有"：没有礼法。"命"：名。

"外其形骸"：以形骸为生命之外的随便什么东西。"无以命之"：无法

形容他们，不知怎样称呼这种人。

　　接下来，孔子用了一组关于"彼"的定义，好不容易才让他的学生大致明白了这几个不拘礼仪的异类究竟是什么人——

　　孔子曰："彼游方之外者也，而丘游方之内者也。外内不相及，而丘使汝往吊之，丘则陋矣。"

　　——"彼"：他们这种人。"游"：超越，游离。"方"：方域，此指礼法规范、世俗常识。

　　【郭注】夫理有至极，外内相冥，未有极游外之致而不冥于内者也，未有能冥于内而不游于外者也。

　　故圣人常游外以冥内，无心以顺有。故虽终日见形而神气无变；俯仰万机，而淡然自若。夫见形而不及神者，天下之常累也。是故睹其与群物并行，则莫能谓之遗物而离人矣；睹其体化而应务，则莫能谓之坐忘而自得矣。岂直谓圣人不然哉，乃必谓至理之无此。

　　是故庄子将明流统之所宗，以释天下之可悟，若直就称仲尼之如此，或者将据所见以排之，故超圣人之内迹，而寄方外于数子。宜忘其所寄，以寻述作之大意，则夫游外冥内之道坦然自明，而庄子之书，故是涉俗盖世之谈矣。

　　【郭注】在这里借题发挥，提出了如何避免误读《庄子》一书的重大问题。

　　《庄子》一书，的确善于借书中人物之口，表达庄子的思想；但也常常让人物说一些貌似庄子的话，然后让这个人物自己否定自己，这些话，其实正是庄子要抨击的靶子。

　　这里的孔子，将三子与自己分别为游方之外者和游方之内者，且外内不相及，就是一个可怕的误读陷阱。

　　按照**【郭注】**的解读，以庄子思想的本意而论，至人之所以是至人，就是没有方外方内之分，没有天上与天下之分，他们神游于人间世，混同于世俗之群，他们在《庄子》中的存在，不是为了一己之逍遥，而是为了与世人一道，不得已在浑浊的人间世，而不为俗世所累。

　　【郭注】特别强调，如果读者直接按照孔子这里的说法，将至人定义为游方之外者，并以为是庄子的思想，不仅不符合《庄子》中至人齐物混俗的生命真实，而且也将庄子的思想价值推向了世俗所谓的无用的虚无。然而，庄子及其《庄子》的思想价值，恰恰在于人间世，所以【郭注】说："庄子之书，故是涉俗盖世之谈矣。"

【郭注】此论，无论是对于《庄子》的注家还是读者，都可谓振聋发聩。

回到庄子的故事中来。孔子继续向子贡讲解，在葬礼上唱歌的人（彼），究竟是何方大圣。孔子说：

彼方且与造物者为人，而游乎天地之一气。

彼以生为附赘（zhuì）县疣（yóu），以死为决痪（huán）溃痈（yōng）。夫若然者，又恶知死生先后之所在！

假于异物，托于同体，忘其肝胆，遗其耳目，反覆终始，不知端倪，芒然彷徨乎尘垢之外，逍遥乎无为之业。①

彼又恶能愦愦（kuì）然为世俗之礼，以观众人之耳目哉！

——"为人"：为伴；一说"人"为"偶"：伴侣，同伴。赘（zhuì）：累赘，多余之物。"县"，通"悬"。"疣"（yóu）：肉瘤。"痪"（huán）、"痈"（yōng）：脓疮。"先后"：此指胜负优劣。"假"：借。"托"：寄托。"假"与"托"，"异"与"同"，为互文关系：假托于异物和同体。"尘垢"：尘世，人间世。"业"：事功。"愦"（kuì）：昏聩，烦乱。"观"：在意，炫耀。

孔子带着些许羡慕说：这种无视礼仪的人，根本就不是人，他们只与自然为友，终日在万物之初的混沌时空云游，而以身体为精神的累赘和负担。对于这种人来说，既然形骸意义上的生死都被看作累赘异物，又何谈生比死好，死比生恶呢？

【郭注】假，因也。今死生聚散，变化无方，皆异物也。无异而不假，故所假虽异而共成一体也。所谓无为之业，非拱默而已；所谓尘垢之外，

---

① 按：孔子这段话，也出于《庄子·达生》中的扁子之口，其说法大同小异：扁子曰："子独不闻夫至人之自行邪？忘其肝胆，遗其耳目，芒然彷徨乎尘垢之外，逍遥乎无事之业，是谓'为而不恃，长而不宰'。"

非伏于山林也。

【成疏】芒然，无知之貌也。彷徨逍遥，皆自得逸豫之名也。尘垢，色声等有为之物也。前既遗于形骸，此又忘于心智，是以放任于尘累之表，逸豫于清旷之乡，以此无为而为事业也。

第四节　丘，天之戮民也

上一节说，孔子将无视葬礼的二子和他们死去的朋友誉称为**"游方之外者"**，而将自己贬称为**"游方之内者"**。孔子的这一分别，看似谦虚，实则自诩。

在孔子的语境中，选择去当方外神仙，固然逍遥；然而，成为方内圣贤，尽管艰难困苦，才是君子的不二选择。

子贡当然知道自己老师一以贯之的志向。下面这个问话，显然是明知故问，为的是要引发老师给自己讲更深的道理，说更多的知心话——

子贡曰："然则夫子何方之依？"

孔子曰："丘，天之戮民也。虽然，吾与汝共之。"

——"何方"：方域之内，还是方域之外。"依"：归依。"天子戮民"：自陷于方域之内，自缚于桎梏之中。

"共之"：一道解脱仁义桎梏，走出自设的方内，游于自然的方外。

【郭注】子贡不闻性与天道，故见其所依而不见其所以依也。夫所以依者，不依也，世岂觉之哉！①

"夫子何方之依？"子贡这个看似简单的问题，基于一种他所不知的人生假设：人可以自主选择自己的命运，这正是孔子的执着。

对孔子而言，"游方之外者"是"真人"，"游方之内者"是俗人。真俗二者的差异，不在人的本质，而在人所处的位置，而人所处的位置是可

---

① 参见《论语·公冶长》：子贡曰："夫子之文章，可得而闻也；夫子之言性与天道，不可得而闻也。"

参见《论语·子罕》：子罕言利，与命，与仁。

以由自己选择的。

孔子用"方（域）"喻指人在人间世的境遇。这个方域，其实是人自己画地为牢，自己给自己戴上的枷锁和桎梏，所以孔子一方面界定自己是"游方之内者"，一方面定义自己是"天之戮民"。

孔子用"游方之内"和"天子戮民"这对概念定义自己，提出了一个思想暴力的生命哲学命题——所有思想暴力，都是人自己给自己施加的暴力，且都是人自己的自愿选择。这个命题很残忍，但是很真实。

孔子所谓"天之戮民"，有两层含义：其一，画地为牢，是对自然生命的戕害。

其二，戕害生命者，即便戕害的是自己的生命，也必然会受到天（道）的惩罚，而自戕生命这一行为本身，就是自己给自己的惩罚，可谓双重惩罚。

当孔子终于知道自己是"天之戮民"的时候，就接近方外了，就隐约知道了：所谓方内，对于至人而言，就是方外。

所以，接下来针对子贡"敢问其方"的问题，孔子的回答，就更像是一位不离方内的方外之人，不分方内方外的无方之人，而不是此前生硬地分别方外方内的那个孔子。

【郭注】以方内桎梏，明所贵在方外也。夫游外者依内，离人者合俗，故有天下者，无以天下为也。是以遗物而后能入群，坐忘而后能应务，愈遗之愈得之。苟居斯极，则虽欲释之，而理固自来，斯乃天人之所不赦者也。

虽为世所桎梏，但为与汝共之耳！明己恒自在外也。

第五节　人之君子，天之小人

上一节，子贡明知故问，追问他的老师：究竟是重新选择做方外之人，还是继续坚持做方内之人？

方域之内，还是方域之外？子贡给他的老师提出的这个两难问题，与哈姆雷特问自己活着还是死去，是同样的问题——活着没有尊严，无异于死；死了不知道为何要死，死得没有任何意义，还不如没有尊严地苟且地活着。

在子贡的追问下，孔子诚实地告诉子贡：由于受到子贡追问的激励，此时的孔子已经不是此前的孔子，此时的他，已经不再将方外和方内区别开来，他终于明白：方外之人无一不是方内之人；然而，不能倒过来说，方内之人都是方外之人。

看来，孔子的确不愧为后世赞誉的至圣先师，他的幡然醒悟，表明他的确善于教学相长。【郭注】说，当孔子说自己是"天之戮民"的时候，他已经是站在方外看方内的自己了。那么，孔子究竟是方外的拯救者，还是方内等待拯救的囚徒？这个悬疑，事实上重新定义了"方"。这让子贡再一次茫然：

　　子贡曰："敢问其方。"
　　孔子曰："鱼相造乎水，人相造乎道。相造乎水者，穿池而养给；相造乎道者，无事而生定。故曰：鱼相忘乎江湖，人相忘乎道术。"

　　——"方"：消解方域的方法，解除桎梏的道术。"造"：诣，就，往。"穿池"：此指修水池，通水。

鱼离不开水，养鱼最简单的办法就是不让鱼池干涸；人离不开道，养人的最简单办法，就是不无事生非。显然，水之于鱼，道之于人，都是无法摆脱的桎梏和方域，都是鱼和人的生命必须依赖的环境和条件，可见，这样的鱼和人，都是方内之物，都是天之戮民。

那么，方内之物的鱼和人，怎样才可以摆脱桎梏，逃离方域，而成为方外之物，从此不再遭受天刑呢？孔子说，这更简单：忘掉自己是在水中即可，忘掉自己是在道中就行。

既要使用道术，又要忘记道术，这恐怕只有非同寻常的"畸人"才有可能做得到。于是，子贡再一次追问孔子：什么是畸人？

子贡此问，与其说是问何为畸人，不如说是问像我子贡这样的凡夫俗子是否也可以成为免遭天刑的畸人，如果可以，怎样才能成为畸人——

　　子贡曰："敢问畸人。"
　　曰："畸人者，畸于人，而侔于天。

故曰：天之小人，人之君子；人之君子，天之小人也。"

——"畸"（jī）：不守规则，不正常，奇异，此指不合礼数。"侔"（móu）：相等，齐同。最后这句"人之君子，天之小人也"，一作"天之君子，人之小人"。

【郭注】以自然言之，则人无小大；以人理言之，则侔于天者可谓君子矣。

想要成为齐天的真人，就一定是世俗眼中的畸人；想要成为符合天道的君子，就一定是俗人眼中的小人。这最后的结论，也是最后的两难，孔子给出的答案，无非是回到问题本身。

是做畸人，还是做圣人？是做真正的君子，还是做地道的小人？

孔子没有将自己的选择告诉子贡，因为幡然醒悟的孔子知道，这是一个伪命题——注定只能活在人间世的方内之人，别无选择。况且，何去何从，这的确纯粹是一个个人问题，没有人可以为他人做出选择，没有人可以代替自己选择怎样活着。

第八则：觉者梦者，颜回问仲尼

第一节　方将不化，恶知已化哉

　　这个故事，与上面两则故事一样，都是讲真人面对死亡，不哀不哭；其主旨也都一样：安时而处顺，哀乐不能入。

　　所不同的是，讲述这一真人之道的人，不再是庄子，而是已经解除了天刑的方外之人孔子。

　　故事说：

　　颜回问仲尼曰："孟孙才，其母死，哭泣无涕，中心不戚，居丧不哀。无是三者，以善处丧，盖鲁国固有无其实而得其名者乎？回壹怪之。

　　——"涕"：泪水。"戚"：悲伤。"居丧"：服丧，守孝。"盖"：覆盖。"固有"：岂有。"其"：此指孟孙才。"壹"：表示强调的语气，有十分、更加的含义。

　　【郭注】鲁国观其礼，而颜回察其心。

　　【成疏】鲁人睹其外迹，故有善丧之名；颜子察其内心，知无至孝之实。

　　按照【郭注】和【成疏】的解读，颜回向孔子提出的问题，是名实问题，是名不副实的问题，更是一个儒家卫道的大是大非问题。

　　儒家认为，人死而不能复生，人对待自己唯一的一次死，尤其是后人对待长者的离世，务必郑重其事，《论语·学而》谓之"慎终追远，民德归厚矣"。

　　儒家因此主张厚葬以礼。厚葬之"厚"，具有两个方面的含义：一是葬礼的举办隆重而铺张，二是葬礼的意义厚重而深远。

　　葬礼是否隆重，儒家有一整套烦琐的标准，其中包括居丧的时间和哭丧的强度。颜回这里主要是说孟孙才在居丧期间的哭丧强度不够，具体而言，是三个"不"：哭的时候流泪不多，甚至只是干哭不流泪；哭的时候内心不痛苦；哭的时候声音不大。这三个"不"，非同小可，直接关系到孟孙才是否够资格称得上孝子。

在一个伦理礼教社会，一个人如果不是孝子，就意味着犯下了不可饶恕的天大罪过，所以颜回对孟孙才的不满，不只是一般的道德评价，更是代表常人作出的伦理审判，这对孟孙才的生命威胁可想而知。

令颜回无法接受的事实是：孟孙才居丧的三个"不"，不仅没有受到应有的道德指责和惩罚，反而受到了普遍的赞同。这说明，在如何"慎终追远"这个伦理政治问题上，出现了不同于儒家的思想异端，且愈来愈受到世人的认同。这不能不引起颜回的警惕和不安。

令人哭笑不得的是，主张厚葬的孔子，在这里反串角色，大谈特谈起丧葬从简的处丧之道。这本来是庄子的台词，或者，本应该是老子的台词。这其中的反讽，意味深长。

庄子将人的生死看作只不过是形骸的变化，所以生不喜，死不哀。生命在庄子这里，不是身体，而是精神，而精神不死。既然如此，身体之死，就再自然不过了，如同秋叶飘零，化为泥土，年复一年，年年如此，自然万物的"丧葬"如此简单，人的丧葬，也就没有郑重其事的理由。

这里的孟孙才，无非是庄子这一居丧从简观念的实践者，而此时孔子，对此深表赞同，并以他自己的理解将庄子的观点对颜回转述了一遍：

仲尼曰："夫孟孙氏尽之矣，进于知矣。唯简之而不得，夫已有所简矣。"

孔子说，孟孙才已经恰到好处地尽了处丧之道，而且比一般人更懂得什么是真正的处丧之道。处丧以简，是最难得做到的，而他做到了。

作为社会名人的孟孙才，怎么能够做到处丧以简的呢？孔子告诉颜回：孟孙才不知生死有何区别。

孟孙氏不知所以生，不知所以死，不知就先，不知就后，若化为物，以待其所不知之化已乎！

且方将化，恶知不化哉？方将不化，恶知已化哉？

——"就"：一作"孰"。"化"：本义变化，这里特指生死。庄子将生和死都定义为变化；只有精神死亡，才是死，庄子谓之"失""亡"。"已乎"：如此而已。

【成疏】先，生也。后，死也。若，顺也。既一于死生，故无去无就；冥于变化，故顺化为物也。

不知之化，谓当来未化之事也。已，止也。见在之生，犹自忘遣；况未来之化，岂复逆忧！若用心预待，不如止而勿为也。

方今正化为人，安知过去未化之事乎！正在生日，未化而死，又安知死后之事乎！俱当推理直前，与化俱往，无劳在生忧死，妄为所恶也。

第二节　梦未始觉者

上一节说，孟孙才处丧从简，其母亲死，他不哭、不悲、不哀。孔子告诉颜回，在崇尚厚葬之礼的鲁国，孟孙才这种行为看似大逆不道，其实是最大的孝道。他之所以能够如此，是因为他不知道生死的区别，只知道生死不过是自然的变化而已：生不是得，死不是丧。既然无丧可言，繁文缛节的丧礼就完全是多此一举了。

这一节的故事说，对比处丧从简的孟孙才，主张厚葬的孔子自惭形秽；对比孟孙才将生死看作是不化已化、已化不化，孔子似乎明白了：生死关系，无非就是觉梦关系，很难说生不是一场梦，死不是从梦中醒来；反之，死是进入梦乡，生是从梦中醒来。

孔子将自己的这一奇妙心得，第一时间告诉了颜回：

吾特与汝，其梦未始觉者邪！

【郭注】夫死生犹觉梦耳，今梦自以为觉，则无以明觉之非梦也。苟无以明觉之非梦，则亦无以明生之非死矣。死生觉梦，未知所在，当其所遇，无不自得，何为在此而忧彼哉！

"梦未始觉者"，这是孔子发明的又一个新概念。《庄子》中的许多新词、新概念，都是孔子的发明。

庄子似乎特意让孔子扮演一个特别喜欢也特别善于创造新词、新概念的角色，这也符合孔子的哲人本色。

在《庄子》中，善于发明新词、新概念的哲人孔子，更是一位善于反思者。孔子发明的新词、新概念，大都是在孔子进行自我反思的时候产生的，这一次也不例外。

反思者，也是自我批判者，这一角色，对于孔子来说，当之无愧。无论是真实的、本来的孔子，还是《庄子》这部荒诞剧中的孔子，的确都是以善于反思的反思者和勇于自我批判的批判者闻名于世。

作为哲人，孔子的反思，不只是反思自己，更是引领人间世的天下人作反思——"丘将引天下而与从之"（《庄子·德充符》·【鲁有兀者王骀】）。

难能可贵的是，孔子所有的反思，几乎都是当着学生的面所作的自我批判。庄子用这样的戏剧化情景，表达了对孔子最深刻的理解和最大的敬意，在庄子这里，孔子的确是最好的老师。

在不以外形为丑的兀者叔山无趾面前，孔子反思自己："丘则陋矣"（《庄子·德充符》·【鲁有兀者叔山无趾】）。

在子桑户、孟子反、子琴张三位忘却生死的真人面前，孔子反思自己："丘游方之内者"，是"天之戮民"（《庄子·大宗师》·【子桑户孟子反子琴张三人相与友】）。

在"吾游心于物之初"的老子面前，孔子反思自己，"丘之于道也，其犹醯鸡与（"醯鸡"xī jī：酒瓮中生的一种小飞虫）！"（《庄子·田子方》·【孔子见老聃新沐】）。

在处丧从简的孟孙氏面前，孔子反思自己是一个长梦不醒的清醒的人："梦未始觉者"。

孔子的悲哀，在于既梦且醒；孔子的可贵，也在既醒且梦：唯有长梦者，才应该反思；唯有清醒者，才能够反思。

孔子对照孟孙氏，反思自己说：

且彼有骇形而无损心；有旦宅而无情死。

孟孙氏特觉，人哭亦哭，是自其所以宜。

且也相与"吾之"耳矣，庸讵知吾所谓"吾之"乎？

——"骇"（hài）：惊惧，一说通"改"。"旦"，一说通"嬗"（shàn）：自然演变。"宅"：一说指"形骸"。"情死"：精神死亡，一作"耗精"。"特"：独。"觉"：觉悟，觉醒。"相与'吾之'"：相互都自称我。此句后一个"吾之"，一说应为"吾之非吾"。"庸讵"（yōng jù）：何以。

【成疏】庸，常也，凡常之人。讵，岂。

孔子告诉颜回：孟孙才这种人，将死亡看作是身体形骸的变化，而不是精神生命的丧失，所以面对死亡，如同面对出生，不惊不喜，不迎不拒。他之所以与众人一道哭泣，也是自然随众。

孔子感叹说：像孟孙才这种精神上独自觉醒的圣人，并非鹤立鸡群，而是混同于世俗，从身体形骸上，看不出与常人有什么区别。常人恰恰相反，总是想要出人头地，与众不同，张口就是"我"，殊不知我们这些人根本就不知道何为我。

【郭注】以变化为形之骇动耳，故不以死生损累其心。以形骸之变为旦宅之日新耳，其情不以为死。

夫常觉者，无往而有逆也。故人哭亦哭，正自是其所宜也。夫死生变化，吾皆"吾之"。既皆自吾，吾何失哉！未始失吾，吾何忧哉！无逆，故人哭亦哭；无忧，故哭而不哀。

靡所不吾也，故玄同外内，弥贯古今，与化日新，岂知吾之所在也！

【成疏】旦，日新也。宅者，神之舍也。以形之改变，为宅舍之日新耳，其性灵凝淡，终无死生之累者也。

吾生吾死，相与皆吾，未始非吾，吾何所失！若以系吾为意，何适非我。假令千变万化，而吾常在。新吾故吾，何欣何恶也！

第三节　乃入于寥天一

上一节故事说，孟孙氏将生死看作不化之化，化之不化，无所谓生得死丧。

孔子受到孟孙氏的启发，将生死看作是觉梦之化，将浑浑噩噩的人生，看作是还没有从死梦中觉醒。然而，当孔子这样感觉自己的生命如梦的时候，发生了角色意识的错乱——当我对别人说我的时候，我是我呢，还是我不是我呢？

这一节，孔子进一步探究自己的梦呓，想要知道自己这样想、这样说的时候，究竟是醒着，还是在梦中。他对颜回说：

且汝梦为鸟而厉乎天；梦为鱼而没于渊。不识今之言者，其觉者乎？梦者乎？

——"厉"：一作"飞"；通"戾"：至。

【成疏】厉，至也。且为鱼为鸟，任性逍遥；处死处生，居然自得。而鱼鸟既无优劣，死生亦何胜负而系之哉！孟孙妙达斯源，所以未尝介意。又不知今之所论鱼鸟者，为是觉中而辩，为是梦中而说乎？夫人梦中自以为觉，今之觉者，何非梦中！是知觉梦生死，未可定也。

不知道此时正在说话的我们，是在梦中说着梦话呢，还是醒着在说梦呢？惶惑于"觉者乎，梦者乎"的孔子，如同蝴蝶梦醒的庄周，陷入了思想的空白，这是人无法挑战的认知极限。和庄周一样，这个终极问题，只能交给"道"来解决。[1]

庄子说：

造适不及笑，献笑不及排，安排而去化，乃入于寥天一。

——"造"：至。"不及"：不必，来不及，比不上，倒不如。"献笑"：笑出声来。"安"：安心于。"排"：刻意安排，事先设计，变化推移。

人的内心感到愉悦、身体感到舒适，便会忍不住笑出声来，是先有舒适愉悦，还是先有笑声，这不是人事先可以安排的。如果一定说有安排，那就是自然之化。

当人将自己的生死之命交给自然之道的时候，就能够随自然一道变化，此为与天同化，庄子谓之"一"。

【成疏】造，至也。献，善也。排，推移也。夫所至皆适，斯适其常适，何及欢笑然后乐哉！若待善事感己而后适者，此则不能随变任化、与

---

[1] 《庄子·齐物论》：昔者（"昔"：一说通"夕"），庄周梦为胡蝶，栩栩然胡蝶也（"栩栩"：一作"翩翩"），自喻适志与（"喻"：通"愉"）！不知周也。俄然觉，则蘧蘧然周也（蘧 qú：本义惊喜，一说相对于"栩栩"此指"僵卧"）。不知周之梦为胡蝶与，胡蝶之梦为周与？周与胡蝶，则必有分矣。此之谓"物化"。

物推移也。今孟孙常适，故哭而不哀也。

　　庄子这段话，语焉不详，【成疏】的解读未免牵强。尽管如此，这段话的思想主旨还是明确的，其大意是说：孟孙氏与本辑《大宗师》故事中的子祀、子舆、子犁、子来四子和子桑户、孟子反、子琴张三子一样，"安时而处顺，哀乐不能入"。哭不一定是哀，歌不一定是乐，既然如此，在丧礼上或哭或歌，或不哭不歌，其实没有任何区别。明于此道之人，安于自然，随顺变化，融入旷远寂寥的虚空之中，与道混为一体。

　　【郭注】安于推移而与化俱去，故乃入于寂寥而与天为一也。自此以上，至于子祀，其致一也。所执之丧异，故歌哭不同。

　　按照【郭注】的说法，最后这段话，不是孔子对颜回说的话，而是庄子对本辑《大宗师》以上三个故事、同一个寓意的总结。

　　庄子说，这三个故事的主角，看待生死的方法都一样，都是将生死看作自然之化，而孔子则独出心裁，将生死看作觉梦之化。

　　这样一来，"安排而去化，乃入于寥天一"，这最后一句话中的"一"，就可以同时作两种解释：其一，生死之化，与自然之化融合为一；其二，三个故事中的主角们，对生命随自然而化的认知完全一致。

第九则：游于其藩，意而子见许由

第一节　黥以仁义，劓以是非

这则故事说，一个名叫"意而子"的人，从尧那里逃出来，请求许由为他整容，因为他受到尧的仁义酷刑，被仁义刺黑了额头，被是非割掉了鼻子。

　　意而子见许由。
　　许由曰："尧何以资汝？"
　　意而子曰："尧谓我：汝必躬服仁义而明言是非。"
　　许由曰："而奚为来轵（只）？夫尧既已黥（qíng）汝以仁义，而劓（yì）汝以是非矣。汝将何以游夫遥荡恣睢（zì suī）、转徙之途乎？"
　　意而子曰："虽然，吾愿游于其藩。"
　　许由曰："不然。夫盲者无以与乎眉目颜色之好，瞽者无以与乎青黄黼黻（fǔ fú）之观。"

　　——"意而子"，字面直义是：有心志的人。根据下文，可知此名寓意被自己的心志折磨致残的人。"资"：本义资助，此指教益。"躬服"：亲自实行。"明言"：明辨。"轵"，通"只"，语助词。"黥"（qíng）：刺墨于额头的墨刑。"劓"（yì）：割鼻的酷刑。"恣睢"（zì suī）：放任自流。"藩"：本义篱笆，此指边缘，外围。"黼黻"（fǔ fú）：礼服上绣的花纹，一说黑白相间为黼，青红相间为黻。

　　【成疏】躬，身也。仁则恩慈育物，义则断割裁非，是则明赏其善，非则明惩其恶。此之四者（仁、义、是、非），人伦所贵，汝必须已身服行，亦须明言示物。此是意而述尧教语之辞也。

　　黥，凿额也。劓，割鼻也。恣睢，纵任也。转徙，变化也。涂，道也。夫仁义是非，损伤真性，其为残害，譬之刑戮。汝既被尧黥劓，拘束性情，如何复能遨游自得，逍遥放荡，从容自适于变化之道乎？言其不复能如是。

盲者，有眼睛而不见物。矇者，眼无联缝如鼓皮也。作爷形谓之矖，两已相背谓之瞂。而盲矇之人，眼睛已败，既不能观文彩青黄，亦不爱好眉目颜色。譬意而遭尧黥剟，情智已伤，岂能爱慕深玄，观览众妙耶！

许由对意而子的天性被尧以仁义致残充满了同情，也充满了无奈，这一复杂心情，在《庄子·逍遥游》中，连叔对肩吾有几乎完全相同的表述：

矇者无以与乎文章之观，聋者无以与乎锺鼓之声，岂唯形骸有聋盲哉？夫知亦有之。是其言也，犹时女也。

连叔和许由对肩吾和意而子的这种惋惜，表达了庄子对天下人被圣贤仁义肆意戕害这一本不该有的病态现实的愤懑与无奈。这种无可奈何，可以理解为思想家所特有的孤独情绪，也可以理解为哲学家注定会走进的智知虚无主义。

通观《庄子》全书，这种无可奈何，弥漫在全书的字里行间，与庄子一再发出的人间悲叹一道，成为庄子哲学思想的基本色调。这个色调，是悲天悯人的先知先觉情怀：救人于困苦之中而不得已，解人于倒悬之境而无能为力。

第二节　吾师乎，此所游已

上一节说，许由拒绝了意而子的请求，不愿收他为门徒。许由给出的理由是：意而子被尧的仁义是非治理成了残废，丧失了对自然之道的基本感知能力，已经不可救药。

许由拒绝意而子的理由，与《庄子·德充符》中的孔子拒收兀者叔山无趾为门徒的理由如出一辙。那个故事说：

鲁有兀者叔山无趾，踵见仲尼。
仲尼曰："子不谨前，既犯患若是矣。虽今来，何及矣？"

这一节的故事说，意而子向许由诚恳地表达了重新做人的欲求，他给出的说法是：造物者此前让我被尧的仁义是非弄得面目全非，造物者也会让我跟随先生追随自然之道，重新找回原本的我自己。

意而子曰："夫无庄之失其美，据梁之失其力，黄帝之亡其知，皆在炉捶之间耳。庸讵知夫造物者之不息我黥而补我劓，使我乘成以随先生邪？"

——"无庄"：一位名叫"无庄"的美人。"失其美"：此有三重含义，其一，忘记了自己美；其二，不知道自己美；其三，不以为自己美。同句中的"失其力""亡其知"，亦可作如是观。"据梁"：一位名叫"据梁"的大力士。"捶"，通"锤"：锤炼。"庸讵"：二字同义：岂。"成"：成全，此指恢复天性，还原全形。

【郭注】言天下之物，未必皆自成也。自然之理，亦有须冶锻而为器者耳。

【成疏】无庄，古之美人。为闻道故，不复庄饰，而自忘其美色也。据梁，古之多力人。为闻道守雌，故不勇其力也。黄帝，轩辕也，有圣知，亦为闻道，故能忘遣其知也。炉，灶也。锤，锻也。

以上三人，皆因闻道，然后忘其所务，以契其真。犹如世间器物，假于炉冶打锻，以成其用者耳。今夫子何妨以自然之理教示于我，以成其道耶？

造物，犹造化也。我虽遭仁义是非，残伤情性，焉知造化之内不补劓息黥，令我改过自新，乘可成之道，随夫子以请益邪？乃欲弃而不教，恐乖造物者也。

意而子认为：失其美，失其力，亡其知，这是得，而非失，是去掉外在的累赘，而复归其淳朴的本性，重现其本然的原形。当然，这需要一个重新回炉陶冶、在大道中锤炼的过程。所以，意而子恳请许由能给他一次重生的机会。

意而子这里对许由陈述的学道愿望，与《庄子·德充符》故事中无趾对孔子陈述的学道愿望，依据的是同样的理由：重返自然之道，找回我自己——

无趾曰："吾唯不知务，而轻用吾身，吾是以亡足。今吾来也，犹有尊足者存焉，吾是以务全之也。"

——《庄子·德充符》·【鲁有兀者叔山无趾】

比较《庄子·德充符》中的无趾和本辑《大宗师》中的意而子，同样是因为残废而求师问道，同样是由于残废而被老师拒收于门外，但是，二者的结果却大相径庭。

无趾不幸，找错了老师，误以为孔子是许由之类的圣人，结果求学不成，反而自取其辱。

意而子有幸，找对了老师，然而，老师不以为师，让他无师自通，与自然偕游，直接呼唤大宗师——

许由曰："噫！未可知也。我为汝言其大略。吾师乎！吾师乎！

齑（jī）万物而不为义。

泽及万世而不为仁。

长于上古，而不为老。

覆载天地、刻雕众形，而不为巧。此所游已。"

——"师"：大宗师，大道。"齑"（jī）：本义捣碎姜、蒜等作为调料，此指调和。"泽"：恩泽。

【郭注】皆自尔耳，亦无爱为于其间也，安所寄其仁义哉！自然故，非巧也。游于不为，而师于无师也。

"不为"，在老子和庄子的语境中，几乎总是同时有"不作为""不以为""不为（wèi）了"这三重含义。这三种意义上的"四个不为"——不为义，不为仁，不为老，不为巧，正是许由跟随大宗师游心的境界。

这里的"游"，之于道，是道之所在的存在方式；之于学道者，是学之所成的唯一可能的学道方法；之于传道者，是传道解惑的唯一可能路径：携子同游，与子偕游，同游于道。

第十则：坐忘，颜回曰回益矣

第一节　坐忘，同于大通

上一则故事，归结为"游"。

这一则故事，讲"坐忘"。坐忘就是游——人在人间世，心游宇宙。

此前，在《庄子·人间世》·【颜回曰吾无以进矣】的故事中，孔子给颜回传授了一种乱世保命的道术，谓之"心斋"，并提醒颜回，掌握这一道术的关键在于克服"坐驰"——魂不守舍，心驰神往，安不下心来。

这一则故事，可以看作"心斋"故事的续集，颜回在孔子的督导下，不断克服"坐驰"，反复修炼"心斋"，如此循序渐进，终于有一天，颜回告诉老师说：我"坐忘"了。

颜回曰："回益矣。"仲尼曰："何谓也？"曰："回忘仁义矣。"曰："可矣，犹未也。"

他日复见，曰："回益矣。"曰："何谓也？"

曰："回忘礼乐矣。"曰："可矣，犹未也。"

他日复见，曰："回益矣。"曰："何谓也？"

曰："回坐忘矣。"

仲尼蹴然曰："何谓'坐忘'？"

颜回曰："堕肢体，黜聪明，离形去知，同于大通。此谓'坐忘'。"

——"蹴"（cù）：本义踩踏，此指惊异的动作。"堕"，通"隳"（huī）：毁坏，废弃。"黜"（chù）：废除。"大通"：变通之道。

【郭注】夫坐忘者，奚所不忘哉！既忘其迹，又忘其所以迹者。内不觉其一身，外不识有天地，然后旷然与变化为体而无不通也。

【成疏】大通，犹大道也。道能通生万物，故谓道为大通也。

第二节　丘也，请从而后

上一节，按照颜回的说法，他不断克服"坐驰"最终达到"坐忘"的过程，其实是不断舍弃儒家思想理念的过程，更是不断放弃儒家政治理想的过程，用【郭注】的话来说："**以损为益也**"。

这一节说，颜回舍弃（损失）儒家的法宝越多，受益于自然之道也越多；离开仁义礼乐越远，距自然无为之道越近，如此不断损益，不断转化，最终转化了师生关系，让老师亦步亦趋，成了他的学徒。

上一则"意而子见许由"，许由不自以为师，他认为，只有大宗师才可以称为师。按照许由的说法，任何人都没有资格好为人师，因为人之于自然之道，只能是无师自通。

这一则"颜回曰：回益矣"，同样颠覆了孔子的师道。故事说，颜回告诉孔子如何坐忘而与道游，颜回成了孔子的老师。与许由一样，颜回不自以为师，只是让孔子无师自通，以忘为师。

仲尼曰："同则无好也，化则无常也。而果其贤乎！丘也请从而后也。"

——"无好"：没有偏好，没有偏爱，没有偏私。"常"：故常，常规，常识。"而"：你。

【郭注】无物不同，则未尝不适；未尝不适，何好何恶哉！同于化者，唯化所适，故无常也。

【成疏】果，决也。而，汝也。忘遗如此，定是大贤。丘虽汝师，遂落汝后，从而学之，是丘所愿。扬谦退己，以进颜回者也。

不同于本辑此前三个故事中的真人忘却生死，颜回无须像他们那样忘得如此彻底，只需忘记记仁义礼义，就可以坐忘。

颜回的这个故事，让普通人看到了跟随大宗师游心学道的希望。游心，并非真人和圣贤的专利，普通人也可以通过反复练习心斋而达到坐忘，在坐忘中游入大宗师之境，而不是非得要远离凡尘。

颜回以自己的切身体会，将其发明的"坐忘"定义为**"离形去知，同于大通"**。孔子不改好为人师的作风，将颜回的这一描述性定义，提升到看上去更像有学问的高度，总结为**"同""化"**二字，演绎为**"无好"**和

"无常"。

　　然而，无论怎样拔高，坐忘既然是方法，就是人为。按照庄子凡是人为都只伪不真的逻辑，坐忘而得真知，这一说法，在庄子这里不能成立。

　　换言之，坐忘不能代替游心。坐忘作为游的方法，不能代替游本身。

第十一则：命也夫，子舆与子桑友

这一则温馨的小故事，发生在凄风苦雨之中。

故事说，一连几天的大雨，子舆担心他的朋友子桑贫病交加，于是前往探视。

子舆与子桑友。而霖雨十日。

子舆曰："子桑殆病矣！"裹饭而往食之。

至子桑之门，则若歌若哭，鼓琴曰："父邪！母邪！天乎！人乎！"有不任其声而趋举其诗焉。

子舆入，曰："子之歌诗，何故若是？"

曰："吾思乎使我至此极者而弗得也。父母岂欲吾贫哉？天无私覆，地无私载，天地岂私贫我哉？求其为之者而不得也。然而至此极者，命也夫！"

——"霖"：久雨不止。按照《左传·隐公九年》的说法，凡雨，自三日以往为霖。"殆"：近。"不任其声"：此指因身体疲惫不堪发声。"趋"：通"促"，此指呼吸急促，歌诗不成调。"举"：谈论，称引，此指吟唱。"是"：指上文若歌若哭。"吾思乎"句：我在想，是谁、为什么，要置我于如此境地，我不得其解。"极"：绝境。

【郭注】言物皆自然，无为之者也。

【成疏】夫父母造，不欲饥冻；天地无私，岂独贫我！思量主宰，皆是自然；寻求来由，竟无兆朕，而使我至此穷极者，皆我之赋命也，亦何惜之有哉！

"至此极者，命也夫。"《庄子·大宗师》出其不意地竟以子桑身陷绝境而百思不得其解的悲叹结束全篇，这一悲鸣绝响，听起来有些悲凉。

子桑之命，放在本辑《大宗师》全篇语境中观照，其实无关乎公平，其贫病绝境，既不是子桑本人之过，也不是自然或者人为之害。所谓"**天**

无私覆，地无私载"，是说自然之道，平等对待宇宙万物和天下万民，既不特别厚爱一物一人，也不特别厌弃一人一物。

子桑的处境，不过是人生各得其所的自然常态，既无法逃离，也别无选择。极富或者极贫，极贵或者极贱，都只是人为的分别，究其自然而然而言，只不过各自独一无二的特性而已，人因此各不相同，人也因为这种各不相同而同理同命，无所谓优劣、丑美、幸或不幸。

人与生俱来的这种"**独**"，无须比较，无可解释，无法解开，《庄子·德充符》·【闉跂支离无脤说卫灵公】谓之"**謷乎大哉！独成其天**"，这里的子桑不得已归结为"**命**"。

本辑《大宗师》·【南伯子葵问乎女偊】中的女偊告诉南伯子葵说，人只有大彻大悟，才能发现自己这种独特之命有多么美好："**朝彻，而后能见独；见独，而后能无古今；无古今，而后能入于不死不生。**"这种一觉醒来的顿悟，大致上可以从两个方面让子桑之命为之释然：

其一，人无法改变自己的命运。既然如此，与其在拒绝中痛苦挣扎，或者痛苦地被动承受，不如欣然接受，以认命为寿，以顺命为乐。

其二，人无法知道为什么是如此命运。既然如此，与其苦苦思索，上下追寻，四处投诉，独自哀鸣，不如无怨无悔，安心享受命运的赐予，不再责问命运背后的为什么和所以然。

第七辑 《应帝王》

——明王之治，使物自喜

【第七辑要目】

题解：四个不为

"应帝王"，顾名思义，帝王应该是什么样的？什么样的帝王才是应该之义的帝王，或者说，帝王应该做什么，应该不做什么。

天下不是没有"应帝王"的标准，而是有太多的应帝王标准。先秦诸子每一家的学说，本质上都是关于应帝王的学说，都提出了各自关于应帝王的标准。

本辑《应帝王》，可看作庄子政治哲学的寓言式宣言，由七则短章组成，其中第六则，是"应帝王"的思想总纲，以"四个无为"的论述，集中宣示了庄子的应帝王学说；其他六则，是六个寓言故事，围绕第六则的思想核心，从六个方面——合真、合德、合法、合理、合情、合道，对庄子式的应帝王理想，予以生动的模拟和演绎。

在庄子这里，应该的帝王，是能够让人民自己成为自己的帝王。用【郭注】的题解说：**夫无心而任乎自化者，应为帝王也。**

让人民自己成为自己，这是天下之所以需要治理的唯一合法的理由；这一理由，也是天下不需要治理的最好理由。

既然让人民自己成为自己，天下就根本不需要帝王；如果一定要有帝王，帝王最应该做的事情，就是"无为"。

下面，将本辑第六则的前半部分提前到这里予以解读。庄子说：

无为名尸。

——不要让人生被名誉所主宰，不要成为追名逐利的行尸走肉，不要将所有的名誉都归于自己。"尸"：主。

【郭注】因物，则物各自当其名也。

庄子说：

无为谋府。

——不要让心胸被谋略占据，成为阴谋诡计的策源地。"府"：心灵。

【郭注】使物各自谋也。

庄子说：

无为事任。

——不要勉为其难追求成功，不要超越自己的名分独断专行。

【郭注】付物使各自任。

庄子说：

无为知主。

——不要让天赋的精神被人为的智知主宰，不要用自己的智知主宰天下。

【郭注】无心，则物各自主其知也。

综上所述，**"四个无为"**，既是应帝王治理天下的行为禁则，也是应帝王善治天下的最好作为，更是应帝王体道复性的保命法宝。

无为，得以虚怀若谷。虚怀若谷，得以最大限度地秉承自然天赋，让宇宙精神最大限度地充实自己。

第一则：合真的帝王，啮缺问于王倪

这一则故事，探讨什么是合乎真知的应帝王。

故事说，一个名叫啮缺的畸人，带着这个玄妙的问题，明知故问地去问一个名叫王倪的神人，一连问了四次，王倪都答不上来。

啮缺欢喜雀跃，他跑去告诉一位名叫蒲衣子的隐者，将自己如何问倒神人的故事，说给蒲衣子听，并想用同样的问题难倒这位隐者。

啮缺问于王倪，四问而四不知。[①] 啮缺因跃而大喜，行以告蒲衣子。

蒲衣子曰："而乃今知之乎？有虞氏不及泰氏。

有虞氏其犹藏仁以要人，亦得人矣，而未始出于非人。

泰氏其卧徐徐，其觉于于。一以己为马，一以己为牛。其知情信，其德甚真，而未始入于非人。"

——"啮（niè）缺"：字面直义为上下牙无法咬合。"王倪"：字面直义为傲慢之王。"蒲衣子"：字面直义为穿着蒲草衣服的人。"而"：你。

[①] "四问而四不知"这个故事，亦载于《庄子·齐物论》，这里没有列出的"四问"，在《齐物论》中分别表述为："知物之所同是乎？"——万物可用相同的标准来衡量吗？"知子之所不知邪？"——你知道你不知道的知识吗？"物无知邪？"——如果万物无统一标准，而你又不知道自己所不知道的知识，这是不是可以说人无法知道万物呢，或者说，万物不可知呢？"至人固不知利害乎？"——如果你不知道利害关系，那么通神的至人也不知道利害关系吗？对此四问，王倪都回答以"不知"。他反问啮缺："庸讵知吾所谓知之非不知邪？庸讵知吾所谓不知之非知邪？"——怎么能够知道，人们自以为是的知，或许恰恰相反，是不知？又怎么能够知道，人们不以为然的不知，或许恰恰相反，就是知？这里的知，既是求知，又是求知所获得的知识，通称为智，合而为智知。既然人的智知如此有限，又如此真伪难辨，帝王又怎么可以自以为是地以其一己之智知而治国平天下呢？因此，《应帝王》要做的第一件事，就是劝帝王忘知去智。

按：不以知治国，这也是老子的政治理念。《老子·第十九章》说："绝圣弃知，民利百倍。"

【成疏】引述《文子》（《通玄真经》）的《道原》篇中老子的话说："故以智治国，国之贼，不以智治国，国之德。"

"要人"：炫耀于人，讨好于人，召唤人。"藏"：怀抱。"要"：求，亦通"邀"：约请。"得人"：使得人心归顺，但也因此有赖于人。"未始"：未尝，还没有。"出于"：脱离，高出。"非人"：人为之人，为人之人，为外物所系累之人，戕害自己和他人的自然天性之人。"知"，通"智"。"情信"：诚实。"德"：内心。"真"：淳朴。"未始"：从来没有，尚没有。"入于"：沦落为，混迹于。

"有虞氏"：历史传说中的舜，尤为儒家所推崇。

"泰氏"：庄子虚构的上古帝王。

【成疏】泰氏即太昊伏羲也。

蒲衣子吸取王倪的教训，不入啮缺的概念圈套和逻辑陷阱，只是与啮缺娓娓道来，看看历史上最早的帝王是怎样的帝王，让啮缺自己判断：这些一代比一代更加远离自然真知的帝王，究竟是不是合乎真知的应帝王。

【郭注】任其自知，故情信。任其自得，故无伪。不入乎是非之域，所以绝于有虞之世。

【成疏】夫舜包藏仁义要求士庶，以得百姓之心，未是忘怀，自合天下，故未出于是非之域。亦有作藏字者。臧，善也。善于仁义要求人心者也。

按照蒲衣子的历史讲述：真正的帝王，不以知治天下。这是因为，相对于自然真道，人的一切智知都是伪，都不合乎真。这里的伪知，主要是指仁义教化，圣贤之治。

蒲衣子认为，儒家最为崇拜的虞舜，其实离真正的帝王相差很远。真正的帝王，不是虞舜之类圣王，以仁义笼络人心且扰乱人心；而是如泰氏那样，"**其知情信，其德甚真，而未始入于非人**"的自然人。

庄子借蒲衣子之口，在中国哲学史上第一次提出了"**非人**"的概念。

所谓非人，是相对于自然人而言的，换言之，非人就是丧失了自然天性的人。在蒲衣子看来，泰氏与虞舜的区别，就是自然人与非人的区别。

在泰氏时代，不只是泰氏一个人，而是所有的人都是自然人。然而，到了虞舜时代，由于虞舜心怀仁义教化天下，天下所有的自然人都被他教化成了非人，都失去了人的自然天性。

蒲衣子将人从自然人被帝王教化为非人的历史过程，表述为从"**未始入于非人**"向"**未始出于非人**"的衰变。

　　这里"**入于非人**"，有两个方面的含义：其一，作为帝王，执迷于用仁义改造自然人；其二，作为自然人，沦落为心灵被仁义充斥的虚伪人。

　　这里的"**出于非人**"，是指没有被仁义改造为非人。

　　蒲衣子说，虞舜"**未始出于非人**"，是说虞舜苦心经营而成为帝王，致力于用仁义将天下人从自然人改造为非人，自己也无法避免地被仁义改造而**沦落**为非人。

　　蒲衣子说，泰氏"**未始入于非人**"，是说泰氏不得已而为帝王，无为而治，不戕害天下人的自然天性，自己也因此能保守住天性的纯真。

　　不过，按照【郭注】的理解，有虞氏和泰氏都配不上合乎真知的应帝王。推崇泰氏而贬低虞舜，只不过五十步笑百步而已。

　　【郭注】夫有虞氏之与泰氏，皆世事之迹耳，非所以迹者也。所以迹者，无迹也，世孰名之哉！未之尝名，何胜负之有邪？然无迹者，乘群变，履万世。世有夷险，故迹有不及也。

　　在【郭注】而言，真正的应帝王，就是无帝王，郭注谓之"无迹"，或者说"所以迹"。泰氏和虞舜既然都是帝王，或者说，都有帝王之名，就说明二者都有帝王之迹，所以都算不上应帝王。

　　尽管有如此"世事之迹"的缺憾，这并不妨碍庄子通过泰氏和虞舜的比较，表达如下观点：只有不丧失自己真性的人，才有可能不戕害天下人的真性，才能将天下托付给他。如此帝王，便是合乎真知的帝王。

　　庄子的这一应帝王思想，在《庄子·在宥》和《庄子·让王》中分别表述为：

　　故君子不得已而临莅天下，莫若无为。无为也，而后安其性命之情。故贵以身于为天下，则可以托天下；爱以身于为天下，则可以寄天下。

　　　　　　　　　　　　　　　　——《庄子·在宥》·【闻在宥天下】

　　夫天下至重也，而不以害其生，又况他物乎！唯无以天下为者，可以托天下也。

　　　　　　　　　　　　　　　　——《庄子·让王》·【尧以天下让许由】

第二则：合德的帝王，肩吾见狂接舆

这一则故事说，合格的帝王，应该是合德的帝王。

所谓合德，最起码的要求是不要欺德——不要以一己德行一统天下人的自然德性。

肩吾见狂接舆。

狂接舆曰："日中始何以语汝？"

肩吾曰："告我：'君人者以己出经式义度，人孰敢不听而化诸！'"

"肩吾"，按照《庄子·大宗师》·【夫道有情有信】的说法，是最终得道的泰山神。不过，在得道之前，肩吾看样子是一个长舌的传话信使。他不知在哪里刚听了日中始的一番话，就跑到《庄子·应帝王》这里来告诉接舆；刚见了接舆，便急不可耐地跑去《庄子·逍遥游》中的连叔那里，将接舆的这番狂言和盘托出，还添油加醋地做了几点毒药般的点评：

肩吾问于连叔曰："吾闻言于接舆，大而无当，往而不反。吾惊怖其言，犹河汉而无极也（"河汉"：天上的银河），大有迳庭，不近人情焉。"

——《庄子·逍遥游》·【肩吾问于连叔】

有趣的是，肩吾，连叔，接舆，这三个人的名字，都与载物有关——或受物驱使，或与物相游。

"肩吾"的字面直义，是人力扛物，是自己肩负自己。"连叔"之"连"，通"辇"：字面直义是人拉的车。"接舆"，字面直义是：永远在路上运物的奴役。"舆"：车厢，泛指马车。

人力也罢，人拉车也罢，人赶着马拉车也罢，三者无论有何区别，都一样是负累之徒，都一样为物所累，且都行走在同一条"非人"之路上，可谓同道中人。其实，这个故事中只闻其声、未见其人的"日中始"，又何尝不是如此。"日中始"：字面直义是：以中午为一天的开始。

"君"：统治。"经式义度"：治国的礼仪和法则。"诸"，通"乎"。

【成疏】日中始，贤人姓名，即肩吾之师也。式，用也。教我为君之道，化物之方，必须己出智以经纶，用仁义以导俗，则四方氓庶，谁不听从！退远黎元，敢不归化耶！

肩吾转述其老师日中始的这句话，其大意是：君王以其一己意志为政治法则，以其强权推行天下，以其专制实施教化，没有人敢于抗命。【成疏】将日中始的一己意志，归结为仁义之道；将"人孰敢不听而化诸"，解读为儒家的圣治理想："天下归仁"。

下面是接舆对日中始以仁义归化天下的言论的尖锐批评——

狂接舆曰："是欺德也。"

何为"欺德"？

【郭注】以己制物，则物失其真。

接舆所谓"欺德"，可有两解：其一，作名词，指虚伪之德；其二，作动宾结构，指戕害天性。"是欺德"的大意是：这纯属是无事生非，以人为之伪，戕害天下之人的自然天性。

"德"在《庄子》的语境中，多指人的内心与自然之道相符的真性。正是德性，让天下生民无一例外自然而然都合乎自然之道，又禀赋各异，各有名分，每个人因此都是天下独一无二的自己。

接舆评价说：日中始想要用仁义归化天下，这既不合乎自然之道，事实上也无法做到。他说：

其于治天下也，犹涉海凿河而使蚉负山也。

——"涉海凿河"：为了渡海，在海里挖河，或者让蚊虫背来大山填海。"蚉"，通"蚊"。

【郭注】夫寄当于万物，则无事而自成；以一身制天下，则功莫就而任不胜也。

接舆质问道：

夫圣人之治也，治外乎？

——圣人难道需要以经式义度这样的身外之物治天下吗？

【成疏】随其分内而治之，必不分外治物。治乎外者，言不治之者也。

接下来，接舆转而从正面立论，明确主张说：

正而后行，确乎能其事者而已矣。

——自己随顺自然，而天下自然而治。确保让人们各尽其能，就是天下大治了。

"正"：遵循自然正道不偏离，保持自然天性不被扭曲和污染，

【郭注】各正性命之分也。不为其所不能。

接舆为他的主张举例说：

且鸟高飞以避矰（zēng）弋之害；鼷（xī）鼠深穴乎神丘之下以避熏凿之患。

而曾二虫之无知！

——"矰"（zēng）：拴着丝绳的射鸟的短箭。"弋"：用带绳子的箭射鸟。"鼷（xī）鼠"：小家鼠。"而"：你。"曾"：竟然。"无知"：不教自知，天生就知。

【郭注】禽兽犹各有以自存，故帝王任之而不为则自成也。言汝曾不知此二虫之各存而不待教乎？

【成疏】矰，网也。弋，以绳系箭而射之也。鼷鼠，小鼠也。神丘，社坛也。鸟则高飞而逃网，鼠则深穴而避熏，斯皆率性自然，岂待教而远害者也。鸟鼠既尔，在人亦然。故知式义出经，诬罔之甚矣！

狂接舆主张采用百鸟高飞和鼷鼠深穴而与人游的避害策略，让天下生民与自然万物一样，随顺自性，尽其所能，这便是帝王最应该做的事了。

这段话的最后一句"**而曾二虫之无知**"，可有两种解读：其一，你竟然连这两种动物一高一深的生存智慧都不如；其二，你难道不知道这两种动物的保命求生智慧吗？

第三则：合法的帝王，天根游于殷阳

这一则说，天下应有的帝王，是合法的帝王。

所谓合法，是指合乎自然，师法自然，任物自性。如此合法，谓之"无私"。故事说，有一个名叫"天根"的人，在云游的时候，遇到一位名叫"无名人"的云游者，向他请教如何治天下。

天根游于殷阳，至蓼（liǎo）水之上，适遭无名人而问焉，曰："请问为天下。"

无名人曰："去！汝鄙人也，何问之不豫也！予方将与造物者为人，厌则又乘夫莽眇之鸟，以出六极之外，而游无何有之乡，以处圹埌（kuàng làng）之野。汝又何帠（yì）以治天下感予之心为？"

——"殷阳"：殷山之阳（南），隐喻阴阳之气的虚境。"蓼"（liǎo）：古国名，水名；亦读作 lù：植物长大，高大。谐音"寥"，隐喻静寂旷远。"适遭"：不期而遇，刚好碰到。"为天下"：治理天下。"不豫"：让我不愉悦，败坏我的好心情。"为人"：与……为偶、为友。"莽眇之鸟"：清虚之气。"六极"：六合，天地和四方。"圹埌"（kuàng làng）：广阔，辽远。"何帠"（yì）：何为，为什么。

【成疏】莽眇，深远之谓。圹埌，宏博之名。鸟则取其无迹轻升。六极，犹六合也。夫圣人驭世，恬淡无为，大顺物情，有同造化。若其息用归本，厌离世间，则乘深远之大道，凌虚空而灭迹，超六合以放任，游无有以逍遥，凝神智于射（yè）山，处清虚于旷野。如是则何天下之可为哉！盖无为者也。[1]

天根用治理天下这样的庸俗问题来烦扰无名人，让无名人感到这是

---

[1] "射山"，典出《庄子·逍遥游》：藐姑射之山，有神人居焉……尧治天下之民，平海内之政，往见四子藐姑射之山，汾水之阳，窅然丧其天下焉。

对他的亵渎和羞辱。然而，无名人毕竟是淡泊无迹的神人，不会怨恨天根的这种无礼而拒绝这个鲁莽的问道人，所以当天根再一次追问如何"为天下"的时候，无可奈何的无名人不得已给出了自己的答案。

（天根）又复问。

无名人曰："汝游心于淡，合气于漠，顺物自然而无容私焉，而天下治矣。"

【郭注】其任性而无所饰焉，则淡矣。漠然静于性而止。任性自生，公也。心欲益之，私也。容私果不足以生生，而顺公乃全也。

【成疏】可游汝心神于恬淡之域，合汝形气于寂寞之乡，唯形与神，二皆虚静。如是则天下不待治而自化者耳。随造化之物情，顺自然之本性，无容私作法术措意治之，放而任之，则物我全之矣。

按照【郭注】的说法，应帝王应该公而无私。这里的"公"，是指任物之性而任物自生；这里的"私"，显然不是指物资利益意义上的私，不是世俗意义上的私欲，而是思想独裁意义上的私心，尤其是指帝王自以为是，以一己之见为天下法。

庄子用这一特定内涵的公、私概念，借无名人之口，旗帜鲜明地提出了无私者治天下的主张——**"无容私焉，而天下治"**。

这一主张的政治哲学意义在于：让天下万物尽自在，是天下之治的唯一合法性。

第四则：合理的帝王，阳子居见老聃

这一则故事说，人间世应有的帝王，是合理的帝王。

所谓合理，是指合乎保命之理而"使物自喜"。这里的物，是指治下之民。故事说：

阳子居见老聃曰："有人于此，向疾强梁，物彻疏明，学道不倦。如是者，可比明王乎？"

——"向"，通"响"。"强梁"：本义刚强横暴。"物彻"：洞彻。"疏"：通达。"明"：明白。

阳子以设问的方式请教老子：假设有这样一位君主：行动像回响一样疾速，处事坚决果断，毫不犹豫，也毫不手软，世事洞明，心胸豁达，善于学习，且永不自满。如此完美周全，可以算得上是明王吗？

老聃曰："是于圣人也，胥易技系，劳形怵（chù）心者也。且也虎豹之文来田，猨狙（yuán jū）之便执斄之狗来藉（jí）。

如是者，可比明王乎？"

——"胥易"：胥吏、卜师。"技系"：为技术机巧所累。"怵"（chù）：恐惧，忧伤。"来田"：招致猎人围猎。"猨狙"（yuán jū）：一种猕猴，善于伺人不备突然袭击。"便"：便捷，敏捷。"来藉（jí）"：引来人们抓捕、糟蹋、蹂躏、役使。一说此处的"执斄之狗"，系自《天地》篇窜入，应删去。

【成疏】藉，绳也。猨狙，猕猴也。虎豹之皮有文章，故来田猎；猕猴以跳跃便捷，恒被绳拘；狗以执捉狐狸，每遭系颈。若以向疾之人类于圣帝，则此之三物可比明王乎？

老子对阳子居的说法不屑一顾。于老子而言，阳子居所谓强人帝王，其实不堪一击。阳子居所谓周全完美的统治法术，不过是雕虫小技，徒劳无功。如此帝王，越是张扬无忌，越是容易引来杀身之祸。如此粗鲁小人，怎么够资格称得上明王呢。

阳子居蹴（cù）然曰："敢问明王之治。"

老聃曰："明王之治，功盖天下而似不自己，化贷万物而民弗恃，有莫举名，使物自喜，立乎不测，而游于无有者也。"

——"蹴（cù）然"，一作"蘁然"：惊惭不安的样子。"不自己"：不归功于自己。"化"：教化。"贷"：施惠。"恃"：倚仗。"莫"：无。"举"：显。

老子这段话的大意是说：万物自在，万民相安无事，天下如此安宁，好像全然与自己的治理没有关系。人民感觉不到受到了任何教化、得到了任何恩惠，即便感觉到教化和恩惠，也说不出是什么教化和恩惠，也不知道是谁施的教化和恩惠。这就是真正的天下大治。让受教化和得恩惠者不知道治理者的存在，无法预测治理什么时候会发生，治理中和治理后都不留任何施化的行迹（"无有"），这才算得上明王和明王之治。

老子这里的"游于无有者"，不只是明王无为而治的结果，更是明王之所以为明王的无为之治法则。所谓"游于无有"，就是上一则故事中无名人告诉天根的"游无何有之乡"；就是《庄子·逍遥游》中的尧出游而丧天下："往见四子藐姑射之山，汾水之阳，窅然丧其天下焉"；就是《庄子·天地》中的黄帝，巡游而遗天下："游乎赤水之北，登乎昆仑之丘而南望，还归，遗其玄珠"。

所有这些"游而无"，都是以游为治，游至于无。

如此之游，是"应帝王"治天下的唯一合理法则，《庄子·山木》中的庄子告诉其弟子说："浮游乎万物之祖，物物而不物于物，则胡可得而累邪！此黄帝、神农之法则也。"

【郭注】天下若无明王，则莫能自得。令之自得，实明王之功也。然功在无为而还任天下，天下皆得自任，故似非明王之功。

夫明王皆就足物性，故人人皆云"我自尔"，而莫知恃赖于明王。虽有盖天下之功，而不举以为己名，故物皆自以为得而喜。

与万物为体，则所游者虚也。不能冥物，则连物不暇，何暇游虚哉！

　　按照【郭注】的说法，天下万物，若要想不被仁义帝王剥夺自性，就离不开明王，因为只有明王才能自己安而安天下。然而，既然明王的唯一作用是什么事都不要做，任由物各自在，人各自喜，天下就根本上不需要明王。

　　那么，人间世究竟是需要明王，还是不需要明王呢？这个问题，恐怕只有明王才能回答。

　　然而，人间世只要有帝王在，就不会出现明王。

第五则：合情的帝王，郑有神巫曰季咸

第一节　众雌无雄，奚卵焉？

这则故事，亦见于《列子·黄帝篇》。

故事说：天下应该有的帝王，是合情的帝王。

所谓合情，是指合乎道德精神之情。这里的情，是指实质，实情。如此之情，是自然之真，而非人的喜怒哀乐之情，更不是娇揉造作的伪饰之情。

这则故事，通过壶子与神巫的四次斗法，演绎了何为寂然不动的真情，何为迷惑人心的伪情。

从壶子身上，列子看到了一个合情的应帝王形象，正如《庄子·在宥》·【闻在宥天下】所描述的那样："尸居而龙见，渊默而雷声，神动而天随，从容无为而万物炊累焉。吾又何暇治天下哉！"

> 郑有神巫曰季咸，知人之生死、存亡，祸福、寿夭，期以岁月旬日，若神。
>
> 郑人见之，皆弃而走。
>
> 列子见之而心醉。归，以告壶子，曰："始吾以夫子之道为至矣，则又有至焉者矣。"

——"心醉"：从心里折服，迷恋。"至"：极。

【郭注】"皆弃而走"：不喜自闻死日也。"又有至焉者"：谓季咸之至，又过于夫子（壶子）。

故事说，郑国有位名叫季咸的神巫，能预测人会在何时因遭遇何事死去，竟然可以精准到某一天。

郑国人闻风丧胆，一听说这位神巫要来了，便会赶紧跑开，按照【郭注】的解释，这是因为人们不想知道自己的死期。

唯独列子不怕。此时的列子，正在跟随壶子学道，见到这位神机妙算的人，如痴如醉。他甚至认为，相比这位能预测人的死期的神巫，自己一向以为天下无人能比的老师壶子，也只能算是小巫了。

> 壶子曰："吾与汝既其文，未既其实，而固得道与？
>
> 众雌而无雄，而又奚卵焉！
>
> 而以道与世亢，必信，夫故使人得而相汝。尝试与来，以予示之。"

——文：本义华采、纹饰，此指与质、情、实相对的表象，名，言。"既其文"：讲完了道的表象。"未既其实"：还没有讲完道的实质。"而"：汝，你。"固"：怎会。有雌无雄，无以交配生卵；有文无实，无以融通成道。"卵"：产卵。"亢"（kàng）：同"抗"，匹敌，对应。"与世亢"：用之于世，一说周旋于世。"信"（shēn）：同"伸"，表白，展开。"必信"：此指添油加醋地不当发挥，一说求人相信，一说容易轻信别人。"使人得而相汝"：被人得知你的浅薄，而俘获你的心思。"尝试与来"：请他与你一道来，让他给我看相算命。

【成疏】与，授也。既，尽也。吾此授汝，始尽文言，于其妙理，全未造实。汝固执文字，谓言得道，岂知荃蹄异于鱼兔耶？[①]

按照【成疏】的说法，壶子批评列子的这段话，大意是说：我给你讲道，你只听到了声音，看到了文字，根本没有深入语言文字背后的内涵，全然没有领会语言文字所无法传达的道的精髓，你怎么能够说你已经从我这里学到了道呢？又怎么能够凭着这点浅薄的知识到人间世闯荡呢？你这样不仅不会让世人相信你，还会很容易相信像神巫这样的人，被他的花招儿迷惑心窍。

壶子的这段话，将人与道的关系，比作雌雄一体的关系，有雌无雄，再有生育能力的雌，都无法产卵生子。【成疏】进一步发挥，将人与道的关系，比喻为捕鱼的工具和鱼的关系，捕鱼的工具不能代替鱼。按照《庄

---

① 典出《庄子·外物》：荃者所以在鱼（"荃"quán：通"筌"，捕鱼的竹笼；本义香草，即"菖蒲"，又名"荪"，常以喻君主），得鱼而忘荃；蹄者所以在兔（"蹄"：此指捕兔的罗网），得兔而忘蹄；言者所以在意，得意而忘言。吾安得忘言之人而与之言哉？

子·外物》的说法，得道者可以得鱼而忘荃，然而，绝大多数学道之人恰恰相反，他们与列子一样：得言而忘道。

第二节　杜德机，死寂

　　上一节说，列子认为能预测人的死期的神巫，比老师壶子的道术更加高明。壶子批评列子：你只不过接触了一点道的皮毛，就以为自己通晓了道，必然容易被歪门邪道诱惑。为了启迪沉迷于神巫的列子，他让列子请这位神巫来给自己算命。

　　接下来的故事说，神巫给壶子算了四次命，壶子每一次的命相都不同，神巫每一次都测不准。

　　这一节，讲壶子与神巫第一次斗法。

　　壶子运用"杜德机"法术，坐忘入定，寂然不动，让神巫误以为他奄奄一息，行将就木。

　　明日，列子与之见壶子。

　　出而谓列子曰："嘻！子之先生死矣，弗活矣，不以旬数矣！吾见怪焉，见湿灰焉。"

　　列子入，泣涕沾襟以告壶子。

　　壶子曰："乡吾示之以地文，萌乎不震不正。是殆见吾杜德机也。尝又与来。"

　　——"不以旬数"：活不过十天。"湿灰"：被水浸湿了的死灰，无法复燃。"乡"，通"向"：先前。"地文"：大地的纹理，此指心境如大地寂然不动。"萌"，通"暜"（méng），同"懵"（měng）：心乱迷糊，昏昧无知；一说通"茫"：茫然。"震"：动。"正"：一说应为"止"。"殆"：近。"杜"：闭塞、堵塞。"德机"：心机。"机"：动。

　　【郭注】萌然不动，亦不自正，与枯木同其不华，湿灰均于寂魄，此乃至人无感之时也。夫至人，其动也天，其静也地，其行也水流，其止也渊默。渊默之与水流，天行之与地止，其于不为而自尔，一也。今季咸见其尸居而坐忘，即谓之将死；睹其神动而天随，因谓之有生。诚应不以心而理自玄符，与变化升降而以世为量，然后足为物主而顺时无极，故非相者所测耳。此应帝王之大意也。

按照【郭注】的解读，壶子给神巫显现的状态，正是应帝王的状态：不为，所以寂然不动；随俗，所以神与道游。

神巫只看得见壶子死寂的表象，看不透壶子内在的生机，一开始就看走了眼。

【成疏】文，象也。震，动也。地以无心而宁静，故以不动为地文也。萌然寂泊，曾不震动，无心自正，文类倾颓，此是大圣无感之时，小巫谓之弗活也。而壶丘示见，义有四重：第一，示妙本虚凝，寂而不动；第二，示垂迹应感，动而不寂；第三，本迹相即，动寂一时；第四，本迹两忘，动寂双遣。此则第一妙本虚凝，寂而不动也。

第三节 善者机，复活

上一节说，神巫预测壶子死期将近，让列子伤心不已。

壶子安慰列子说，他向神巫显示的，不是死相，而是入定，壶子谓之"杜德机"：以不动为动。

这一节说，壶子让神巫再来为自己算命。壶子以"善者机"接通天地之气，让神巫的预测再一次失灵。

明日，又与之见壶子。

出而谓列子曰："幸矣！子之先生遇我也。有瘳（chōu）矣，全然有生矣。吾见其杜权矣。"

列子入，以告壶子。

壶子曰："乡吾示之以天壤，名实不入，而机发于踵。是殆见吾善者机也。尝又与来。"

——"瘳"（chōu）：病渐愈，痊愈。"生"：生气，生机。"权"：机，变通。"天壤"：天地之间的生气。"名实不入"：内心不为名利所动。"踵"：脚后跟，喻指根本。"机发于踵"：心机接地气而贯通天壤，参见《庄子·大宗师》："真人之息以踵"。"善者机"：生机。

这一次，神巫看见了壶子的生机，夸口说是他给壶子施了法术，才将壶子从死亡的边缘拉了回来。

神巫以此自圆其说，为他否认此前的预测失误找到了完美的借口。然而，只有壶子自己最明白，神巫的这套说法，纯粹是胡编乱造。

第四节 衡气机，深藏

上一节说，壶子向神巫显现出一丝生机，故意给了神巫吹嘘自己的机会。列子半信半疑：或许神巫的巫术真能起死回生？

这一节说，壶子欲擒故纵，运用"衡气机"法术，深不可测，再一次让神巫乱了方寸。

> 明日，又与之见壶子。
> 出而谓列子曰："子之先生不齐，吾无得而相焉。试斋，且复相之。"
> 列子入，以告壶子。
> 壶子曰："吾乡示之以太冲莫胜。是殆见吾衡气机也。鲵（ní）桓（huán）之审为渊，止水之审为渊，流水之审为渊。渊有九名，此处三焉。尝又与来。"

——"不齐"：心机混乱；一说同"斋"。"不斋"：没有斋戒。"太冲"：太虚：寂静。"胜"：亦通"朕"（zhèn），征兆。"莫胜"：没有任何征兆；一说：没有动静之别，没有胜负之分。"衡"：平衡，平和。"气"：内在的气息。"机"：外在的生机。"鲵"（ní）：鲸鱼，大鱼。"桓"（huán）：本义大，通"盘"，盘桓，回旋。"审"：此指守，一说聚，一说通"沈"（chén）：水深沉。"渊有九名"：详见《列子·黄帝篇》，此喻道如深渊不可测，道之天机不可泄。

"此处三焉"：这次只向他显示了三渊，即守道的三种情态。按照壶子的说法，这三种守道的情态，分别对应三种守道的法术：杜德机、善者机、衡气机。

【郭注】"衡气机"，无往不平，混然一之。

【郭注】渊者，静默之谓耳。夫水常无心，委顺外物，故虽流之与止，鲵桓之与龙跃，常渊然自若，未始失其静默也。夫至人用之则行，舍之则止，行止虽异，而玄默一焉，故略举三异以明之。虽波流九变，治乱纷如，居其极者，常淡然自得，泊乎无为也。

第五节　未始出，变化

上一节说，神巫被壶子的三机法术弄得晕头转向，看不清壶子究竟处在什么样的生命状态，只好推卸责任说壶子乱象不安，是因为不敬畏神明，这样的人要想得救，只有一个办法，就是斋戒。

这一节说，壶子假装接受了神巫的意见，让列子第四次请神巫来为斋戒之后的壶子看相算命。

没想到，神巫一见到壶子，就吓得魂飞魄散。

这一次，不再是郑人一见到神巫便赶紧逃跑，而是轮到神巫一见到壶子就逃之夭夭了。

明日，又与之见壶子。立未定，自失而走。壶子曰："追之！"

列子追之不及，反以报壶子曰："已灭矣，已失矣，吾弗及也。"

壶子曰："乡吾示之以未始出吾宗。吾与之虚而委蛇，不知其谁何，因以为弟靡，因以为波流，故逃也。"

——"自失"：不能自持。"走"：逃跑。"灭"：不见踪影。"失"：不知去向。"乡吾"句：此前给他显示的，是达到根本大道之前的虚境，还没有显示出道的根本。"虚"：不露声色。"委蛇"（yí）：从容随顺。"不知其谁何"：让他捉摸不定，不知究竟。"因以为弟靡"：他只好被动得像稗草一样随风倒伏。"弟"，通"稊"（tí）：稗（bài）子一类的草。"弟靡"：一说可作"颓废"解。"因以为波流"：如浪花随波逐流。

【成疏】季咸前后虞度来相，未呈玄远，犹有近见。今者第四，其道极深，本迹两忘，动寂双遣。圣心行虚，非凡所测，遂使立未安定，奔逸而走也。

【郭注】变化颓靡，世事波流，无往而不因也。夫至人一耳，然应世变而时动，故相者无所措其目，自失而走。此明应帝王者，无方也。

综上所述，壶子先后以三机——杜德机、善者机、衡气机与神巫斗法，一层层剥下神巫装神弄鬼的面纱，让神巫一步步原形毕露，最后在变化无方的道面前落荒而逃。

壶子通过不断的变化，让季咸一步步现出原形，也让列子逐步懂得：真正的大道，不同于扰乱人心的巫术；学道的目的，不是炫耀惑众，而是引导自己守真复性。

列子目睹了神巫败露的全过程，受到的震撼之大可想而知。他自惭形秽，自觉自己还不配做壶子的门徒，于是知难而退。

接下来的故事说：列子退学回家，甘心为家人做饭，饲养牲口就像是喂养孩子一样，从此待人接物无亲疏之分，从浮躁雕饰回归自然质朴——像大地一样，自然屹立，无言无语，任凭人世纷杂，守持本真。列子就这样，一直保持到寿终离世。

然后列子自以为未始学而归，三年不出。为其妻爨，食豕如食人，于事无与亲。雕琢复朴，块然独以其形立。纷而封哉，一以是终。

——"爨"（cuàn）：本义灶，此指烧火做饭。"食豕如食人"：此喻无贵贱之别。"食"（sì）：饲养。"豕"（shǐ）：猪。"块"：大地，一说如土块无情无知。"纷"：杂乱。"封"：守。

第六则：合道的帝王，南海之帝为儵

这是本辑《应帝王》的第六个故事，也是本辑最后一则（第七则）。故事说，应该有的帝王，是合道的帝王。

所谓合道，是指合乎"浑沌"之道。这里的"浑沌"，是指非无非有的无彼此、无差别、无是非、无美丑、无善恶的淳朴状态。

所谓**"浑沌之道"**，是指不改造自然造物，不折腾治下之民，即使是出于好心也不可以。反之，凡是折腾人的改造和治理，无论是多么好心的仁义恩惠，都是违背自然的害人之术，最终必然害人害己。

> **南海之帝为儵，北海之帝为忽，中央之帝为浑沌。**
>
> **儵与忽时相与遇于浑沌之地，浑沌待之甚善。儵与忽谋报浑沌之德，曰："人皆有七窍以视听食息。此独无有，尝试凿之。"**
>
> **日凿一窍，七日而浑沌死。**

——"儵"（shū）：倏，本义犬疾走，此指极快，忽然。"浑沌"（hùn dùn）：通"混沌"。

【郭注】为者败之。

【成疏】南海是显明之方，故以儵为有；北是幽暗之域，故以忽为无；中央既非北非南，故以混沌为非无非有者也。

《应帝王》最后的这篇寓言，看似荒诞不经，恰恰是人间荒诞政治的真实写照：大凡帝王，无不如儵和忽，无不以人民为"浑沌"，无不劳民伤财，其结果无不是"日凿一窍，七日而浑沌死"。

庄子以此为应帝王的反面教材，以此警帝王，以此诫圣贤，以此喻世人：善待万物的天性，不以自以为是害人，不以智知妄为喜功。

结题：用心若镜，胜物不伤

这一则，是本辑《应帝王》原文的第六则，如本辑题解所述，是庄子应帝王思想的总纲，这里移到本辑最后作为结题。

这一则的原文，可以分为两个部分，上半部分，直奔主题，提出了"四个无为"：

无为名尸，无为谋府，无为事任，无为知主。

这四个无为，也可以看作是庄子应帝王的四个标准，此前在"题解"中做了简要的解读。

下面这段话，是下半部分，可以看作是应帝王如何做到四个无为的行为准则。庄子说：

体尽无穷，而游无朕（zhèn）。
尽其所受乎天，而无见（xiàn）得，亦虚而已。
至人之用心若镜，不将不迎，应而不藏，故能胜物而不伤。

——"体尽无穷"：体道不止。"朕"（zhèn），征兆，踪迹。"尽其所受于天"：全然秉承天赋。"见"（xiàn）：现，表露。"得"：所得。"虚"：空明，忘我。"用心若镜"：寂然不动，静应光影。"将"：送。"应而不藏"：只照影，不留影。"胜物"：应物，与物照应。

按照庄子这里的说法，做到了四个无为的应帝王，就像是一面无所用心地保持空明宁静的镜子，不刻意照物，任由影子纷至沓来，不受影子干扰，也不扰乱影子。

庄子理想中的应帝王，就是这样的铜镜，静以反光，任光来去，任影变化，不藏不留。

庄子心目中的应帝王，亦如一盆水镜，止以照人，影随人动，我自寂然。

【郭注】因天下之自为，故驰万物而无穷也。任物，故无迹。（任物各尽其能，物各自足），足则止也。见得，则不知止。不虚，则不能任群实。来即应，去即止。物来乃鉴，鉴不以心，故虽天下之广，而无劳神之累。

【成疏】夫物有去来而镜无迎送，来者即照，必不隐藏。亦犹圣智虚凝，无幽不烛，物感斯应，应不以心，既无将迎，岂有情于隐匿哉！夫物有生灭而镜无隐显，故常能照物而物不能伤。

用心镜治天下，映照万物，而不伤万物，如此应帝王，治民而不伤民天性，也不失自己的天性，如此心境之法，《庄子·在宥》和《庄子·山木》分别表述为：

> 夫有土者，有大物也。有大物者，不可以物；物而不物，故能物物。
> 明乎物物者之非物也，岂独治天下百姓而已哉！出入六合，游乎九州，独往独来，是谓独有。独有之人，是谓至贵。
>
> ——《庄子·在宥》·【世俗之人皆喜人之同乎己】

> 物物而不物于物，则胡可得而累邪！此黄帝、神农之法则也。
>
> ——《庄子·山木》·【庄子行于山中】

"物物"，在庄子的自然哲学语境中，本指道生万物，前一个"物"，指无形之道生物，重在"生"这个动作；后一个"物"，指有形的万物，重在"所生"。所谓"物物而不物于物"，其字面直义是：以物为物，不被物所役使。

庄子以"物物而不物于物"为人间乱世树立"应该"的帝王标准，为天下治理悬设"当然"的理想帝王，这是庄子政治哲学以超越现实的普遍法则引导政治现实的思想使命之所在。

庄子的这一政治哲学使命，也是一个典型的政治哲学命题：以"应该"界定政治哲学与政治法术的分野。

政治哲学探究天下政治应该是什么，政治法术关注人间世可以是什么，现在是什么。换言之，政治哲学更关心天下治理的终极合法性，而政治法术更热衷于政治的现实功利性。

与庄子致力于政治哲学不一样，先秦诸子更倾向于服务现实的政治法术，更热衷于通过礼法秩序设计，规范臣民百姓，而不是规范帝王自身，其主要任务是实现当下的功利目的，而不是追求终极的社会理想。

在中国 2000 多年的帝国王朝历史中，从来没有哪个帝王真正愿意按照"应该如此"治理天下，也因此没有任何一位帝王符合庄子的哲学式"应帝王"标准。尽管如此，政治哲学意义上的"应帝王"，作为一种并非虚幻的理想，承载着天下百姓世世代代的真切希望，也因此从来没有任何一个朝代和任何一位帝王敢冒天下之大不韪，公开蔑视或放弃理想的"应帝王"。

历史事实表明："应帝王"是中国历代王朝永远都不得不高举的民生旗号，是任何一位帝王都不得不自我标榜的民心招牌。

历朝历代，都不乏极有才华的众多知识分子，充分发挥庄子的"应帝王"学说，以政治哲学的名义，行政治法术之实，邀统治法术之功，为当朝帝王的执政合法性，精心推导出各种各样应该如此和当然如此的现实理由。

这样的"应帝王"乱象，早在《庄子》时代的天下就已经见怪不怪，这也正是庄子之所以要给天下留下《庄子》的学术担当——"道术将为天下裂"（《庄子·天下》·【天下大乱】），各种应帝王的道术救不了天下，庄子的应帝王或许能。

流传至今的《庄子》通行本，全书三十三篇，分为内篇、外篇、杂篇。所有三十三篇，是否为庄子所撰，历代考据家们都有足够的理由存疑，唯一可以达成共识的是，内篇七篇，大抵上可以确认出自庄子手笔。

如果真是这样，庄子以《应帝王》为其绝响，其政治哲学的苦衷，令人唏嘘。